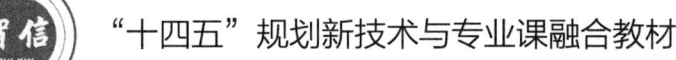
"十四五"规划新技术与专业课融合教材

U0780695

电子商务数据分析

韩英　王亚辉／主编

郭婧　石豪　白虎雯　曹利／副主编

立信会计出版社

LIXIN ACCOUNTING PUBLISHING HOUSE

图书在版编目(CIP)数据

电子商务数据分析 / 韩英，王亚辉主编. --上海：
立信会计出版社，2024.7. -- ISBN 978-7-5429-7687-1

Ⅰ. F713.36；TP274

中国国家版本馆 CIP 数据核字第 2024D9L646 号

策划编辑　　王斯龙
责任编辑　　方士华
助理编辑　　周　诠
美术编辑　　吴博闻

电子商务数据分析

DIANZI SHANGWU SHUJU FENXI

出版发行	立信会计出版社		
地　　址	上海市中山西路 2230 号	邮政编码	200235
电　　话	(021)64411389	传　　真	(021)64411325
网　　址	www. lixinaph. com	电子邮箱	lixinaph2019@126. com
网上书店	http://lixin. jd. com		http://lxkjcbs. tmall. com
经　　销	各地新华书店		
印　　刷	常熟市人民印刷有限公司		
开　　本	787 毫米×1092 毫米	1/16	
印　　张	14.75		
字　　数	360 千字		
版　　次	2024 年 7 月第 1 版		
印　　次	2024 年 7 月第 1 次		
书　　号	ISBN 978 - 7 - 5429 - 7687 - 1/F		
定　　价	49.80 元		

如有印订差错，请与本社联系调换

在全球化和互联网的影响下,电子商务作为一种新型贸易方式,正在高速发展并渗透生活的方方面面。由于电子商务的高速发展和市场竞争力的迅速提升,数据分析的作用日益凸显,电子商务对数据分析的需求也日益增加。正是因为市场对数据分析人才的需求,学校教学和企业培训都逐渐将电子商务数据分析能力的培养列入计划,且迫切需要一套知识体系完整、理论与实践相结合的数据分析教材。

面对新的商业模式和市场对电子商务数据分析人才的大量需求,教学研究者需要不断跟随实践变化,总结规律,把实践中的最新发展转化为理论知识,并传授给学生。近年来,很多高校开设了电子商务数据分析的课程,相关的教材也应运而生,但是现在市场上的相关教材大多针对数据分析软件的使用,与实际工作的需求不太贴合,不适合在教学中使用。因此我们联合数据分析师一起编写了这本教材,旨在满足高等职业学校教学和企业培训的需要。本教材具有以下特点:

(1) 理论和实践相结合,采用知识点与实际案例融合的方式组织教材内容。本教材在知识讲解中并不是一味地进行理论阐述,而是将具体的案例带入知识体系,注重电子商务数据分析理论知识与实际工作相结合,同时利用"知识补充"和"素养点拨"两个小栏目引导学生认识和关注电子商务数据分析行业、道德、法律等相关知识。培养学生对该课程的学习兴趣,更便于学生对知识体系的理解。

(2) 按照电子商务数据的多维分析来组织内容,思路清晰,逻辑性强。本教材涉及多个数据分析软件的介绍,包括 Excel、Power BI、Python 等;以当前主流的几个电子商务营销平台作为媒介进行介绍,包括淘宝、京东、拼多多等。本教材的内容丰富、结构多元、趣味性强,学生不论有无数据分析基础,都能很快掌握相关知识。

(3) 以各种数据指标分析为主线,实现模块化教学设计。本教材在调研电子商务数据分析岗位的工作任务和职业能力的基础上,依据电子商务数据分析课程标准,抛弃了以知识体系为主线的传统教材编写模式,采用了以数据指标分析为主线、理论与实践结合的编写模式。该模式注重以学生为主体、以培养职业能力为核心目标,以真实项目为载体,融"教、学、做、考、创业"于一体,强调对电子商务数据分析能力的训练,紧紧围绕完成工作任务的需要构建理论知识体系。

本教材从电子商务数据分析的理论基础入手,让学生基本了解电子商务数据分析的整个流程,掌握电子商务的各项数据指标的具体分析方法,强调与实际工作相关的案例学习和实训操作。

本教材由晋中职业技术学院教师团队完成,韩英、王亚辉担任主编,郭婧、石豪、白虎雯、曹利担任副主编。电子商务数据分析的发展道路还很艰巨和漫长,相信中国的电子商务产业将会蓬勃发展,影响整个世界的贸易格局。

由于编者的水平有限,本教材可能存在疏漏之处,望各位专家批评指正。

编者
2024 年 11 月

contents

目录

项目一

电子商务数据分析认知

知识目标

- 了解数据分析的指标
- 了解电子商务数据分析的具体流程
- 认识电子商务数据分析的常见方法

能力目标

- 能根据不同数据和不同情况选择合适的数据分析方法
- 了解常用数据统计分析工具,掌握这些工具的具体使用方法

素养目标

- 明确数据分析师应该具备的能力,在工作中不断地学习与提升自己
- 明白数据准确和安全的重要性,保护数据隐私,遵守相关法律
- 在电子商务数据分析过程中形成正确的价值观

知识导图

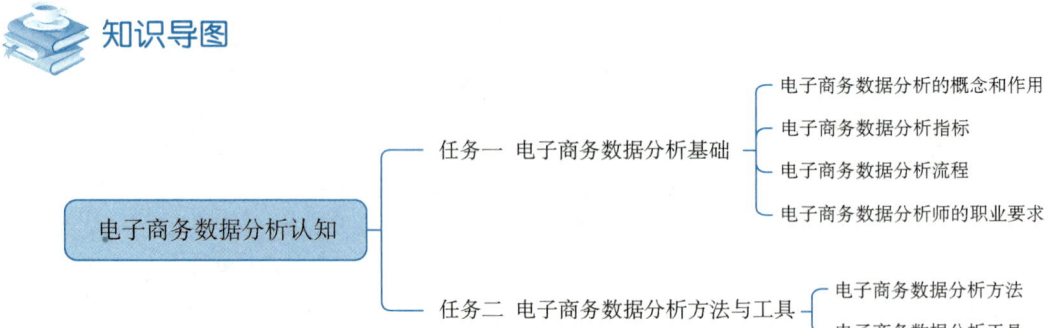

项目导读

早在计算机还未出现时,数据分析就已经形成了基础概念,随着计算机的出现、互联网的发展,数据分析才得以实现和推广。

数据分析是一个数学问题,不管什么体量的数据,都可以通过特定的分析方法(模型)、分析工具,探究数据背后的意义。在电子商务环境中,当一个用户访问电子商务平台、浏览产品页面、收藏商品、加购商品、购买商品时,这些行为就已经产生了数据,这些数据会被记录在平台后台中。我们要做的就是通过对这些数据的分析,知道该客户是否为价值客户、是否能够对该客户进行拓展营销、当前产品的营销方向是否正确等,这就是电子商务数据分析的意义。

任务一 电子商务数据分析基础

引入案例

小易在淘宝开设了一家售卖儿童手工材料的网店,但销量并不理想,为了增加营业额,他想到"广撒网、重点培养"的营销方案:在几个热门平台各开设一个店铺,每个店铺售卖相同的东西,哪个平台有爆单迹象就重点维护哪个平台的店铺。

为此,小易请教了自己的运营朋友小李,小李听了方案之后告诉他:"开设店铺是所有程序的第一步,接下来还要研究市场、研究对手,要选择合适的产品上架,上架之后也不是听之任之,需要对每天的数据进行汇总、分析,不断地调整自己的营销方案,慢慢摸索,最终找到适合自己的营销手段,并反馈到店铺实际销售行动中去。在竞争如此大的电子商务行业里,盲目开店的结果往往是一单都卖不出去。如果店铺、产品没有流量,客户不会自己找过来。一家店铺要想出单,就需要好好运营,要知道各类数据的分析方法,要知道根据数据分析结果调整营销手段。"

小易听了似懂非懂,但他隐约明白了电子商务环境里"数据分析"和"营销调整"的重要性。

 相关知识

一、电子商务数据分析的概念和作用

在了解电子商务（简称电商）数据分析前，应该知道什么是数据分析。数据分析是指选择适当的统计分析方法，对收集的大量数据进行汇总、整理和分析，最大程度地开发数据的功能，发挥数据的作用，从而得出有用的信息与结论的过程。电子商务数据分析，就是对电子商务环境中的一切数据进行分析的一个过程，它主要有以下作用。

1. 了解客户需求

通过对客户的搜索情况、购买习惯、偏好、浏览路径等数据进行分析，电商企业可以制定更为精细的销售策略，优化客户体验，提高客户满意度，增加用户粘性。

2. 预测销售趋势

通过对关键词搜索情况、浏览量、加购情况、支付人数、转化率等数据进行分析，电商企业可以掌握产品的销售趋势，分析出产品销售的峰谷值，从而在仓储计划、成本控制、销售方案等方面做适当调整。

3. 监测市场情况

通过对市场发展趋势、行业容量、竞品情况等数据进行监测，电商企业可以及时了解市场竞争情况，关注当下流行趋势，为自身商业模式做出必要调整。

4. 提高决策的科学性和准确性

没有数据支撑的决策是纸上谈兵，而有数据、有分析、有结论的决策，才是科学的、准确的，所以电子商务数据分析可以提高决策的科学性和准确性，为电商企业带来更大的市场优势。

二、电子商务数据分析指标

电子商务数据分析的核心是电商指标的分析，不同的数据分析目的，其具体指标也会有所差异。一般情况下，电子商务数据分析包括市场与竞争数据、产品数据、交易数据、流量与推广数据、客户数据等指标。电子商务数据分析指标具体如表 1-1 所示。

表 1-1　电子商务数据分析指标

指标	分类
市场与竞争数据	市场数据
	竞争数据
产品数据	产品基础数据
	产品采购与价格数据
	产品库存数据
交易数据	重点交易数据
	销售数据
	订单物流数据

（续表）

指标	分类
流量与推广数据	流量数据
	关键词推广数据
	内容推广数据
客户数据	客户基础数据
	客户忠诚度和行为数据
	客户服务数据

三、电子商务数据分析流程

电子商务数据分析一般包括数据整理和数据分析两个阶段。其中，数据整理阶段包括数据采集、数据清洗、数据计算与统计三个环节；数据分析阶段包括数据指标分析、可视化设计、报告撰写三个环节。电子商务数据分析流程具体如图1-1所示。

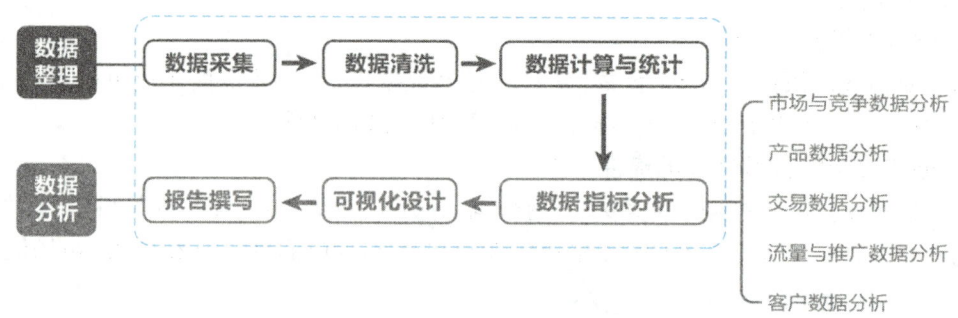

图1-1　电子商务数据分析流程

四、电子商务数据分析师的职业要求

电子商务数据分析师要有数据分析能力，并懂得沟通与协作；还要遵守这个岗位的职责，能为自己的数据分析结果负责。

下面详细介绍电商数据分析师应该具备的技能，以及必须遵守的职业规范。

（一）电商数据分析师的必备技能

电商数据分析师的必备技能包括计算与统计、数据管理、软件基础、学习与思辨、合作与沟通、报告撰写等。

（1）计算与统计：计算与统计是电商数据分析师最基础的工作，也是数据分析的基石。电商数据分析师应该掌握数据分析的方法与技巧，熟悉数学概念，了解统计学的基本方法，要有理解数据背后的模式及规律的能力。

（2）数据管理：数据通常以非结构化或半结构化的形式存在，电商数据分析师需要掌握数据清洗、数据集成和数据转换等技术，以便将数据转化为可用于分析的形式。此外，还应该熟悉常见的数据库系统和查询语言，如SQL，以便有效地管理和查询数据。

（3）软件基础：数据分析工作是需要多种软件协同作业的，包括基础的办公软件、数据可视化工具、数据分析软件等。其中，Excel、Power BI、Python是数据分析工作中使用最多的软件。使用这些软件不仅可以创建基础的统计表格，还可以实现动态数据分析。

（4）学习与思辨：电商数据分析师要保持学习的态度，善于发现问题、分析问题、解决问题，同时还要有思维拓展的能力，只有思维清晰、缜密，才能从问题中得出合理的结论及建议。

（5）合作与沟通：数据分析通常需要团队合作，所以要求电商数据分析师要有合作与沟通的能力，确保与其他相关人员紧密合作，保证分析结果的准确性和有效性。

（6）报告撰写：撰写数据分析报告是对数据分析的总结和介绍。报告内容必须呈现数据分析的原因、过程、结果和建议，供决策者参考。另外，电商数据分析师在撰写报告时，切记不能只写数据结果，还应该写上明确的结论。

（二）电商数据分析师的职业规范

电商数据分析师的职业规范如下。

（1）遵纪守法，爱岗敬业，实事求是。

（2）妥善管理和存储数据，对重要数据和结论进行备份。

（3）遵守重要数据查阅和使用程序，明确数据授权人和使用人。

（4）对数据的准确性、安全性负责，保护公司隐私，防止数据盗用。

任务二　电子商务数据分析方法与工具

 引入案例

一家售卖品牌五金的网店发现近几日××牌烟道止逆阀的销量剧增，库存告急。该店老板紧急开会商量如何才能抓住这波流量。采购人员认为应该多备一批货，但这波热度还能持续多久、备多少货比较合适、采购成本要如何控制等问题却没人能回答。

运营小肖觉得这波热度来得突然，应该先分析一下市场需求再做采购计划。于是大家分工合作，通过在店铺后台查询数据和销量，在其他多媒体平台搜索"烟道""止逆阀"等关键词，获得大量数据。原来是某短视频平台的一位博主发现自家厨房在没有使用时，出现烟雾倒灌的情况，吐槽装修公司给自己用了劣质的烟道止逆阀。这个视频的播放量、点赞收藏量、评论量都非常大，观众纷纷表示要检查自家烟道，重新购买质量好的烟道止逆阀，更有网友点名表扬了××牌烟道止逆阀。

运营小肖通过大数据分析平台发现往年的烟道止逆阀搜索指数的波峰基本上在2～5月，这是装修旺季，当前时间是11月底，预测视频影响热度还会持续1个月，那么产品的销量在12月底会逐渐趋于正常。不过，随后又会迎来半个月的春节假期，以及2月份开始的装修旺季。所以小肖认为，为了避免春节期间运输困难的问题，当前烟道止逆阀的采购量可以适当加大。

相关知识

一、电子商务数据分析方法

电子商务数据分析的方法有很多,常用的有对比分析法、公式分析法、漏斗分析法和模型分析法等。

(一)对比分析法

对比分析法是电子商务数据分析中使用频率最高、最基础的分析方法。使用对比分析法可以对两个或两个以上的数据进行横向、纵向的多维度对比,查看不同数据之间的差异,以了解数据指标对比结果背后的意义。在对比分析法中有同比、环比两种典型的对比数据,具体如下。

(1)同比:相同时间段的两个数据之间的比较。例如,2023 年 11 月的数据与 2022 年 11 月的数据的对比,如图 1-2 所示。

(2)环比:相邻时间段的两个数据之间的比较。例如,2023 年 1 月的销售数据与 2 月和 3 月的销售数据的对比,如图 1-3 所示。

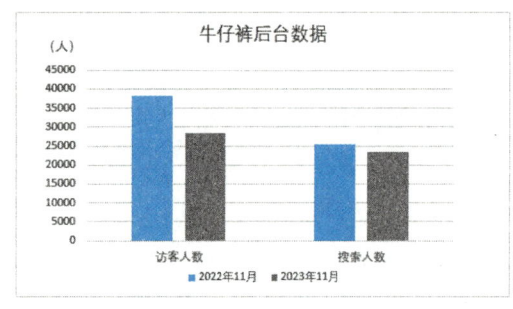

图 1-2 同比

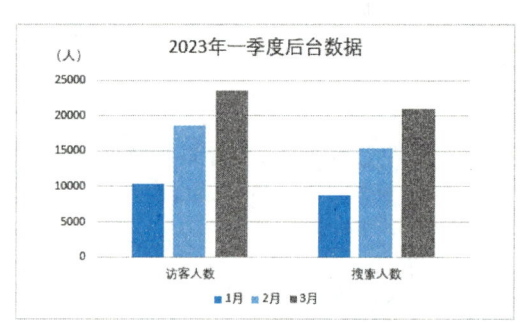

图 1-3 环比

(二)公式分析法

公式计算在数据分析时是必不可少的,利用公式对各种各样的比率进行计算分析,如增长率、转化率、退货率、损耗率等。假如一个网店新品上架前三天有以下数据。

第一天:28 人访问首页,无销售额。

第二天:100 人访问首页,其中 88 人浏览了商品,32 人加入了购物车,最后成功支付的为 17 人,销售额为 578 元。

第三天:289 人访问首页,128 人浏览了商品,49 人加入了购物车,最后成功支付订单的为 23 人,销售额为 782 元,其中重复购买的客户有 3 位。

在这个过程中,我们可以利用公式计算得出以下数据:

$$第三天销售额环比增长率＝(本期数－上期数)÷上期数×100\%$$
$$＝(782－578)÷578×100\%$$
$$≈35.29\%$$
$$第三天商品复购率＝重复购买用户数÷总购买用户数×100\%$$
$$＝3÷23×100\%$$

$$\approx 13.04\%$$

$$第二天支付转化率＝下单人数÷总访客数×100\%$$

$$＝17÷100×100\%$$

$$＝17\%$$

$$第三天支付转化率＝下单人数÷总访客数×100\%$$

$$＝23÷289×100\%$$

$$\approx 7.96\%$$

通过以上计算结果可以看到，第三天虽然访客多了、付款订单多了、销售额高了，但实际上支付转化率却低了，这种时候就可以重点关注为什么访客增多但付款订单没有跟上来，是否应该适当调整营销策略。

（三）漏斗分析法

漏斗分析法是一种常用的数据分析方法，用于评估在用户转化过程中，从初步互动到最终目标完成的每个阶段的转化率或流失情况。漏斗分析法最常用的两个互补型指标是转化率和流失率。以前面讲到的产品上架第二天的销售情况为例，如表1-2所示。

表1-2　产品销售情况

环节	行为	人数/人	转化率	流失率
1	访问首页	100	100%	0
2	浏览商品	88	88%	12%
3	加入购物车	32	32%	68%
4	成功支付	17	17%	73%

在这个过程中，每个环节的转化情况就可以用漏斗图进行分析说明，如图1-4所示。

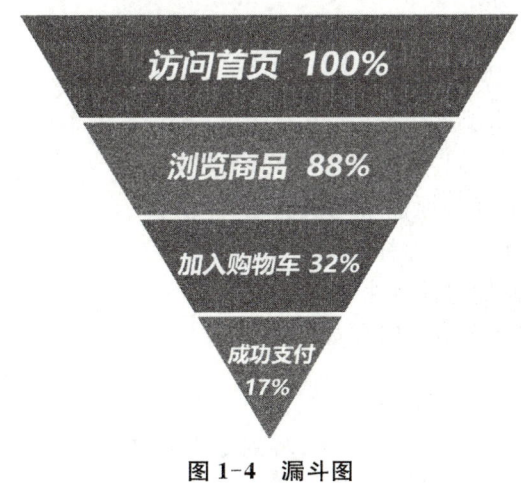

图1-4　漏斗图

（四）模型分析法

模型分析法是指在一些特定情况下采用常用的分析模型进行数据分析的方法，如常见的SWOT模型、5W2H模型、4P营销模型等，这里主要介绍这三种模型。

1. SWOT 模型

SWOT 模型是指基于内外部竞争环境和竞争条件下的态势分析。简单来说就是针对优势(S)、劣势(W)、机会(O)、威胁(T)四个因素的分析。

SWOT 模型的结构如图 1-5 所示,它可以将与研究对象密切相关的各种主要内部优势、劣势和外部的机会、威胁等,通过调查列举出来,并依照矩阵形式排列,然后把各种因素相互匹配起来加以分析,从中得出一系列相应的结论。

图 1-5　SWOT 模型

利用 SWOT 模型,我们可以找出对自己有利的因素,规避不利的因素,发现问题,解决问题。同时还可以基于 SWOT 模型衍生出组合分析,并代入研究对象中。

例如,我们研发了一款新产品,在产品即将上市时可以先利用 SWOT 模型对产品和市场进行以下问题的战略分析:

(1) S:产品有什么优势?

(2) W:产品有什么劣势?

(3) O:产品在市场中有哪些机会?

(4) T:产品在市场中有哪些威胁?

(5) SO:如何利用产品优势抓住市场机会?

(6) WO:如何利用市场机会弥补产品劣势?

(7) ST:如何利用产品优势消除市场危机?

(8) WT:产品面临劣势和危机时要如何突破?

知识补充

SWOT 模型在很多行业中被广泛使用,特别是在产品、活动等营销策划方案的制作中。上面列举的战略分析中的 8 个问题对应的分析结果可以解决企业和产品面临的大部分问题。

2. 5W2H 模型

5W2H 模型又称七问分析模型,其优点是简单、方便,易于理解,实用,富有启发意义。

该模型被广泛用于企业管理和技术活动,对于决策和执行性的活动措施也非常有帮助,也有助于弥补考虑问题的疏漏。例如,在设计新产品时提出为什么(Why)、做什么(What)、何人(Who)、何时(When)、何地(Where)、如何(How)、多少(How much)。这 7 个问题构成了 5W2H 模型的总框架,如表 1-3 所示。

表 1-3　5W2H 模型的总框架

问题	产品	活动
Why	为什么要上架该产品	为什么举办,想达到什么效果
What	产品是什么,有什么优势	这个活动是什么,具体要做些什么
Who	由谁研发、由谁推广、主要面向的客户群体	活动负责人、参与者、安全保障人、后勤保障人等
When	上架时间、促销时间	活动何时开始、何时结束
Where	产品上架地点、平台	活动地点、平台
How	具体围绕产品要展开些什么活动	如何举办活动,有哪些环节
How much	质量、定价、数量、目标等	预算、程度、费用等

3. 4P 营销模型

4P 营销模型由四个要素构成,即产品(product)、价格(price)、渠道(place)、宣传(promotion)。

(1)产品:指企业向市场提供的各种有形和无形的产品。分析内容包括产品的品种、规格、包装、质量、卖点、品牌、售后服务等因素。

(2)价格:指企业在销售产品时制定的价格,包括基本价格、折扣价格、批发价格、付款方式等因素。

(3)渠道:指企业销售产品所选择的分销渠道和商品的流通方式。在互联网时代,渠道包括线上和线下两大渠道,具体包括渠道覆盖面、商品流转环节、中间商、网点设置、运输方式等因素。

(4)宣传:指企业使用的传播产品信息的方式,从而达到刺激消费者购物的目的。宣传方式包括线上和线下的推广方式,其中有广告的发放、线下地推人员促销、卖场促销、媒体宣传等因素。

二、电子商务数据分析工具

随着电子商务企业对数据分析越来越重视,为了更好地了解网店流量、市场行情、搜索趋势等,各种类型的分析工具相继出现。这里主要针对企业平台分析工具、数据统计分析工具,以及数据挖掘和大数据分析工具做简单介绍。

(一)企业平台分析工具

电商平台为了方便商家对日常经营情况进行了解,一般都会提供一些简单的分析功能,同时为了满足不同规模的商家的分析需求,同步上线了不同的分析工具,这些工具可以在网店后台系统里购买使用。表 1-4 为几款不同平台中常见的数据分析工具。

表1-4　常见数据分析工具

工具	功能
生意参谋	淘宝平台使用率最高的分析工具,能提供较为全面的数据统计、分析及预测
电商魔镜	主要针对市场的数据分析工具,能监测主要电商平台的市场动向
淘数据	统计分析工具,可以对热销商品的各项数据进行统计
智能店长	对店铺各项数据进行统计分析,帮助商家了解大盘变化情况,及时做出决策
京东商智	京东官方平台的数据分析工具,通过对用户行为较为精细化的解读,为商家提供一些运营建议
数据魔方	拼多多平台官方提供的数据分析工具,提供了多种数据报表,能迅速帮助商家了解店铺运营情况
选品方舟	能长时间收集整理行业、品牌、店铺等数据,对数据分析、营销方案制定有非常大的帮助

(二)数据统计分析工具

数据统计分析工具是指专门用于数据计算、数据管理、数据分析的软件。常用的数据统计分析工具有 Excel、Power BI 和 Python 等,如表1-5所示。

表1-5　常用的数据统计分析工具

工具	优势	功能
Excel	最基础、最常用的数据分析软件	数据计算、数据管理、数据分析、数据可视化
Power BI	交互式、兼容性的数据分析软件	数据清洗、数据建模、多维度数据分析、数据可视化设计
Python	计算机编程与数据分析的结合	通过输入代码实现大量数据的整理与分析,并生成数据分析报告

(三)数据挖掘与大数据分析工具

数据挖掘与大数据分析工具包括淘宝排行榜、阿里指数行业大盘、百度指数、百度搜索风云榜等工具,具体如表1-6所示。

表1-6　数据挖掘与大数据分析工具

工具	功能
淘宝排行榜	淘宝平台数据排行
阿里指数行业大盘	市场行情、热门行业、企业分析
百度指数	百度用户行为数据分析,包含趋势分析、需求图谱、人群画像三个大板块的功能
百度搜索风云榜	百度平台关键词搜索排行

项目实训——使用百度指数查看市场数据

工欲善其事,必先利其器。要对电商数据进行分析,就要了解并掌握电商数据分析工具的使用方法,知道不同的工具适合哪种类型的数据分析。下面将使用百度指数的不同模块对同一关键词的搜索情况、需求情况、人群画像等数据进行查询与分析。

【实训背景】

如何确定一款新品的上市时间? 以眼霜为例,其功能、定位、适用人群不同,上市的时间也不同,不同的上市时间会对产品的销售情况产生影响。一般可以通过数据分析找到同一类型产品的搜索峰谷值,选择在峰值前上架产品。

【实训目标】

(1) 了解大数据分析工具百度指数。

(2) 掌握数据分析工具的使用方法。

【实训要求】

本实训要求使用百度指数网站搜索关键词"眼霜",并通过该网站对眼霜的网络数据进行多维度分析。

【实训步骤】

使用百度指数查看市场数据的步骤如下。

(1) 打开浏览器,输入网址"https://index.baidu.com"打开百度指数网站。

(2) 在搜索框中输入关键词"眼霜",按【Enter】键。

(3) 在打开的网页中可以查看关键词"眼霜"的搜索指数,默认近 30 天的市场数据,如图 1-6 所示。

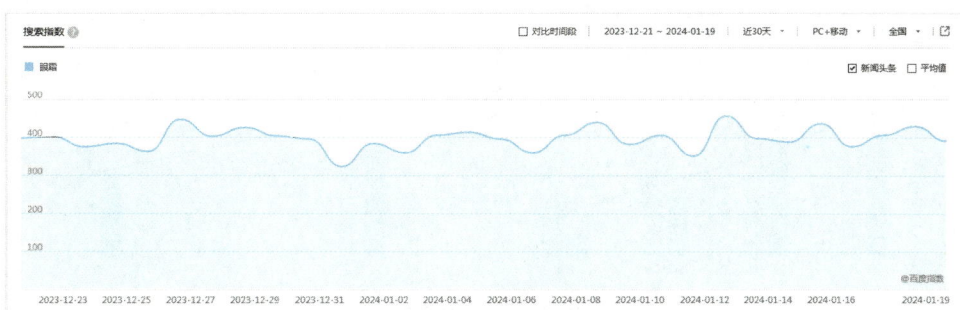

图 1-6　搜索指数

(4) 滚动鼠标滚轮往下浏览网页,将资讯指数的时间显示设置为"近半年",将鼠标指针移到峰值上,可以看到最高指数的详细信息,如图 1-7 所示。

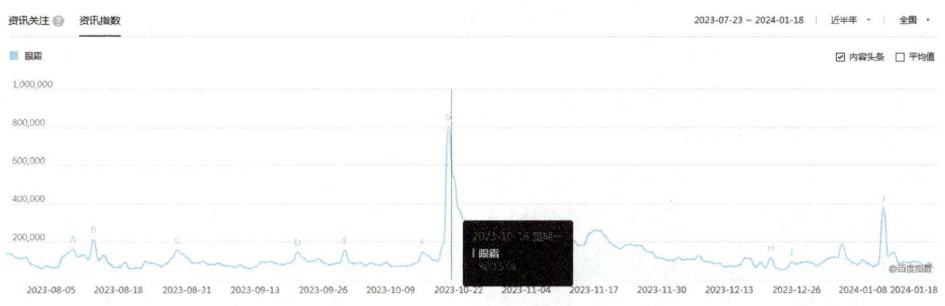

图 1-7　资讯指数

（5）在网页最上方选择"需求图谱"选项，可以在打开的网页中看到与"眼霜"相关的其他关键词的分布情况，如图1-8所示，距离中心关键词越近的，关联性越强。

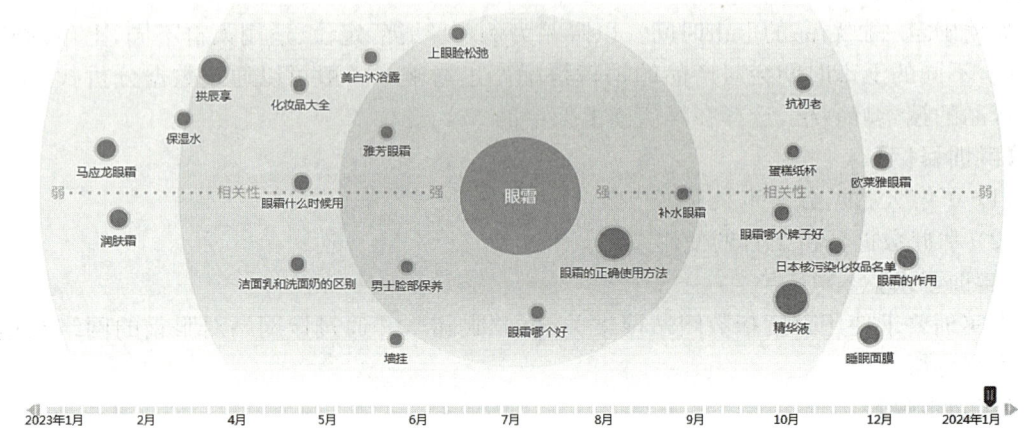

图1-8　需求图谱

（6）在网页上方选择"人群画像"选项，在打开的网页中可以看到产品需求的地域分布、人群属性、兴趣分布等数据信息，如图1-9所示。

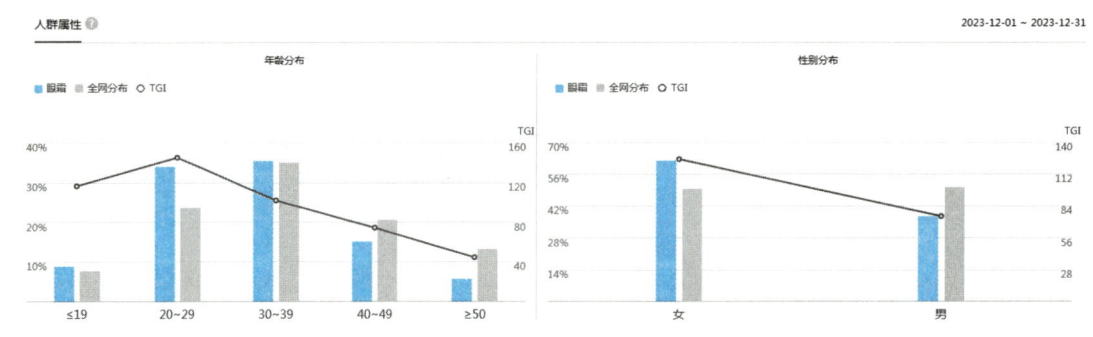

图1-9　人群画像

 **课后习题**

一、单选题

1. 下列关于数据统计分析工具的说法中，正确的是（　　　）。

A. Excel是数据分析最简单的软件

B. Python是数据分析最基础的软件

C. Power BI是一种计算机编程语言

D. Excel、Python和Power BI中Excel的兼容性最高

2. 下列选项中，不属于4P销售模型的4个构成要素的是（　　　）。

A. 产品　　　　　　　B. 渠道　　　　　　　C. 品牌　　　　　　　D. 价格

3. 下列选项中，不属于电商数据分析师应该具备的技能的是（　　　）。

A. 数据管理能力　　　　　　　　　　B. 图片设计能力

C. 软件操作能力　　　　　　　　　　D. 报告撰写能力

4. 下列关于电商数据分析工具的说法中,错误的是(　　)。

A. 电商平台为了方便商家对日常经营情况的了解,一般会提供免费的数据分析工具

B. 生意参谋是全平台数据分析,它能够提供较为全面的数据分析

C. Excel、Power BI 和 Python 都是常用的数据统计分析工具

D. 大数据挖掘可以使用阿里指数行业大盘和百度指数等网站搜索查询

5. 下列关于电商数据分析作用的说法中,错误的是(　　)。

A. 通过电商数据分析可以了解客户需求

B. 通过电商数据分析可以预测销售趋势

C. 通过电商数据分析可以监测市场情况

D. 通过电商数据分析可以得到最准确的决策

二、多选题

1. 下列关于电商数据分析的说法中,正确的有(　　)。

A. 对比分析法主要适合两组以上数据的对比

B. 漏斗分析法最常用的两个互补性指标是转化率和流失率

C. 产品复购率的计算方法是重复购买人数除以总购买人数乘以100%

D. 同比指相邻时段数据的对比,环比指两个相同时间段数据的对比

2. 下列关于SWOT模型的说法,错误的有(　　)。

A. S代表优势、W代表劣势、O代表威胁、T代表机会

B. WO模型指的是面临劣势要如何突破市场危机

C. SO模型指的是利用产品优势消除市场危机

D. WT模型指的是利用市场机会弥补劣势

3. 以下选项中,不属于电商数据分析师工作内容的有(　　)。

A. 监测市场数据　　　　　　　　　　B. 维护会员客户

C. 制订采购计划　　　　　　　　　　D. 制定销售决策

4. 下列关于数据分析师的说法,正确的有(　　)。

A. 数据分析需要多种软件协同作业,所以数据分析师应该要掌握数据分析基础软件的使用方法

B. 数据分析师主要和数据打交道,所以沟通能力不是很重要

C. 数据的保密针对企业所有员工

D. 数据分析师应该做到遵纪守法、爱岗敬业、实事求是

5. 以下内容中,属于数据分析指标的有(　　)。

A. 市场及竞争数据分析　　　　　　　B. 产品数据分析

C. 交易数据分析　　　　　　　　　　D. 流量和推广数据分析

三、判断题

1. 百度指数包括了趋势图谱、需求分析和人群画像三个模块。　　　　　　(　　)

2. Python主要通过输入代码实现数据的整理与分析。　　　　　　　　　(　　)

3. 电商数据分析流程包括数据采集、数据清理、数据分析、数据可视化设计、报告撰写五个步骤。　　　　　　　　　　　　　　　　　　　　　　　　　　(　　)

4. 电商数据分析师应该对数据的准确性、安全性负责,同时要保护数据隐私,防止他人盗用。　　　　　　　　　　　　　　　　　　　　　　　　　　　　（　　）

5. 电商数据分析需要多部门协同作业,所以电商数据分析师要有最基本的沟通和合作能力。　　　　　　　　　　　　　　　　　　　　　　　　　　　　（　　）

四、实践操作题

1. 本项目在讲解电商数据分析模型时,只简单介绍了三种模型,请查询数据分析过程中常用的其他模型及模型中各项数据代表的含义。

2. 请思考常用的数据统计分析工具除了 Excel、Power BI 和 Python,还有哪些? 这几款工具之间是否能够协同作业,其兼容性如何?

项目二

电子商务数据采集与处理

知识目标
- 明确数据采集流程
- 了解数据采集渠道及工具

能力目标
- 掌握对采集的数据进行清洗、整合和追踪的方法
- 掌握在 Excel 中进行公式计算的方法
- 掌握 Excel 的基础函数使用方法

素养目标
- 遵守数据采集的四项基本原则
- 合理、合法、合规地使用爬虫软件进行网络爬虫
- 在数据采集过程中保护自身隐私,尊重他人隐私

 **知识导图**

电子商务数据采集与处理
- 任务一 电子商务数据采集
  - 数据采集的原则
  - 数据采集的流程
  - 数据采集渠道及工具
- 任务二 电子商务数据处理
  - 数据预处理
  - 数据计算

📖 **项目导读**

巧妇难为无米之炊。要进行数据分析,数据材料必须完整、齐备。但这些数据材料应该如何获取呢?在互联网还未普及时,行业、市场、产品的信息只能通过实地调研,制作调查问卷,查阅报纸、期刊,以及观看电视新闻报道等方式获取,这种传统的方式需要耗费大量的时间、人力、财力、物力来实现。

随着互联网的普及,网络信息爆炸,大家获取数据的途径变得更便捷,但信息太多、太杂、太碎片化的问题也同时出现了。因此,采集和处理数据都是数据分析师的重要工作。

任务一　电子商务数据采集

 **引入案例**

2023年"双十一"活动结束后,小杨计算了店铺在整个"双十一"活动期间的总销售额,发现2023年的销售额增长情况不是很理想,虽然比往年增长了,但仍然没有完成预期的销售计划。运营小董通过电商平台发布的官方销售公告和在星图数据中搜索到的《2023年"双十一"全网销售数据解读报告》得到表2-1和图2-1所示的数据。

表2-1　"双十一"电商交易额　　　　　　金额单位:亿元

项目	2023年	2022年	同比增长
总交易额	11 385	11 154	2.08%
综合电商交易额	9 235	9 340	−1.12%
直播电商交易额	2 151	1 814	18.58%
新零售交易额	236	218	8.26%
社区团购交易额	124	135	−8.15%

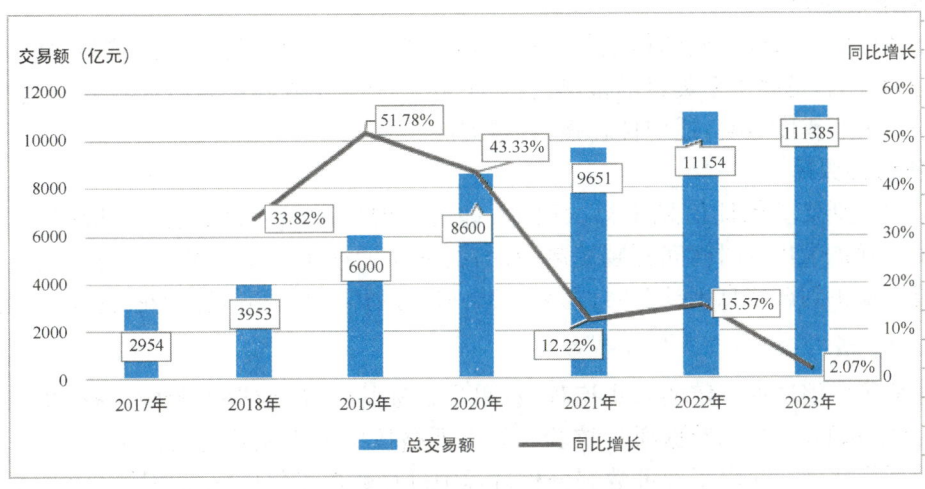

图 2-1　历年"双十一"全网交易额

通过这些数据可知,2023 年各电商平台的销售情况都不是很理想,虽然总额有所上升,但同比增长是下降的。

 相关知识

一、数据采集的原则

数据采集是指通过一定手段获取相关数据的一种方法。数据采集需要时刻关注社会、经济和科学技术的发展动态,既要着眼于现实需求,又要有一定的前瞻性,要善于抓苗头、抓动向,了解历史、了解未来。

数据采集应该遵循以下四大原则。

1. 计划性原则

计划性原则要求采集的信息既要满足当前需要,又要照顾未来的发展;既要广辟信息来源,又要持之以恒,日积月累。数据采集应该是有计划的,在数据采集前可以根据具体任务、具体经费等情况制订比较周密详细的计划并建立相关采集制度。

2. 真实性原则

信息采集的真实性原则要求采集的信息必须是由真实对象或环境所产生的,必须保证信息来源是可靠及完整,必须保证采集的信息能反映真实的状况,事物全貌的信息。数据采集的真实性原则是数据采集的基础。

素养点拨

　　数据是信息最直接的表达,它应该是真实的、严肃的、严谨的。作为长时间和数据打交道的工作人员,在实际工作中要严格要求自己,做到以下几点:①数据随时核对;②重要数据重点追踪;③数据错误及时校对;④重要数据及时备份与保护。同时,我们还要确保数据来源途径的合法性,确保数据的真实可靠,不能为了利益修改和伪造数据,更不能因为他人胁迫或其他目的,生成虚假的数据报告。我国已有相关法律对伪造数据和制作虚假信息等违法行为做出处罚规定。

3. 适用性原则

适用性原则要求采集到的信息与应用目标和工作需求的关联程度比较高,采集到信息的表达是无误的,是属于采集目的范畴之内的,相对于企业或组织自身来说具有适用性,是有价值的。关联程度越高,适应性越强,就越准确。

4. 实时性原则

实时性原则要求保证信息采集的时效,即能及时获取所需的信息,一般有三层含义:①信息发生到被采集的时间间隔越短越及时;②在企业或组织执行某一任务急需某一信息时能够越快采集到该信息则越及时;③采集某一任务所需的全部信息所花时间越少越及时。

二、数据采集的流程

数据采集应该遵循一定的采集流程,从采集目标的明确、数据来源的选择、采集方法的选择、数据隐私的保护,到数据质量核验。只有严格按照采集流程进行作业,才能获取最及时有效的真实信息。在电子商务数据分析过程中进行数据采集应该按照图2-2所示的流程进行。

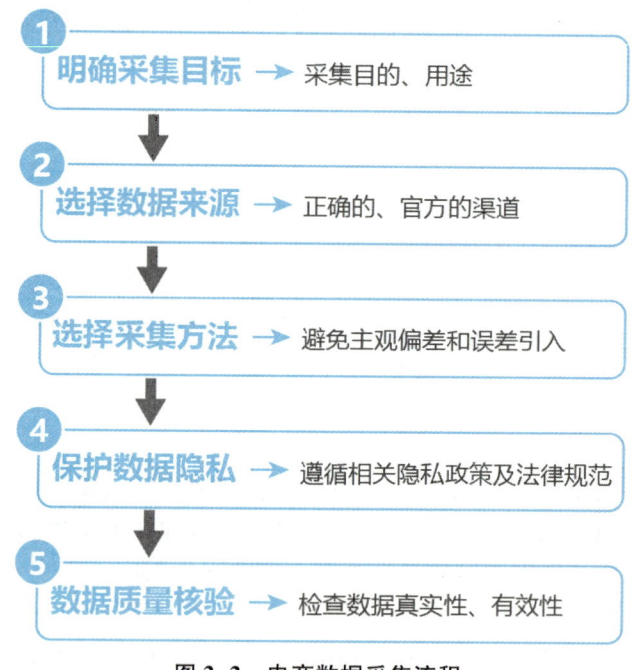

图 2-2　电商数据采集流程

三、数据采集渠道及工具

传统的数据采集是一项非常繁琐的工作,大家只能通过调查问卷、对面访谈、实地调研等方式来获取有效信息。随着互联网的发展与普及,数据采集的渠道和工具越来越多,数据获取越来越便捷。

（一）数据采集渠道

数据采集渠道一般根据采集任务来确定,比如可以进行内部数据采集和外部数据采集,也可以进行线下数据采集和线上数据采集等。本教材主要介绍线下数据采集和线上数据采集。

1. 线下数据采集渠道

线下数据采集渠道通常是指通过问卷、访谈、调研和历史资料等获取信息的传统采集渠道。这种渠道采集到的数据量较小，且通常需要投入大量的时间和人力。

下面介绍几种比较典型的线下数据采集渠道，具体如表 2-2 所示。

表 2-2　线下数据采集渠道

渠道	数据类型	举例
问卷/访谈	市场、用户等	调查问卷
调研	市场、行业、产品等	市场调研、行业调研、产品/竞品调研
历史资料	行业、市场等	报纸、期刊等文章，相关报表

2. 线上数据采集渠道

线上数据采集渠道是指通过互联网和数据搜集软件进行数据采集的渠道，包括电商平台、官方网站、数据机构及大数据工具等。这种渠道采集到的数据量非常大，比前一种渠道获取的数据更具参考意义。随着各行各业对数据的重视，越来越多的数据平台、大数据分析工具出现了，用户注册账号就可以登录查看很多有用的数据。

下面介绍几种比较典型的线上数据采集渠道，具体如表 2-3 所示。

表 2-3　线上数据采集渠道

渠道	数据类型	举例
电商平台	市场、行业、运营、客户等数据	各电商平台的数据中心
官方网站	市场、行业、产品等数据	政府、统计、协会、机构、杂志媒体等产品生产商、品牌方官网等
数据机构	市场、行业等数据	中商情报网、星图数据等
大数据工具	市场、行业、人群等数据	百度指数、阿里指数行业大盘等

（二）数据采集工具

通过以上渠道可以知道在哪里能够找到我们需要的数据。找到数据之后，我们应该如何把这些数据提取出来呢？这时就需要用到数据采集工具。

接触过数据分析的人或多或少都听过"埋点""爬虫"等词汇，这两个都是电商数据分析师常用的数据采集工具。

1. 埋点

埋点是"事件追踪"的俗称，它主要是针对特定用户行为或事件进行捕获、处理和发送的相关技术及其实施过程。埋点分析，是网站分析的一种常用的数据采集方法，它在需要采集数据的操作节点将数据采集的程序代码附加在功能程序代码中，对操作节点上用户行为或事件进行捕获、处理，并发送相关技术及其实施过程。

简单地说，就是在网页中添加一个代码，用户在使用网页的过程中只要操作了代码对应事件，后台就会自动记录。例如，淘宝后台每天自动统计的访客量、加入购物车量、收藏量等都是通过埋点实现的。

2. 爬虫

爬虫一般是指网页爬虫,它又称为网页蜘蛛、网络机器人等。爬虫是按照一定规则自动抓取互联网信息的一种程序或者脚本。简单来说,爬虫就是通过输入代码来自动提取网页中所需的数据,并将提取到的信息保存到本地。图 2-3 为通过 Python 爬虫对某网站数据进行抓取后得到的利润表内容。

```
# 在使用Pandas的方法之前,我们必须先和Pandas打个招呼,告诉它,我们打算使用它提供的方法了
import pandas as pd

# 将sh.600000的利润表的网页地址作为参数,告诉read_html方法
# 并将read_html读取到的网页内容,放置到一个dataframe数据表格中
tables = pd.read_html('http://vip.stock.finance.sina.com.cn/corp/go.php/vFD_ProfitStatement/stockid/600000/ctrl/part/displaytype/4.phtml')

# 展示采集到的数据
tables
```

1	违规记录	NaN		
2	诉讼仲裁	NaN		
3	对外担保	NaN,		
			0	
0	历年数据:	2021 2020 2019 2018 2017 2016 2015 2014...,		
	浦发银行(600000) 利润表单位: 万元	浦发银行(600000) 利润表单位: 万元.1	浦发银行(600000) 利润表单位: 万元.2 \	
0	报表日期	2021-03-31	2020-12-31	
1	NaN	NaN	NaN	
2	一、营业收入	4952200.00	19638400.00	
3	利息净收入	3367200.00	13858100.00	
4	其中: 利息收入	7409100.00	29498500.00	
5	减: 利息支出	4041900.00	15640400.00	
6	手续费及佣金净收入	812400.00	3394600.00	

图 2-3 爬虫及结果

素养点拨

爬虫能够通过代码轻易获取网页信息,那么我们的信息是否安全呢?使用爬虫是否是违法行为呢?

爬虫本身是不违法的,但如果利用爬虫非法采集公民的姓名、身份证件号码、通信方式、住址、账号密码、财产状况、行踪轨迹等个人信息及隐私情况,并将之用于非法途径的,就构成了非法获取公民信息的违法行为。《中华人民共和国民法典》中对公民的隐私权及危害公民隐私权的违法处罚都做了相关规定,所以大家要自我约束,合法合规地使用网络爬虫,不损害他人隐私权,同时也要保护自身隐私,发现有危害自身隐私的行为时,要积极采集违法证据,保护自身合法权益。所以,基于国家法律、自身约束和不断更新的信息技术,我们的信息是相对安全的。

任务二 电子商务数据处理

 引入案例

小东开了一家零食销售网店,为了调查近几年零食线上和线下的销售情况,他使用 Python 软件制作网络爬虫并获取相关市场数据。在随后的数据分析过程中,小东发现爬虫得到的数据存在以下几种典型情况:

(1)爬虫的数据存在不同的文件中,需要手动进行数据整合。

（2）不同网站中数据的格式不统一，不便于查看。

（3）很多数据存在缺、漏、错的情况。

（4）爬虫得到的是结果，重要数据缺少统计过程。

这些典型情况都说明了采集到的数据不能直接进行数据分析，还需要进行数据清洗、数据整合、数据转换、重要数据追踪及计算等过程，所以小东决定先将采集到的数据进行预处理，对重要的、结论性的数据进行验证计算。

 相关知识

一、数据预处理

我们需要对采集到的数据进行数据清洗、数据整合和数据追踪等数据预处理，以确保采集到的数据是可用的。

（一）数据清洗

整理数据要懂得取舍，要明白数据呈现的重点是什么，哪些信息是不需要的，哪些信息是作为辅助信息存在的，辅助信息是直接放在数据中还是以其他形式进行链接。这些信息的筛选在数据采集阶段就要明确下来，只有确定好最基础的数据，才能完成下一阶段的工作，避免在后期数据分析时频繁删减前期数据，造成工作重复。

采集到的原始数据中存在的一些错误、缺失、重复或异常数据，可以通过数据清洗来提高质量和可靠性。例如，Excel提供了删除重复值的功能，选择数据后，在【数据】/【重复值】组中打开"删除重复值"对话框，在其中选中需要查看重复值的列，单击"确定"按钮即可搜索并删除数据中的重复内容，如图2-4所示。

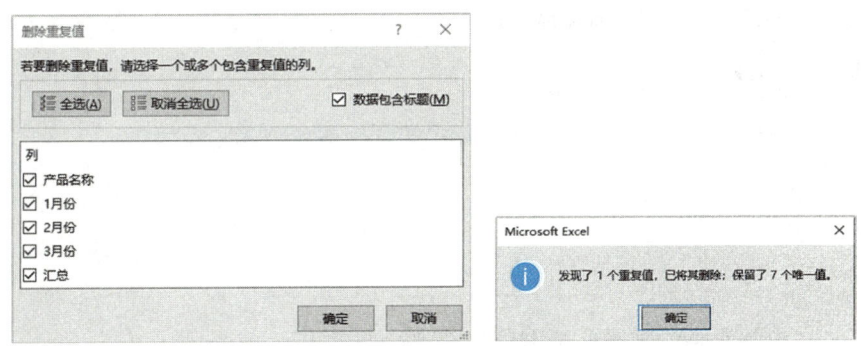

图 2-4　Excel 删除重复值

在 Python 软件中同样可以通过键入代码来删除表格数据中的重复值，使用 drop_duplicates()方法，如图2-5所示，先读取表格数据，然后再删除重复行。

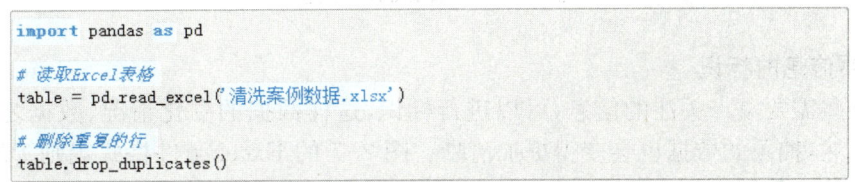

```python
import pandas as pd

# 读取Excel表格
table = pd.read_excel('清洗案例数据.xlsx')

# 删除重复的行
table.drop_duplicates()
```

图 2-5　Python 删除重复值

素养点拨

Excel、Power BI 和 Python 的功能都非常强大,数据分析离不开这些软件的使用。大家可以通过这些软件使用查找错误数据、空白数据、异常显示数据的方法。

（二）数据整合

在不同的数据来源和数据格式中,数据命名和单位可能存在差异,需要进行规范化处理。数据整合就是对不同来源的数据进行规范化处理的过程。其中数据命名的统一和数据格式的统一、重要信息的标识等,都是数据整合的范畴。

1. 数据命名的统一

每个网站都有自己的命名习惯,比如产品的名称,有的网页叫"产品",有的网页叫"品名";产品的销量,有的网页叫"销售额",有的网页叫"总销量"。这些同一种数据的不同命名在数据整合时就可以按我们的习惯进行统一命名。

2. 数据格式的统一

金额是否需要标有"￥"符号? 数据应该保留小数点后几位? 数据的单位是"元""万元"还是"亿元"? 这些数据形式的统一能减少数据分析过程中可能出现的解读误差。图 2-6 为 Excel 中设置单元格数据格式的对话框,在其中可以对数据格式进行统一设置。

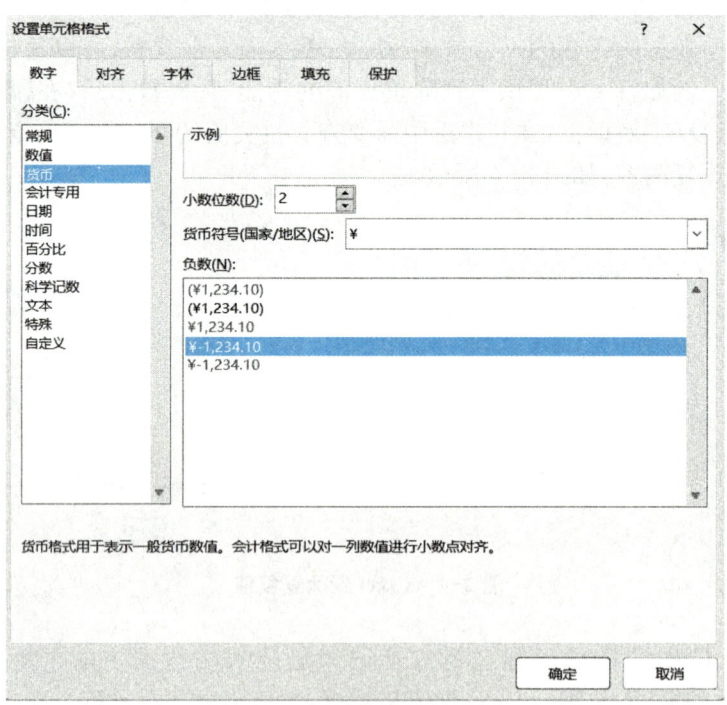

图 2-6　数据格式统一设置

3. 重要信息的标识

对于某些需要重点关注的信息,可以进行标识,这样数据的变化情况、数据之间的对比就会一目了然,抽象的数据也会变得更加清晰。图 2-7 的 Excel 条件格式规则管理器,就可以让符合条件的数据以特定的格式显示出来。

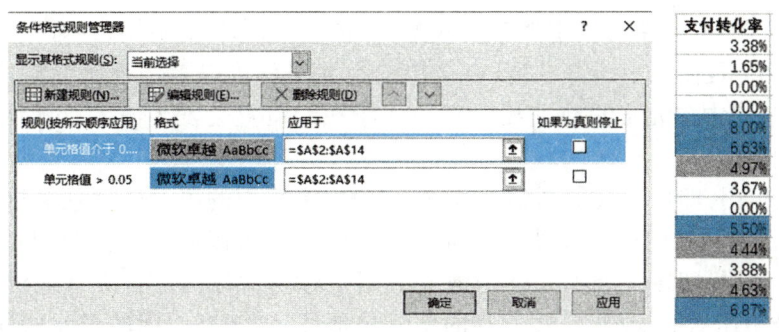

图 2-7　Excel 条件格式规则管理器

（三）数据追踪

如果获取的历史数据存在公式、函数计算，Excel 的追踪数据计算结果引用单元格和从属单元格的功能可以帮助数据进行追踪，如图 2-8 所示，箭头指向的单元格数据是由圆点所在单元格数据计算得到的。

4	25	5842	100	584200
5	67	2541	335	851235
6	59	4512	354	1597248
7	32	2544	224	569856
8	72	4744	576	2732544
9	85	4512	765	3451680
10	45	5523	450	2485350

图 2-8　数据追踪

除了数据追踪，Excel 的"错误检查"功能可以对表格中的所有公式函数计算得出的数据进行检查，并以图 2-9 所示的对话框提示可能出现的错误，此时可以根据提示信息检查对应单元格中的数据是否存在错误。

图 2-9　错误检查

二、数据计算

数据计算是数据分析必不可少的环节。数据处理软件提供了最基础的计算功能，这里以 Excel 为例，介绍电子商务数据处理时的公式和函数的使用方法。

（一）公式

Excel 和其他数据处理软件中的公式计算都遵循"四则运算法则"，输入公式后按【Enter】键就能得到计算结果。这里的公式可以是直接键入的数据，也可以是引用数据所在单元格。需要注意的是单元格引用时要根据不同情况选择相对引用、绝对引用和混合引用。

（1）相对引用：输入"＝"符号后，直接单击单元格就可以引用该单元格，但把公式复制到新位置后，公式中单元格的地址相对于公式所在的位置会发生改变。默认情况下，Excel中使用相对引用。

（2）绝对引用：即把公式复制到新位置后，公式中引用的单元格地址保持不变。在形态上，绝对引用在单元格列标和行号之前加入了符号"＄"，可以通过按【F4】键实现。

（3）混合引用：即在一个单元格的地址引用中，既有相对引用，又有绝对引用。当公式中使用了混合引用后，若改变公式所在的单元格地址，则相对引用的单元格地址改变，而绝对引用的单元格地址不变。

（二）函数

Excel中的函数实际上是一个预先定义的特定计算公式，使用这些预设好的计算公式可以简化公式的繁杂程度，从而完成许多复杂的计算。

例如，我们要对表格中 A2:F9 单元格区域中的所有值进行求和，公式和函数的使用分别是：

公式：＝A2＋A3＋…＋A9＋B2＋B3＋…＋B9…＋F2＋F3＋…＋F9

函数：＝SUM(A2:F9)

以上数据可以看出函数计算是非常简洁的，公式是不适合多数据计算的，键入长公式一方面可能会漏掉其中某一个数据，另一方面在出现错误时检查和修改的代价较大。

在数据分析过程中常用的函数包括求和函数 SUM()、平均值函数 AVERAGE()、排名函数 RANK.EQ()、假设函数 IF() 等。这些函数的含义及语法如表 2-4 所示。

表 2-4　函数及语法

函数	含义	语法	举例
SUM()	求和	SUM(number1,number2,…)	SUM(A1:G10) SUM(A1:G10,K1:M10)
AVERAGE()	平均值	AVERAGE(number1,number2,…)	AVERAGE(A1:G10) AVERAGE(A1:G10,K1:M10)
RANK.EQ()	排名	RANK.EQ(number,ref,order) • number：需要计算排名的数据 • ref：数据排名的区域 • order：逻辑值	RANK.EQ(C2,C2:C10,0)
IF()	假设	IF(logical_test,value_if_true,value_if_false) • logical_test：判断条件 • value_if_true：满足条件返回的结果 • value_if_false：不满足条件返回的结果	IF(B3>A3,上升,下降)

知识补充

函数可以独立使用，也可以作为嵌套函数来使用。嵌套函数即将某一个函数作为另一函数的参数。例如，函数"IF(SUM(A1:C1)>10 000,达标,不达标)"中，SUM() 函数就作为 IF() 函数的参数使用的，这个函数的含义是：如果 A1:C1 的求和值大于 10 000，显示"达标"，否则显示"不达标"。

项目实训——处理采集数据

电子商务数据采集与处理是一项繁琐的工作，需要大家认真仔细地辨别采集到的数据的真实性、完整性、正确性，及时删除虚假、多余的数据，清除空白、错误的数据，调整异常、杂乱的数据。电子商务数据的采集与处理是分析工作的前提，只有材料整理好了，分析工作才能顺利进行。

【实训背景】

电子商务数据处理软件有很多款，如前面提到的 Excel、Power BI、Python。虽然这三款软件都能进行数据分析，但 Power BI 和 Python 的数据文件其实都可以以 Excel 文件作为数据源，所以这里以在 Excel 中处理数据为例介绍数据采集的处理工作。

【实训目标】

掌握在 Excel 中进行数据采集的处理方法。

【实训要求】

本实训要求对源数据进行预处理，删除重复数据，清除异常数据，标记重点数据。

【实训步骤】

对采集到的数据进行预处理的步骤如下。

(1) 用 Excel 打开在互联网上采集到的数据表，在工作表中新建一个工作表。

(2) 在新建工作表 A1 单元格中输入“销售情况汇总表”，选择 A2 单元格，输入符号“=”，然后单击“外套系列”工作表，拖动鼠标选择 A2:D15 单元格区域，如图 2-10 所示。

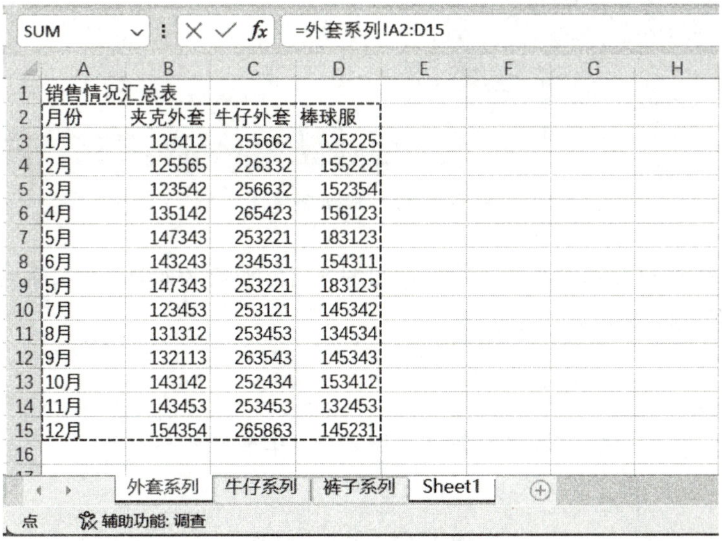

	A	B	C	D
1	销售情况汇总表			
2	月份	夹克外套	牛仔外套	棒球服
3	1月	125412	255662	125225
4	2月	125565	226332	155222
5	3月	123542	256632	152354
6	4月	135142	265423	156123
7	5月	147343	253221	183123
8	6月	143243	234531	154311
9	5月	147343	253221	183123
10	7月	123453	253121	145342
11	8月	131312	253453	134534
12	9月	132113	263543	145343
13	10月	143142	252434	153412
14	11月	143453	253453	132453
15	12月	154354	265863	145231

图 2-10　采集数据汇总

(3) 使用相同的方法，将“牛仔系列”和“裤子系列”工作表中的内容引用到汇总的工作表中，最终得到图 2-11 所示的效果。

图 2-11　汇总所有数据

（4）选择汇总工作表中的所有内容，按【CTRL＋C】键复制，然后新建一个工作表，选择A1单元格，单击鼠标右键，在弹出的对话框中选择"粘贴值"选项。

（5）选择工作表中的所有内容，在【数据】/【数据工具】组中单击"删除重复值"按钮，打开"删除重复值"对话框，选择所有列，然后单击"确定"按钮，如图2-12所示。

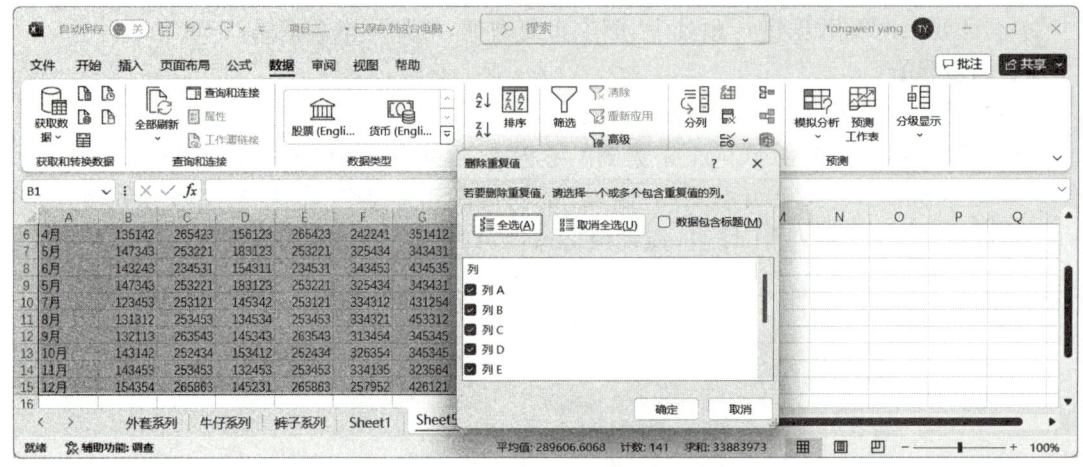

图 2-12　删除重复值

（6）此时系统将自动检测所有行，打开如图2-13所示的对话框，提示找到1条重复值，保留14条唯一值，单击"确定"按钮。

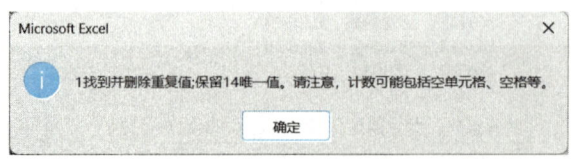

图 2-13　结果对话框

（7）保持所有单元格的选中状态，在【开始】/【样式】组中单击"条件格式"按钮，在打开的菜单中选择【突出显示单元格规则】/【重复值】命令，如图2-14所示。

26

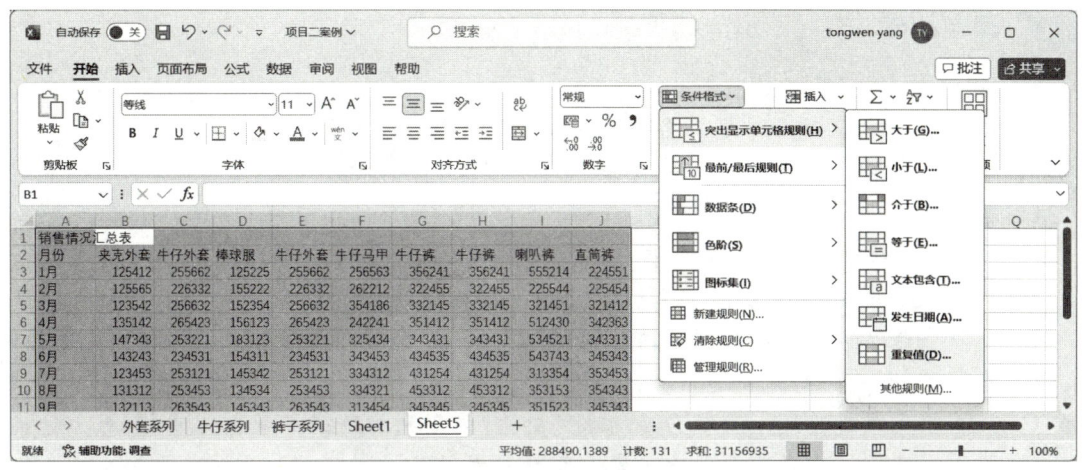

图 2-14 条件格式重复值

（8）打开"重复值"对话框，在其中设置条件格式，确定后得到如图 2-15 所示的效果，仔细辨别重复的内容，选择重复的列，然后单击鼠标右键，在弹出的快捷菜单中选择"删除"命令即可。

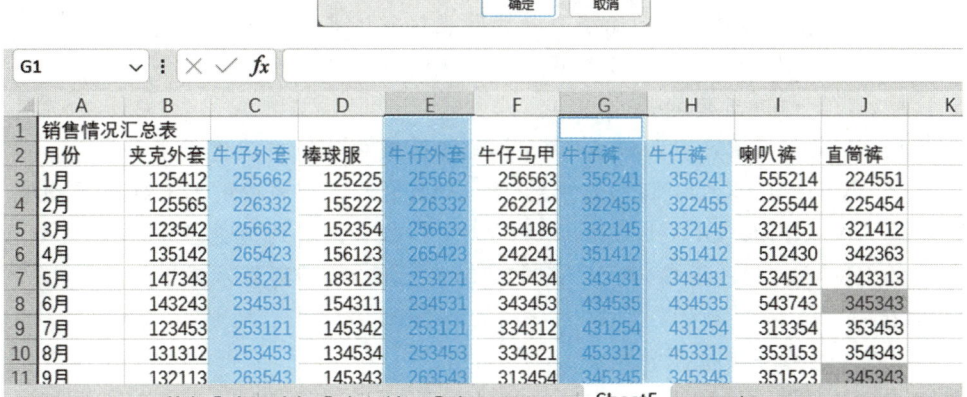

图 2-15 删除重复列

知识补充

使用 Excel 删除重复值功能，重复的数据将被永久删除，所以应该在删除之前做好备份工作，以免意外丢失有用信息。在本实训的介绍中，利用 Excel 标记重复值后，需要人工识别和处理重复的内容。

 课后习题

一、单选题

1. 以下选项中,不属于电子商务数据采集流程的是(　　)。

A. 明确采集目标　　　　　　　　　　　　B. 科学采集方法

C. 数据来源选择　　　　　　　　　　　　D. 公布采集结果

2. 下列关于数据采集渠道的说法中,错误的是(　　)。

A. 通过政府网站能够采集到市场、行业的一些相关数据

B. 电商平台、官方网站、数据机构、大数据工具等都是当前比较常用的典型线上数据采集渠道

C. 线下采集渠道比线上采集渠道的速度更快,采集到的数据参考意义更大

D. 线下采集渠道通常需要投入大量时间及人力

3. 下列关于数据采集工具的说法中,不正确的是(　　)。

A. 任何数据采集工具的使用都应该以合法、合规为前提

B. 使用网络爬虫不是违法行为

C. 通过埋点和网络爬虫来获取数据的机制是一样的

D. 在互联网中获取信息应该尊重他人隐私

4. 下列关于在 Excel 中进行数据预处理的说法中,错误的是(　　)。

A. 可以利用图表功能制作分析图表

B. 可以通过设置单元格格式统一数据格式

C. 可以通过"删除重复项"功能检查并删除表格中的重复信息

D. 可以利用条件格式标识重要信息

5. 下列对函数解读正确的是(　　)。

A. 函数 SUM(A1,C5)表示对 A1:C5 单元格区域中的所有值进行求和

B. 函数 AVERAGE(A1:A41)表示对 A1:A41 单元格区域中的所有值求平均值

C. 函数 RANK.EQ(C1,C1:C20,0)表示对 C1:C20 区域的值进行排序

D. 函数 IF(A5>10,,正确)表示 A5>10 时显示正确,否则显示错误

二、多选题

1. 电子商务数据采集原则包括(　　)。

A. 真实性　　　　　　B. 目的性　　　　　　C. 适用性　　　　　　D. 实时性

2. 数据采集线上渠道包括(　　)。

A. 电商平台　　　　　B. 官方网站　　　　　C. 数据机构　　　　　D. 大数据工具

3. 下列关于爬虫的说法中,错误的有(　　)。

A. 网页蜘蛛、网络机器人就是网络爬虫的不同称呼

B. 从某种程度上来说,爬虫是侵犯隐私的行为

C. 可以利用爬虫获取任意网络数据

D. 爬虫是通过输入代码来自动提取网页数据的

4. 数据预处理指的是对采集的数据进行(　　)等操作。

A. 数据清洗　　　　　B. 数据整合　　　　　C. 数据计算　　　　　D. 数据追踪

5. 下列关于数据计算的说法中,正确的有(　　　)。

A. 公式和函数的引用都应该注意数据的相对引用和绝对引用情况

B. 特别庞大的数据不适合公式计算,可以选择使用函数

C. Excel 公式计算遵循四则运算法则

D. Excel 函数其实就是一个预设的公式

三、判断题

1. 数据采集是目标明确地、有计划地进行采集。　　　　　　　　　　　(　　)

2. 数据清洗指的是将采集的数据中有用的信息提取出来,同时对错误的、缺失的、异常的、重复的数据进行筛选。　　　　　　　　　　　　　　　　　　　(　　)

3. 线下数据采集渠道是当前的主流采集渠道,比线上采集渠道得到的数据更具参考意义。　　　　　　　　　　　　　　　　　　　　　　　　　　　　(　　)

4. 使用 Python 删除表格重复值时使用的是 drop_duplicates()方法。　　(　　)

5. 函数 IF(C2≥85,优秀,IF(85>C2≥75,良好,IF(75>C2≥60,及格,不及格)))的语法是错误的。　　　　　　　　　　　　　　　　　　　　　　　　　　(　　)

四、实践操作题

1. 搜索在数据计算中除了本项目介绍的 4 种函数,常用的函数还有哪些? 学习函数对应的语法方法及使用方法,并完成表 2-5 的内容。

表 2-5　常用函数

函数	含义	语法	举例

2. 除了本项目介绍的线上、线下数据采集渠道,你还知道哪些数据采集渠道,它们的优劣势是什么?

3. 请大家思考在数据采集的过程中,应该如何保护数据的隐私。

电子商务数据可视化

 知识目标

- 了解数据可视化的概念与现实意义
- 熟悉数据可视化的常用工具与形式
- 掌握可视化图表的制作方法

能力目标

- 能够选择适合的可视化工具和形式
- 能够完成可视化图表的制作和优化
- 能够熟练运用数据可视化进行电子商务数据分析

素养目标

- 在数据清洗及可视化的实践中,培养严谨求实的工作态度
- 明确数据安全在电商平台中的重要意义,强化数据安全意识

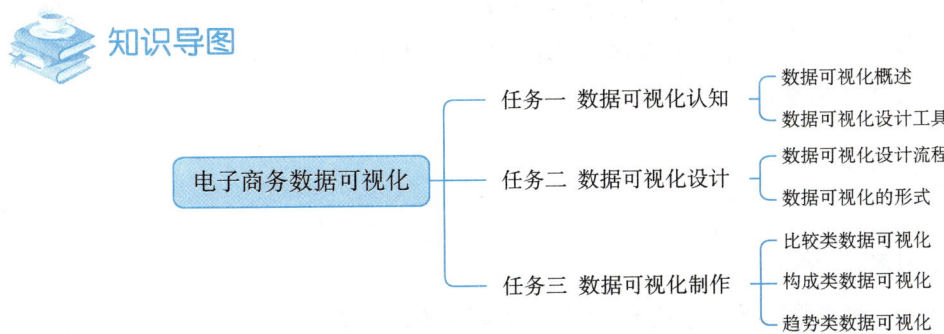

知识导图

电子商务数据可视化
- 任务一　数据可视化认知
  - 数据可视化概述
  - 数据可视化设计工具
- 任务二　数据可视化设计
  - 数据可视化设计流程
  - 数据可视化的形式
- 任务三　数据可视化制作
  - 比较类数据可视化
  - 构成类数据可视化
  - 趋势类数据可视化

项目导读

在所有信息中,文字、表格、图示、图片、视频的可读性是依次变强的,也就是说处理相同的信息时,表格的条理性比单纯的文字更好,图示、图片、视频则更优于表格。同时,信息的具体表现形式还和不同的使用的场景、不同的表达重点、各类信息层次等相关,处理信息也并不只依赖其中一种形式,而是由文字、表格、图示、图片、视频等配合形成一种更便于阅读的"可视化"信息。

"可视化"是近几年热度比较高的话题,可视化设计在电子商务环境中的应用也越来越多。大家能够明显地感受到电商平台、网店在可视化设计上所做的努力,比如在网店首页的设计及商品详情页的设计上下的工夫更多了,比如平台后台操作系统更新了很多总结分析功能……这些都是信息可视化的发展趋势,也意味着数据的可视化设计也应该顺应市场需求,进行更为形象、具体的可视化设计。

数据可视化是信息可视化的一种子类别,它需要借助某些工具来实现。在电子商务行业蓬勃发展的今天,各类交易数据日益增长,如何从庞大的、不断变化的数据中提取关键数据,进行更便捷、有效的数据分析? 如何更好地展示和表达信息? 这些问题就是目前电子商务数据分析工作要面临的新挑战,也是本项目将要重点介绍的内容。

任务一　数据可视化认知

引入案例

风帆户外是一家专门做户外产品的网店,它在"双十一"举行了一次促销活动并取得了非常好的销售业绩。"双十一"活动结束后,风帆户外运营部决定组织一场活动总结会议,重点对店铺销量前三的产品进行分析总结。为了锻炼新员工小方的工作能力,组长决定安排小方协助主持这场会议。接到任务的小方在店铺后台查询销售数据并制作了一份PPT演示文稿。但由于经验不足,小方直接将数据搬到了PPT中,没有经过整理和分析的数据显得既繁杂又空洞,思虑再三,小方决定向运营组长请教。

组长告诉小方,总结会议的目的就是在于总结,内容一定要简单、精练,同时还可以调用前几年"双十一"的相关数据进行对比分析,观察各类数据的走势,最后对这些数据进行可视化设计即可。小方大致了解了需要准备的工作,但在可视化设计上又有困难,于是组长建议他先了解数据分析工作中常用的可视化设计工具,如 Excel、Power BI、Python 等,选择其中一种来进行数据可视化制作。

 相关知识

一、数据可视化概述

数据可视化是一种图形图像处理技术,也是一种视觉表现形式。在日常生活中,可视化设计已经随处可见,比如菜单、广告海报、公交站路线图等随处可见的信息。它们或用有趣的图案,或用对比强烈的反差,或用简洁明了的表达……这些都是数据可视化设计后的具体体现。

(一)数据可视化的定义

总的来说,数据可视化是一个泛概念,也是一个在不断演化的概念,它向观众传递事实、信息、观念、情绪等复杂内容。数据可视化设计要求根据不同类型的数据进行布局,设计制作出和数据本身最适合的可视化效果。

在电子商务行业中,数据可视化是随处可见的,如图 3-1 所示的生意参谋后台系统,自动对访问人的各项数据进行了记录、统计、分析和展示,不同类型的数据用了不同形式的图示和图表,将这些庞大的、繁冗的数据以非常简洁明了的方式呈现出来,这就是电子商务数据可视化。

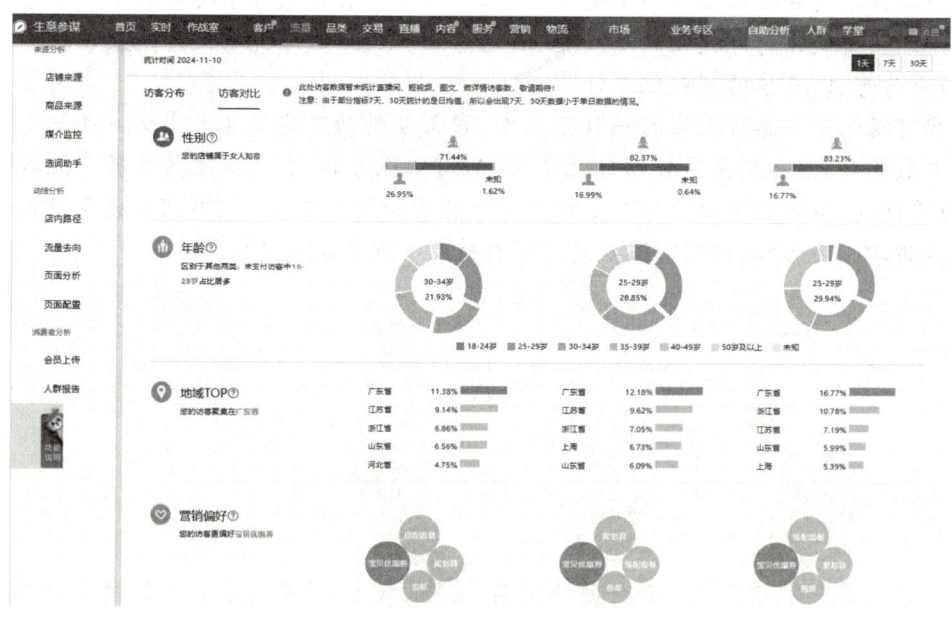

图 3-1 电子商务数据可视化

(二)数据可视化设计的用途

数据分析的目的在于明确数据的变化,发现数据背后代表的现象,得出某一结论,最终反映到具体的运营工作中去。数据可视化设计可以将数据的变化以更清楚、更形象的形式进行展示,为数据分析服务。

总的来说,数据可视化设计有以下四个方面的用途。

（1）信息展示：信息展示是数据可视化设计最常见的，也是应用最广泛的用途。数据可视化将数据的明细、数据发展过程、数据总结分析结果等信息展示出来，这种展示结果是非常直观的，能帮助大家在大量的数据中快速发现重要的信息。

（2）数据对比：当存在多组数据时，数据可视化可以非常清楚地对数据的大小、多少、变化、走势等进行比较，用不同的颜色、高度、大小、趋势等展示，形成差异化对比，将数据在多个维度的变化都清晰明确地体现出来。

（3）数据模型：数据可视化是数据分析的延伸，也是对数据分析的补全，是一种深度和广度的多层次升级优化，它可以帮助大家更好地理解数据之间的关系和规律，特别是一些数据模型可以更好地进行数据分析。

（4）数据交互：数据与数据之间的关联可以在数据可视化效果中得到充分体现，帮助大家通过交互作业探索数据奥秘，并得出结论。

（三）可视化应用对于电商数据分析的现实意义

电商市场发展至今已经经历了多重变革，电商市场逐渐饱和。其实从近 5 年的电商市场发展中不难看出可视化设计占的比重在逐步增大，这一变化正说明数据的可视化是消费者和市场的需求，是平台和商家的需求，也是电商行业的发展趋势。

电子商务数据是非常庞大的，对于一个店铺来说，有动态就会产生数据，如商品的搜索人数、访客人数、收藏人数、加购人数、支付人数、转化率、客单价、UV 价值、搜索占比、收藏率、加购率等。每件商品每天都会产生这些数据。和数字打交道、和数据打交道，就是运营的日常工作，这些日常离不开可视化设计的应用。当然，可视化设计不光针对数字数据，我们的工作计划、流程、报告等都可以用可视化形式进行制作和展示。图 3-2 为某个产品的营销计划图示。

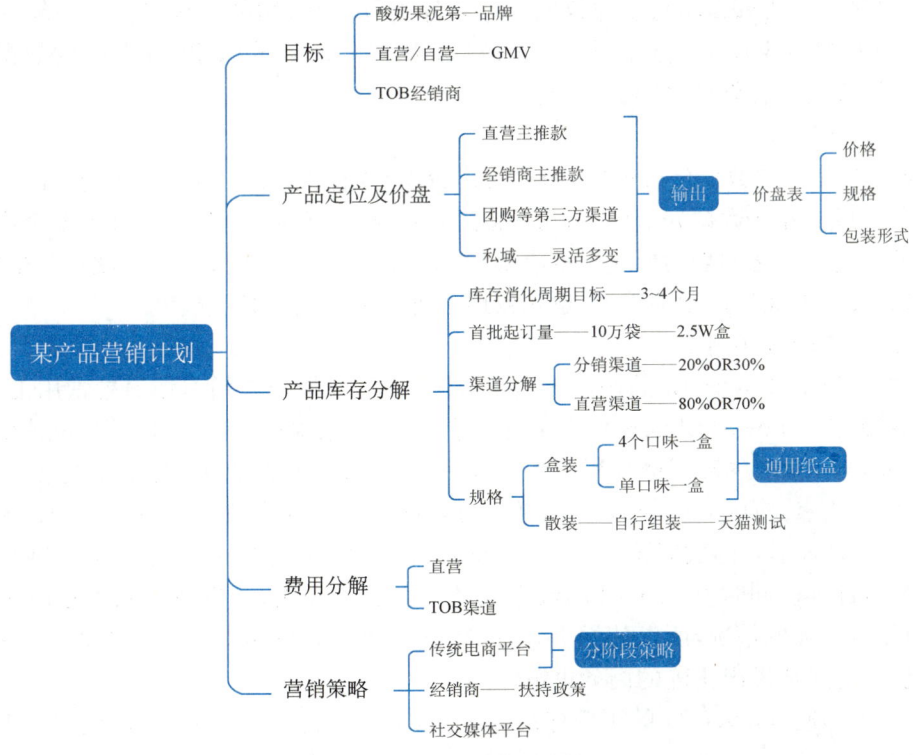

图 3-2 某产品营销计划图示

素养点拨

值得注意的是,数据可视化的重点仍在"数据",而非"可视"。这就要求大家在设计数据可视化时要从实际出发,选择和数据最贴合的一种形式,既要用有趣的、可阅读的方式来展示数据,又要避免为了制作可视化效果而出现偏离重心的、华而不实的效果。

二、数据可视化设计工具

前面介绍数据分析工具时讲到数据统计分析常用的三个软件为 Excel、Power BI 和 Python,在这三个软件中同样能够完成数据可视化设计操作。

(一) Excel

Excel 是 Office 办公组件中负责表格处理工作的软件,是数据分析工作中最基础、最常用的软件。使用 Excel 不仅能完成基础表格的制作,还可以进行数据计算、数据管理和数据分析等工作。它在文秘、会计、金融、工程、市场等多领域都被广泛使用。

(1) 数据计算:Excel 拥有强大的计算功能,在 Excel 中可以使用四则运算法则进行公式运算,同时其内置的函数功能能够完成庞大的逻辑运算,满足各种数据的计算需求,如使用 SUM()函数求和、使用 COUNT()函数进行计数等。

(2) 数据管理:在 Excel 中可以对数据进行简单的管理,如数据的排序、筛选、分类汇总等,同时还可以对单元格数据进行装饰、标记和保护,以使表格达到工作所需的状态,满足后期数据分析的需要。

(3) 数据分析:Excel 有强大的数据分析功能,如制作各类图表进行数据展示,制作数据透视表和数据透视图动态分析数据,生成各种数据模型,模拟运算预测分析等。

(4) 数据交互:Excel 能与多种数据处理软件进行交互,如可以直接在办公软件 Word、PowerPoint 中插入 Excel 电子表格,将 Excel 表格作为 Power BI 和 Python 的数据源导入表格数据等,实现各种软件之间的协同作业。

(二) Power BI

Power BI 是一款数据分析软件,拥有强大的数据处理能力。Power BI 能够同时链接多个数据源,形成交互式数据分析形态,对数据进行清洗、建模,在短时间内进行多个维度的数据分析,并通过可视化图表的形式展示出来。可以说 Power BI 是 Excel 的继承与衍生,其在数据可视化设计方面的适用性更高,也是数据分析未来发展的必然趋势。

Power BI 的优势在于:

(1) 操作简单:Power BI 的操作界面十分简洁,可以根据使用习惯设置常用工具栏,快速锁定制图操作。Power BI 的操作方法也简单,导入数据源后,通过字段筛选就能生成对应的分析图表,与 Excel 的数据透视图功能相似,所以有 Excel 基础的人能迅速上手。

(2) 数据兼容:使用 Power BI 进行数据分析前需要先导入数据源,它支持 Excel、SQL、Text/CSV 等多种形式的数据源,既支持本地数据源,也能通过 URL 接到不同网页上的表格,数据兼容性强。同时 Power BI 的数据处理能力非常强大,处理较大数据量时也不会出现速度过慢或卡死的情况,所以使用 Power BI 进行数据分析能提高数据处理的效率,驱动业务发展,更迅速地做出正确的商务决策。

(3) 更新迅速:Power BI 的更新速度非常快,不断进行功能上的完善、优化以更好地提高用户体验。

（4）匹配度高：Power BI 能够满足各行各业工作环境的基本需求，根据企业自身特点量身打造数据完善的交互式报表，直观地展示数据，分析数据信息，构建多维分析模型，轻松实现智能化数据分析。

知识补充

Excel 2016 及以后版本都嵌入了 Power BI 系列插件，包括 Power Query、Power Piovt、Power View、Power Map，想要了解 Power BI 但又没有安装软件的，只要使用的 Excel 版本是 Excel 2016 及以后的版本，就可以安装 Power BI 相关插件。选择【文件】/【选项】命令，在打开的对话框的左侧选择"加载项"选项，在"管理"下拉列表框中选择"COM 加载项"选项，单击"转到"按钮，即可打开表 3-3 所示的对话框，在其中即可选择要安装的 Power BI 插件。

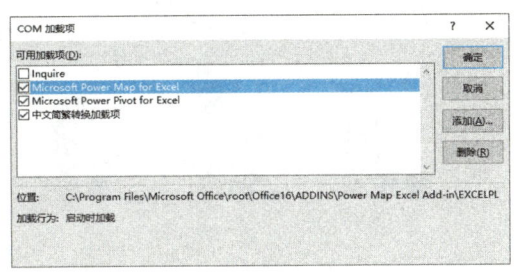

图 3-3　在 Excel 中安装 Power BI 插件

（三）Python

Python 是一种计算机编程语言，在数据分析时通过输入代码就能实现数据获取、数据整理、数据分析和数据报告生成等操作。Python 的语法很直接，相对于其他计算机语言来说十分简单，所以学习难度较低。使用 Python 进行数据分析都是通过代码键入来实现的，比如：在 Python 中使用 pandas 库进行数据清洗和预处理，比如处理缺失值（fillna）、处理重复值（drop_duplicates）、数据转换（apply），使用 Pandas 和 NumPy 库进行描述性统计分析（describe）、频率统计（value_counts）、数据筛选和分组聚合（groupby）等，使用 Matplotlib 和 Seaborn 库绘制各种图表等。

Python 在数据分析和可视化设计方面的具体功能其实和 Excel、Power BI 大致相同，都能实现数据清洗、筛选、统计分析等操作，但它更优秀的地方在于能使用简单的代码完成数量庞大的、批量化的、重复性的工作处理，所以在实际工作中具体情况具体分析，在不同的工作需求下选择不同的工具来完成工作。

任务二　数据可视化设计

引入案例

风帆户外在"双十一"后要开销售总结会议，小方为了做好辅助工作，去了解了

Excel、Power BI 和 Python 等常用的可视化设计软件。在这些软件中，Excel 是小方唯一使用过的，考虑时间紧急，小方决定直接使用 Excel 来完成本次会议需要的数据统计与分析。

今年"双十一"销量前三的产品分别为月亮椅、天幕和户外桌，小方查询了这三款产品在前两年的销售数据。为了直观地在 PPT 中展示这些销售数据，小方选择在 Excel 中制作了一个柱形图图表，如图 3-4 所示。

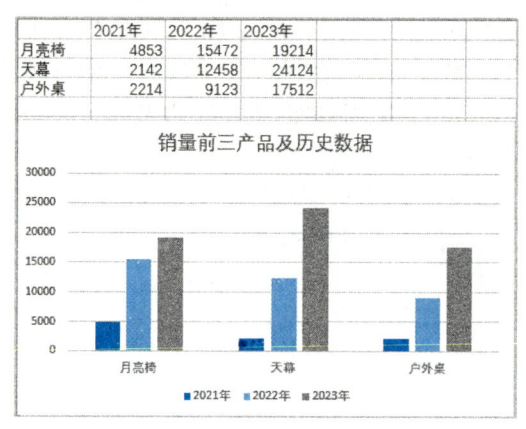

图 3-4 使用 Excel 制作图表

组长看了最终效果之后又提出了新问题：

（1）我们可以使用这些数据进行哪些分析？

（2）对应的分析数据适合什么类型的图表？

（3）如果后期要加其他商品的数据，图表的效果能不能同步更新？能不能在图表中动态显示某一项或多项数据？

 相关知识

一、数据可视化设计流程

一个完整的数据可视化设计流程主要包括整理数据、确定设计方向和可视化设计三个重要步骤，其中整理数据的方法已在项目二介绍，这里不再赘述。

（一）确定设计方向

数据可视化设计的方向确定主要是通过数据可视化主题的设计，也就是想要重点展示什么样的内容，或者以什么样的目的来组织设计。公司的重大决议、新的战略目标、行业前景展望、活动前后各种数据的预测与总结等，都是确定数据可视化设计方向的来源。通过这些具体的事件，确定需要的数据支撑，再通过数据与数据之间的联系来进行数据的可视化设计。

（二）可视化设计

确定设计方向后，就可以进入可视化设计的布局和图表呈现环节，主要包括设计以下两个方面的设计。

1. 可视化设计的布局

可视化设计的布局要遵循聚焦、平衡和简洁三个原则。

（1）聚焦：设计者可以通过适当的排版布局，将视觉集中到数据中最重要的区域，将重要的数据信息展示出来，提升信息解读的效率。

（2）平衡：合理利用可视化设计空间，确保重要信息在视觉中心位置，同时保证不同元素在空间位置上处于平衡，提升设计美感。

（3）简洁：数据的可视化设计应该是简洁的、局部重点突出的设计，如果所有数据都设计了复杂的视觉效果，反而会带来繁冗的、疲劳的视觉体验，影响效果呈现。越简洁的反差，才越能突出视觉重点。

2. 图表呈现

图表呈现效果由数据层面和非数据层面的因素决定，数据层面的因素包括极端数值、分类项过多等情况，差距过大和数据量过多都会影响可视化效果，所以针对不同数据选择不同类型的可视化工具非常重要。非数据层面的因素就是指设计方面，比如表格的底纹、图例的颜色、有无网格线、有无数据标签等，这些设计方面的因素可以通过不断地调整、试错来达到最终效果。

二、数据可视化的形式

电子商务数据可视化一般借助图示、表格、图表、数据透视表和数据透视图、词云等手段来达到目的，让数据更形象易懂，让数据交流与数据分析更便捷有效。

（一）图示

图示是指使用形状、图片、smartart 图形等来表示数据关系的一种图形示例。图示常用于文字数据的关系表达，如列表、流程、循环关系、层次结构、矩阵等，在实际工作中的使用非常广泛。图 3-5 为使用形状制作的品牌策划方案及流程图。

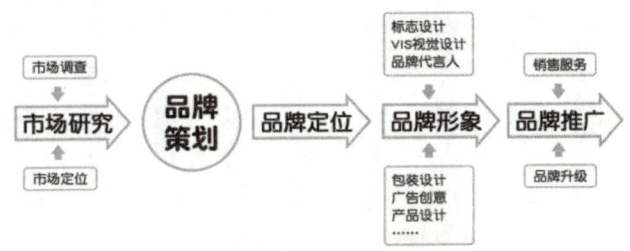

图 3-5　品牌策划方案图

（二）表格

表格是由横向和纵向两个数据组合而成的二维信息系统，它是数据处理最基础的工具，也是进行数据可视化设计最基础的手段。

在电脑还未普及时，人们就已经习惯制作各种表单来进行数据记录和统计。随着互联网的发展以及计算机的普及，纸质表单逐渐被电子表格取代。电子商务是离不开表格的，电子商务可视化设计也离不开表格，熟练使用制表软件和电子商务平台后台系统是进行数据统计和数据分析必须掌握的技能。图 3-6 为使用 Excel 制作的商品销售分析表。

商品销售分析表													
小组	产品	1月	2月	3月	4月	5月	6月	7月	8月	9月	10月	11月	12月
第一小组	帆布鞋	284	325	213	340	474	331	126	275	273	387	507	320
第一小组	老爹鞋	188	126	188	131	181	128	194	102	153	182	287	123
第一小组	跑步鞋	388	314	287	131	259	175	272	121	262	235	240	126
第二小组	帆布鞋	104	101	150	412	259	263	463	384	278	269	242	349
第二小组	老爹鞋	213	131	191	128	113	140	144	198	232	211	252	127
第二小组	跑步鞋	192	146	164	262	257	254	155	203	170	161	118	191

图 3-6　Excel 表格

（三）图表

如果说表格最主要的功能是记录和分析数据，那么图表最主要的功能就是展示数据之间的关系，如数据间的比较、数据的变化情况、数据的占比等。图表这种可视化工具可以协助大家对数据进行总结，用更直观的视觉方式来认识数据，找出彼此之间的区别及联系，使数据更易于理解和交流。

1. 图表的组成

图表是基于表格的数据内容生成的一种直观的图示信息，图表区主要由图表标题、数值轴、分类轴、图例、数据标签、网格线等组成，如图 3-7 所示。

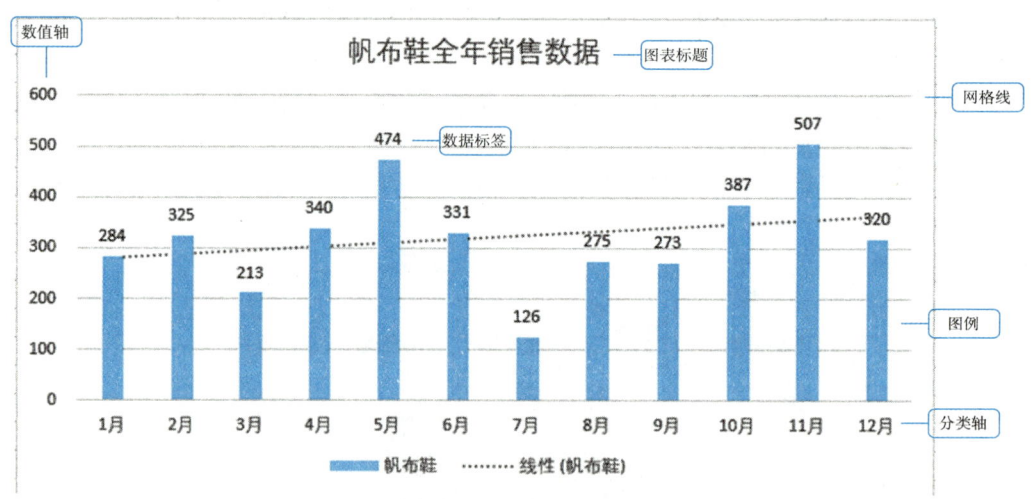

图 3-7　图表的组成

（1）图表标题：图表的名称，是图表主题的说明性文字。

（2）数值轴：根据工作表中数据的大小来自定义数据的单位长度，是表示数值大小的坐标轴。

（3）分类轴：与数值轴对应，表示图表中需要展示、比较的具体对象。一般和数值轴分别代表坐标轴的 X 轴和 Y 轴。

（4）图例：表示图表中各数据系列的名称或分类而指定的图案或颜色。

（5）数据标签：对图例数据的辅助说明，一般对应显示在图例上方。

（6）网格线：图表的辅助标识，包括主要网格线和次要网格线两种，可以设置为显示或隐藏。

2. 图表的类型

Excel 提供了多种图表类型，不同的图表类型所使用的场合各不相同，熟悉这些图表的数据表达方式对日常工作中提高图表利用率有很大帮助。图表类型主要分为以下几种。

（1）柱形图：柱形图是 Excel 默认的图表类型。它常用于描述不同时期数据的变化情况或不同类别数据之间的差异，也可同时描述不同时期、不同类别数据的变化和差异，如图 3-8 所示。

（2）折线图：折线图是用直线将各数据点连接而成的图形，以折线的方式显示数据变化趋势。通常折线图用于分析数据随时间的变化趋势，也可用于分析多组数据随时间的变化相互作用和相互影响的结果，如图 3-9 所示。

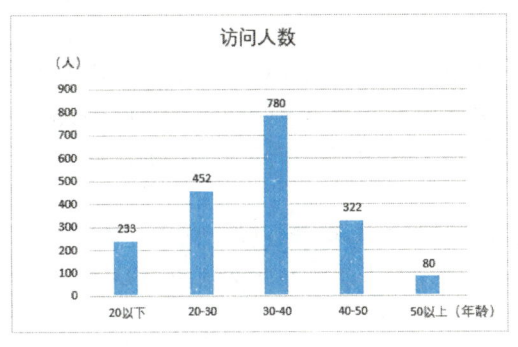

图 3-8　柱形图

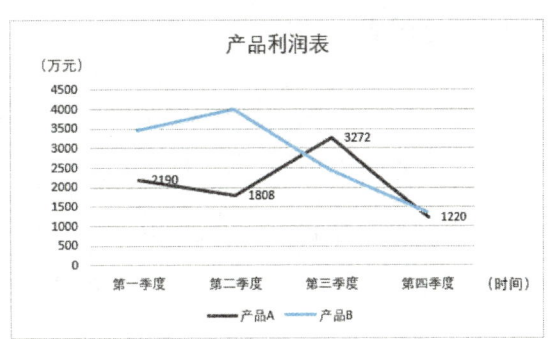

图 3-9　折线图

（3）饼图：饼图一般只用一组数据系列作为源数据。将一个圆划分为若干个扇形，每个扇形代表数据系列中的一项数据值，其大小用来表示相应数据项占该数据系列总和的比例值。通常饼图用来描述比例、构成等信息，如图 3-10 所示。

（4）条形图：条形图使用水平横条的长度来表示数据值的大小，主要用于比较不同类别数据之间的差异情况。条形图一般将分类项在垂直轴上标出，将数据的大小在水平轴上标出，用于突出数据之间差异的比较，淡化时间的变化，如图 3-11 所示。

（5）排列图：排列图又称帕累托图或主次图，排列图中的图例不是按表格中的数据顺序排列的，而是按某一序列排列的，一般用来提炼对比。

（6）面积图：面积图实际上是折线图的另一种表现形式，它是用折线和分类轴（X 轴）组成的面积以及两条折线之间的面积来显示数据系列的值。面积图除了具备折线图的特点，强调数据随时间的变化以外，还可通过显示数据的面积来分析部分与整体的关系。

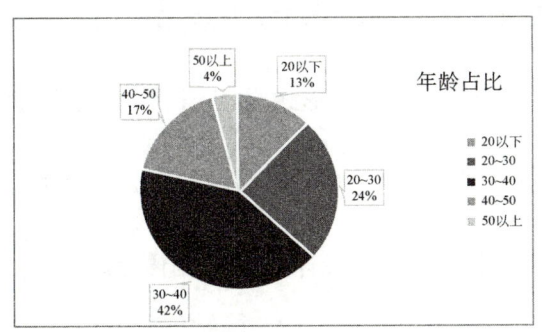

图 3-10　饼图

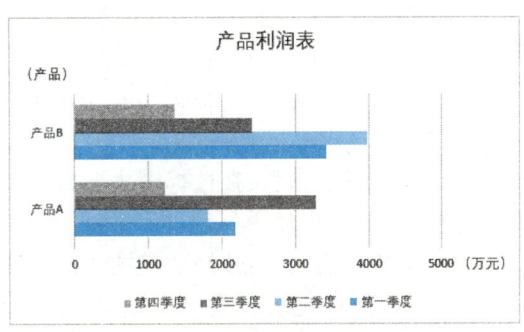

图 3-11　条形图

（7）XY 散点图：与折线图类似，XY 散点图不仅可以用线段，而且可以用一系列的点来描述数据。XY 散点图除了可以显示数据的变化趋势，更主要是用来描述数据之间的关系。

（8）股价图：股价图是比较复杂的专用图形，通常需要特定的几组数据。它主要用来研判股票或期货市场的行情，描述一段时间内股票或期货的价格变化情况。

（9）雷达图：雷达图是一种偏向性的图表，并不能用来体现大数值和高频变化，它主要用来对比同一个对象不同维度数值。例如，一些竞技节目就经常使用雷达图来展示题目的侧重点和选手的多维度能力。

（10）组合图：顾名思义，组合图就是两种或两种以上的图表形式呈现在一个图表中，最常见的就是柱状图和折线图的组合图。

知识补充

一般情况下，为 Excel 表格创建的图表会放置在表格下方或侧方，甚至可能单独用一张工作表来存放图表，虽然直接创建的图表类型更多，也更能展现表格行和列中数据的变化情况，但与表格数据综合阅读却成了它某一方面的局限性，所以 Excel 又更新了一个“迷你图”功能，恰恰解决了这一问题。

迷你图包括折线图、柱形图、盈亏三种模式，它适合放在需要查看数据变化情况的表格中。迷你图占用的空间非常小，它能够以清晰简洁的图形表示，显示基于相邻数据的趋势。当数据发生更改时，在迷你图中也立即可以看到变化，如图 3-12 所示。

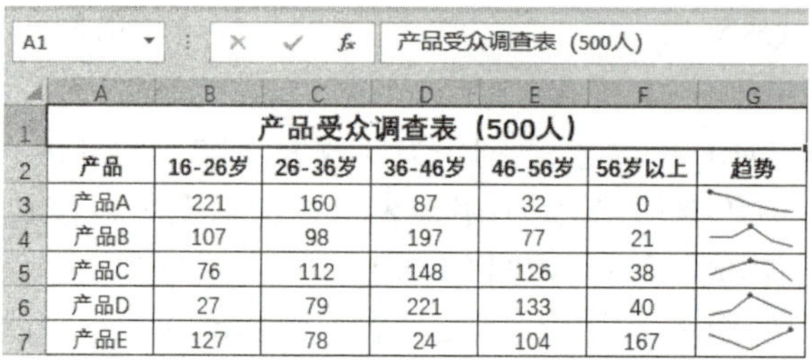

产品受众调查表（500人）						
产品	16-26岁	26-36岁	36-46岁	46-56岁	56岁以上	趋势
产品A	221	160	87	32	0	
产品B	107	98	197	77	21	
产品C	76	112	148	126	38	
产品D	27	79	221	133	40	
产品E	127	78	24	104	167	

图 3-12　在表格中使用迷你图

3. 图表的选择

知道图表类型后，还要明白如何针对数据的类型选择适合的图表，可以参考以下顺序来选择和制作图表。

（1）了解数据类型：首先需要了解数据的类型是数量型数据、分类型数据还是时间序列数据，这有助于选择适合的图表形式。

（2）确定图表目的：选择图表之前需要确定图表的目的，如展示趋势、比较差异、分析关系等，不同的目的需要选择不同的图表形式。

（3）选择适合的图表：根据数据类型和目的，选择适合的图表形式，如折线图、柱状图、饼图、散点图等。

（4）调整图表参数：在选择图表形式之后，需要根据具体数据调整图表参数，如坐标轴范围、颜色、字体等，以便更好地展示数据。

（5）优化图表设计：选择适宜的颜色、字体、布局等，优化图表设计，提高数据传达效果。

（四）数据透视表和数据透视图

数据透视表是一种交互式的数据分析工具，它可以根据不同字段的筛选、分析和汇总，生成不同的表格数据,在生成的表格中进行数据展开和折叠,以重点关注需要的结果,同时,它还可以对数据进行不同的计算和筛选,如求和、计数、平均值、最大值、最小值等。数据透视表的版面是动态的,它比传统的表格更灵活多变,在电子商务数据分析中的帮助也更大。数据透视图则将数据透视表中的数据图形化。

1. 数据透视表

数据透视表主要由两部分组成,如图 3-13 所示,左侧为数据展示区,右侧为字段设置区,其中字段设置区由报表筛选字段、列字段、行字段、值字段组成。制作一个动态的数据透视表,只需要把右侧区域列表框中的字段拖动到"筛选器""列""行""值"列表框中,就可以在左侧展示区自动形成一个由各项字段组成的动态表格。

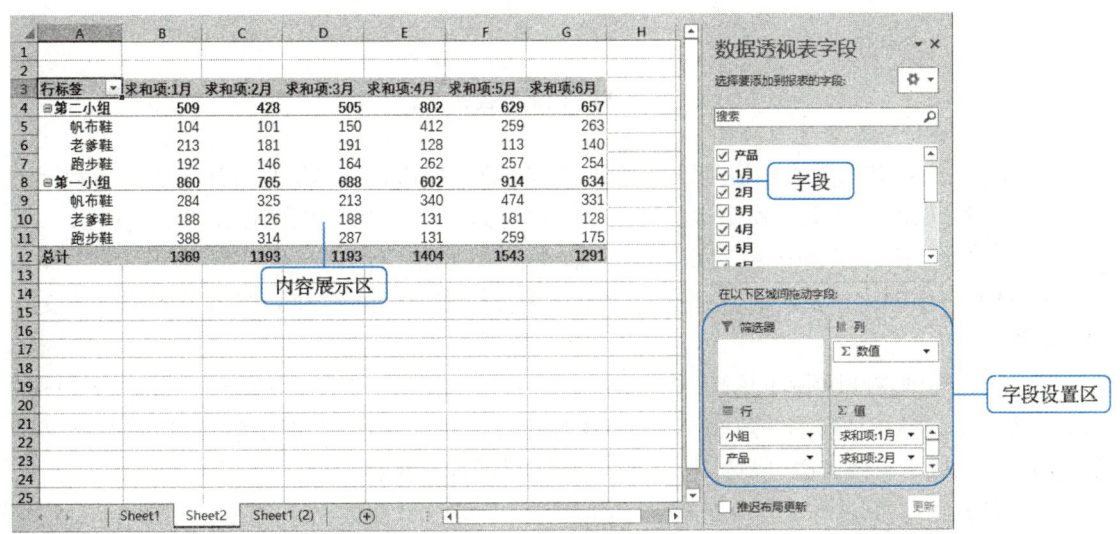

图 3-13　数据透视表

(1) 筛选字段:又称为页字段,用于筛选表格中需要保留的项,项是组成字段的成员。将表格中的字段移动到"数据透视表字段列表"任务窗格的"报表筛选"列表框中,即可让其显示在数据透视表的报表筛选区域,成为报表筛选字段。

(2) 列字段:一般是信息的种类,对标数据清单中的列。将表格中的字段移动到"列标签"列表框中,即可让其显示在数据透视表的列字段区域,成为列字段。

(3) 行字段:和列字段一样是一种信息种类,对标数据清单中的行。将表格中的字段移动到"行标签"列表框中,即可让其显示在数据透视表的行字段区,成为行字段。

(4) 值字段:是对选择的字段进行函数求值。一般情况下,数值的默认汇总函数是求和(SUM 函数),文本的默认汇总方式是计数(COUNT 函数)。将表格中的字段移动到"数值"列表框中,即可让其显示在数据透视表的求值项区域,成为值字段。

2. 数据透视图

数据透视图和数据透视表一样,是交互式数据分析工具,数据透视图将数据透视表中的数据图形化,方便查看数据的模式和趋势。它具有与图表相似的数据系列、分类、数据标记、坐标轴,另外还包含了与数据透视表对应的特殊元素,会随着数据透视表中值的变化而变化,如图 3-14 所示。

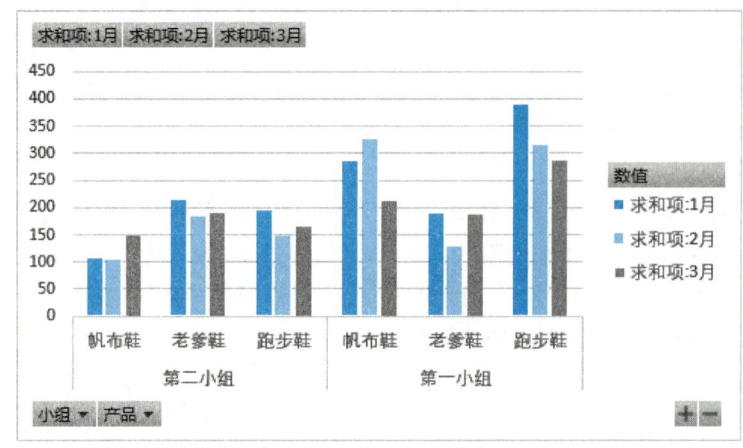

图 3-14　数据透视图

数据透视图具有与图表相似的数据系列、分类、数据标记、坐标轴,另外还包含了与数据透视表对应的特殊元素,数据透视图中的大多数操作与标准图表相同,但也存在如下差别。

(1)交互性:标准图表中,针对用户要查看的每个数据视图创建一张图表,但不交互。而数据透视图中,只要创建单张图表就可通过更改报表布局或显示的明细数据以不同的方式交互查看数据。

(2)图表类型:标准图表的默认图表类型为簇状柱形图,它按分类比较值。数据透视图的默认图表类型为堆积柱形图,能比较各个值在整个分类总计中所占的比例。可以将数据透视图类型更改为除 XY 散点图、股价图、气泡图之外的其他任何图表类型。

(3)图表位置:默认情况下,标准图表是嵌入在工作表中,而数据透视图默认情况下是创建在图表工作表上的。数据透视图创建后,还可将其重新定位到工作表上。

(4)源数据:标准图表可直接链接到工作表单元格中。数据透视图可以基于相关联的数据透视表中的几种不同数据类型。

(5)图表元素:数据透视图除了包含与标准图表相同元素,还包括字段和项,可以添加、旋转或删除字段和项来显示数据的不同视图。而标准图表中的分类、系列和数据分别对应于数据透视图中的分类字段、系列字段和值字段。数据透视图中还可包含报表筛选,而这些字段中都包含项,这些项在标准图表中显示为图例。

(6)格式:刷新数据透视图时,会保留大多数格式(如元素、布局和样式)。但不保留趋势线、数据标签、误差线及对数据系列的其他更改。而标准图表中只要应用了这些格式,就不会丢失。

(7)移动或调整项的大小:在数据透视图中,只能为图例选择一个预设位置并可更改标题的字体大小,无法移动或重新调整绘图区、图例、图表标题或坐标轴标题的大小。但在标准图表中,可移动和重新调整绘图区、图例、图表标题或坐标轴标题的大小。

(五)词云

词云常用于将大量文本中的高频语句和词汇高亮展示,快速感知最突出的文字,它是文本数据可视化的重要方式,在各行各业中都广泛使用。标签云通常是可以交互的,但它不适合数量过多的文本数据,也不适合数据区分度不大的数据处理。

　　词云的标签可以自定义设置,一般有30～150个标签。文字的权重决定其在词云中的字体大小或其他视觉效果。此外,词云是可以实现交互的。有的网站就将词云中的一些词汇标签设置为超链接,用户可以通过点击链接进入对应网站,以获取更多相关内容。图3-15为与电子商务相关的词云。

图 3-15　词云

　　目前已有一些网站免费提供词云的制作,用户可以导入数据,选择词云呈现的形状,系统将根据导入数据中的文字权重自动生成词云。这里的词云的形状除了选择网站提供的一些简易形状,还可以自定义设置。例如,目前大部分品牌在制作词云时会选择品牌 logo 形状作为词云呈现形状。

任务三　数据可视化制作

引入案例

　　带着组长提出的问题学习了任务二的内容后,风帆户外的小方得到了想要的答案。

　　(1) 我们可以使用这些数据进行哪些分析?

　　这是一组最常见的两类数据,我们可以单独完成三种形式的分析:商品不同年度的销量变化趋势,同一年度不同商品销量总额对比,同一年度不同商品销量在总销量中的占比情况。

　　(2) 对应的分析数据适合什么类型的图表?

　　不同年度销量变化趋势可以用折线图,销量总额对比可以用柱形图或者条形图,占比形式的数据就用饼图。

　　(3) 如果后期要加其他商品的数据,图表的效果能不能同步更新?能不能在图表中动态显示某一项或多项数据?

　　图表根据表格内容同步更新的方法比较简单,把表格设置为智能表就能解决,但如何才在图表中动态显示数据呢?通过“选择数据源”来实现吗?

在 Excel、Power BI 等数据分析软件中有一个"切片器"功能,通过生成字段切片器,就能实现表格和图表的动态显示了,如图 3-16 所示。

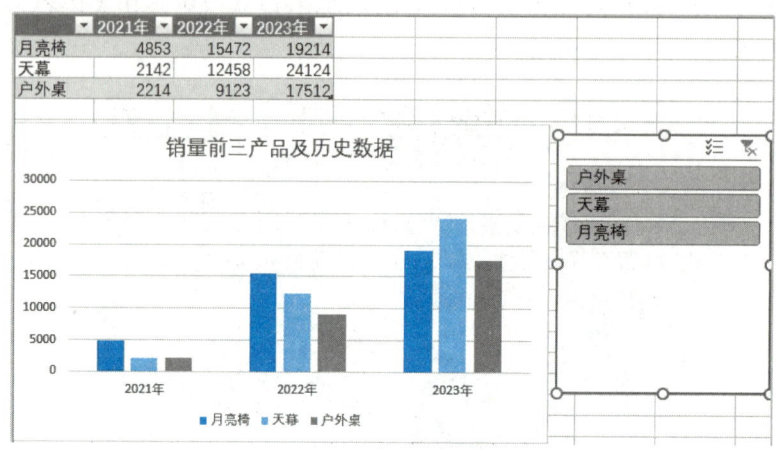

图 3-16　数据可视化效果

相关知识

表格数据通常包含比较、构成、趋势与关联、分布四种数据关系,这四种数据关系分别对应了不同的图表类型,如表 3-1 所示。

表 3-1　数据关系与对应图表

数据关系	数据列举	图表
比较	① 不同时期的同类数据之间的比较 ② 同一时期不同数据之间的比较 ③ 竞争关系之间的数据比较	柱形图、对比柱形图、分组柱形图、堆积柱形图、分区折线图、雷达图、词云、排列图、数据
构成	① 总数中各部分的具体组成 ② 总数中某一部分的突出说明	饼图、矩形块图、百分比堆积柱形图、多层饼图
趋势与关联	数据走势与数据关联	折线图、范围面积图、面积图、散点图、瀑布图
分布	数据分布	散点图、地图、热力区域图、漏斗图

实际工作中,比较类、构成类和趋势类的数据是接触得最多的,这里主要针对这三种数据的可视化设计进行介绍。

一、比较类数据可视化

比较类数据使用柱形图和折线图较多,它们都可以非常明确地在图例中显示。使用者通过肉眼就能判断数据的大小、多少。

（一）一类数据比较

一类数据的比较是最简单的,这意味着二维图表中的其中一个维度是固定的。数据一个维度的变化最常使用的是柱形图（条形图）、折线图和排列图,其中折线图的效果相对于其他两种来说会比较单一。如图 3-17 所示的帆布鞋全年销售数据中,根据不同的需求分别制作了一张柱形图和排列图。

产品	1月	2月	3月	4月	5月	6月	7月	8月	9月	10月	11月	12月
帆布鞋	284	325	213	340	474	331	126	275	273	387	507	320

图 3-17　一类数据

1. 柱形图

按月份依次排列,视觉分布均匀,数据大小以图例高低显示,添加趋势线辅助分析销售数据的总体走势,简洁易懂,如图 3-18 所示。

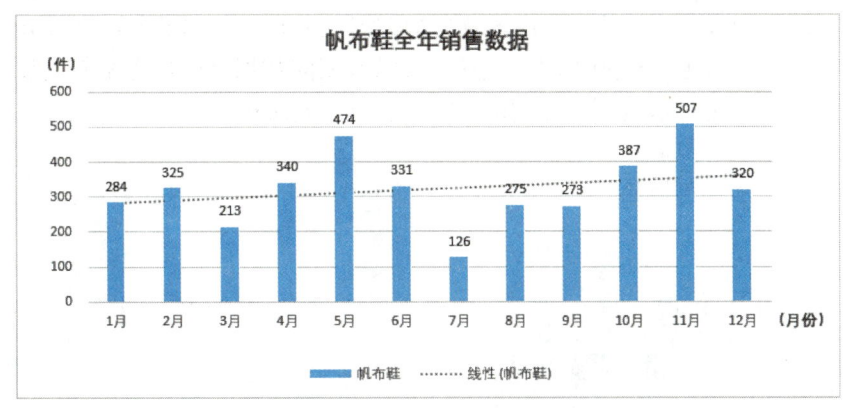

图 3-18　添加趋势线的柱形图

2. 排列图

按数值从大到小依次排列,能快速提取销量前三和末尾月份,便于总结分析,常用于发现问题和需要纠错的情况,如图 3-19 所示。(排列图中的线为累计百分比线,代表各因素贡献比例,从左到右逐渐增加,帮助识别主要因素和次要因素。)

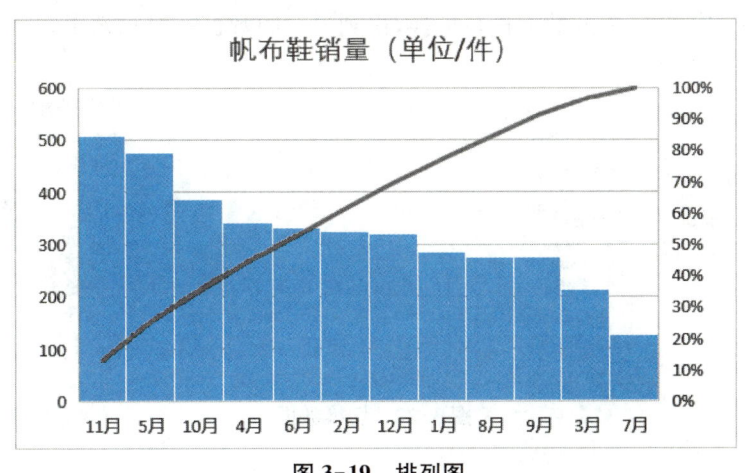

图 3-19　排列图

（二）两类数据比较

两类数据比较涉及三个维度,除了数值固定,另外两个维度是变化的。这种数据同样最适

电子商务数据分析

合柱形图（条形图）和折线图。如图 3-20 所示的三种不同类型的产品上半年的销量，可以制作柱形图、柱形图和折线图的组合图。

产品	1月	2月	3月	4月	5月	6月
帆布鞋	284	325	213	340	474	331
老爹鞋	188	126	188	131	181	128
跑步鞋	388	314	287	131	259	175

图 3-20　两类数据

1. 柱形图

柱形图有簇状柱形图、堆积柱形图、百分比柱形图，以及三维柱形图等，簇状柱形图就是最常见的、也是最简单的柱形图，堆积柱形图就是把数据堆积在一起，如图 3-21 所示。簇状柱形图主要用于单个数据的比较，每个数据都是从 0 开始，相同数据之间的差额较为明显。堆积柱形图主要用于总额的比较，图表中数据重叠在一起，总体差额较为明显。

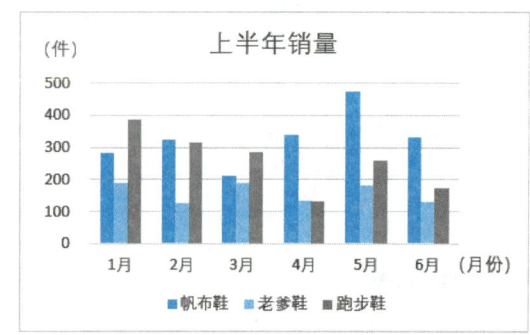
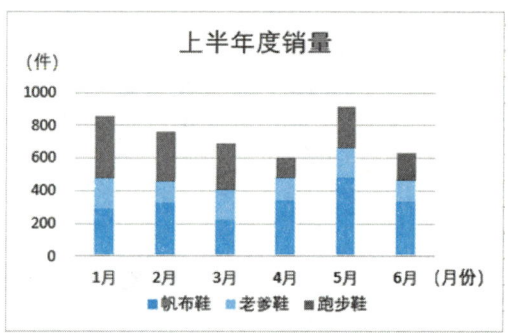

图 3-21　簇状柱形图和堆积柱形图

因为表格中涉及两组数据的比较，所以图表的行和列是可以进行切换的，如图 3-22 所示，右键单击任意图例，选择"选择数据"命令，在打开的"选择数据源"对话框中单击 切换行/列(W) 按钮，就可以将图例项和轴便签中的数据进行切换，得到另一组数据的显示效果。

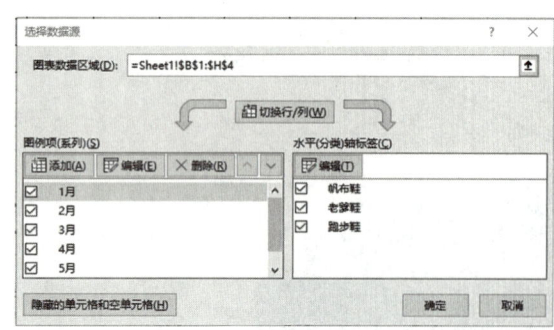
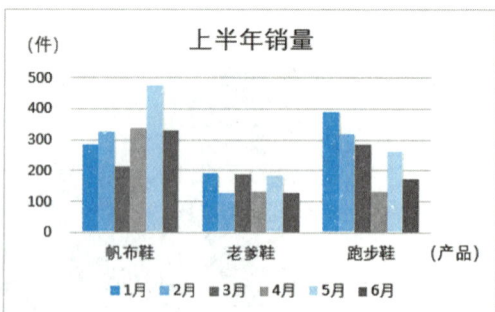

图 3-22　切换数据

2. 组合图

如果数据处理时的两组数据维度差距较大，就可以考虑使用组合图来进行视觉化设计。最常见的组合图就是柱形图和折线图的组合，因为这两种图表都能很明确地展示数据的高低

46

落差,在视觉上的搭配度较高。在"图表类型"对话框中选择"所有图表"选项卡,然后在左侧选择"组合图"选项,此时在右侧即可为各系列数据设置不同的图表类型,如图 3-23 所示。

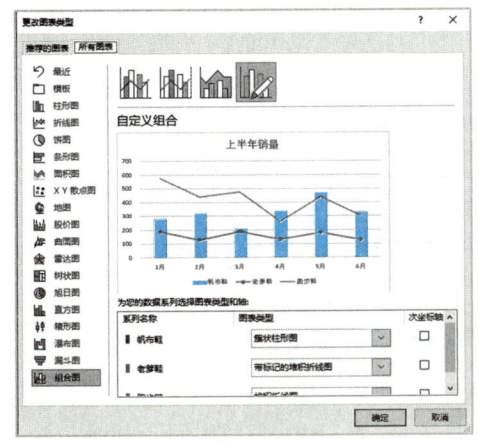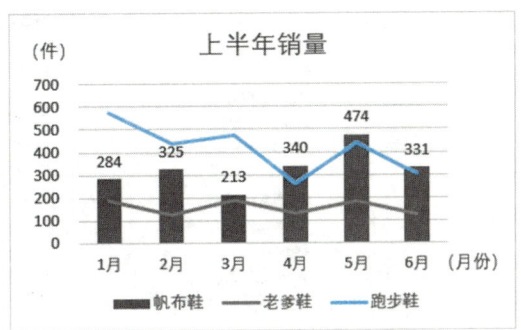

图 3-23　组合图制作

（三）多类数据比较

当数据超过两类时,需要处理的数据就有四个以上的维度,二维图表就不能满足所有数据的可视化展示,此时就需要用数据透视表、数据透视图或切片器来进行制作。

1. 数据透视表和数据透视图

如图 3-24 所示的表格一共有四组数据,分别是小组、产品、月份和销量,这四组数据彼此之间是有关联的,选择所有数据,在【插入】/【图表】中单击"插入数据图"按钮,在打开的对话框中设置数据源,就可以创建一个数据透视工作表。选择要分析和展示的字段,就能自动在左侧同步生成一张数据透视表和一张数据透视图,如图 3-25 所示。

小组	产品	1月	2月	3月	4月	5月	6月	7月	8月	9月	10月	11月	12月
第一小组	帆布鞋	284	325	213	340	474	331	126	275	273	387	507	320
第一小组	老爹鞋	188	126	188	131	181	128	194	102	153	182	287	123
第一小组	跑步鞋	388	314	287	131	259	175	272	121	262	235	240	126
第二小组	帆布鞋	104	101	150	412	259	263	463	384	278	269	242	349
第二小组	老爹鞋	213	181	191	128	113	140	144	198	232	211	252	127
第二小组	跑步鞋	192	146	164	262	257	254	155	203	170	161	118	191

图 3-24　含多类数据的表格

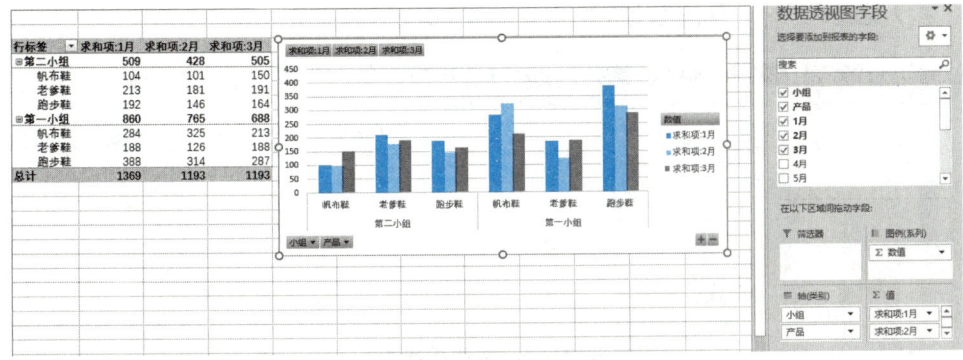

图 3-25　数据透视表和数据透视图

"值"字段的默认计算方式是"求和"。如果要改变值字段的汇总形式,可以在"值"字段单击需要更改的字段,选择"值字段设置"命令,在打开的对话框中设置计算类型,确认后即可得到新的字段计算数据,如图3-26所示。

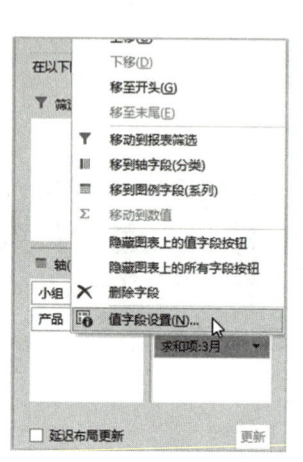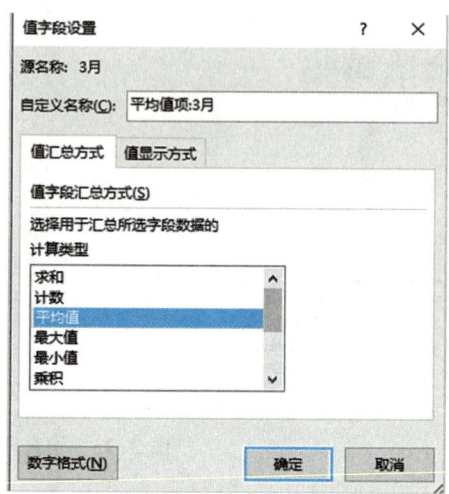

图3-26　更改值字段计算类型

2. 切片器

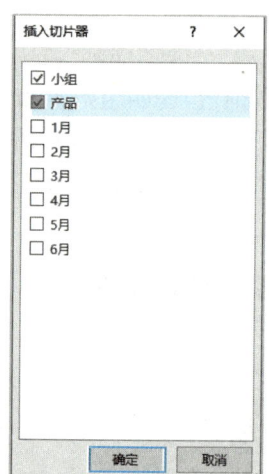

切片器是一个数据透视工具,它和前面介绍的数据透视表的功能大致相同,Excel、Power BI和Python等数据处理软件中都包含这个功能。一般情况下,制作好的图表,对应的数据源是固定的,如果要让图表中的内容增加或删减,只能通过改变数据源来完成,而利用切片器功能可以避免重复地选择数据,让数据和图表通过单击字段按钮就能快速地进行动态筛选。

选择数据表格中的任意单元格,选择【插入】/【筛选器】组单击"切片器"按钮,打开"插入切片器"对话框,如图3-27所示,在其中选中要实现动态显示的字段,单击"确定"按钮就可以得到一个对应的切片器小窗口。

图3-27　"插入切片器"
对话框

在切片器窗口中单击字段,在表格和图表中同步更新选择字段对应的显示效果,此时表格和图表中显示内容为第一小组老爹鞋的数据,如图3-28所示。

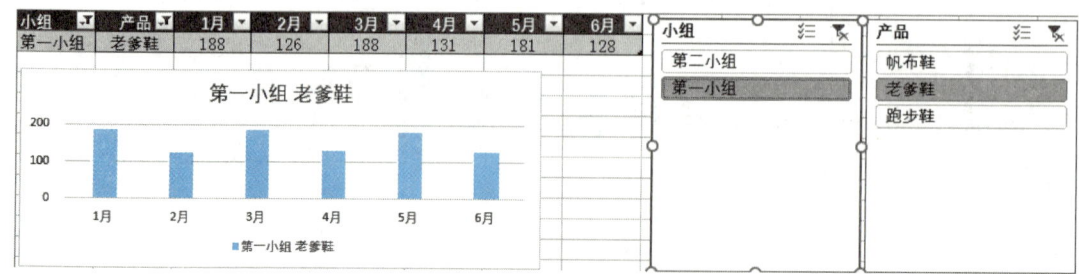

图3-28　单字段显示

按住【shift】键同时单击字段,可以同时选中一个切片器中的多个字段,根据需求选择就能得到与字段对应的数据表格和图表效果,如图 3-29 所示。

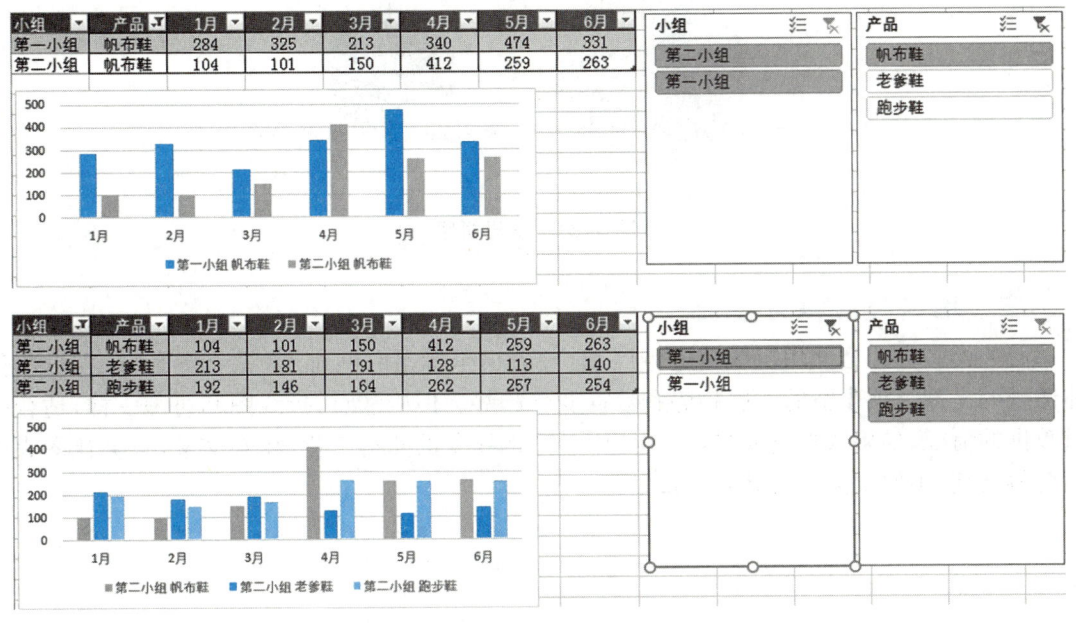

图 3-29　多字段显示

二、构成类数据可视化

当对某一组数据中各个数值的构成、占比进行分析时,饼图是最佳选择。但是应该注意,饼图只能使用一个数据系列,且系列中的数据不宜过多,当系列中的数据点过多的时候,饼图将无法清楚地说明所要表达的信息。因此建议数据点不要超过六个。

饼图分为一般饼图、三维饼图和圆环图,如果涉及子数据,还可以选择复合饼图来进行展示。图 3-30 为同一数据不同形式的饼图效果,这三种形式本质上来说没有区别。

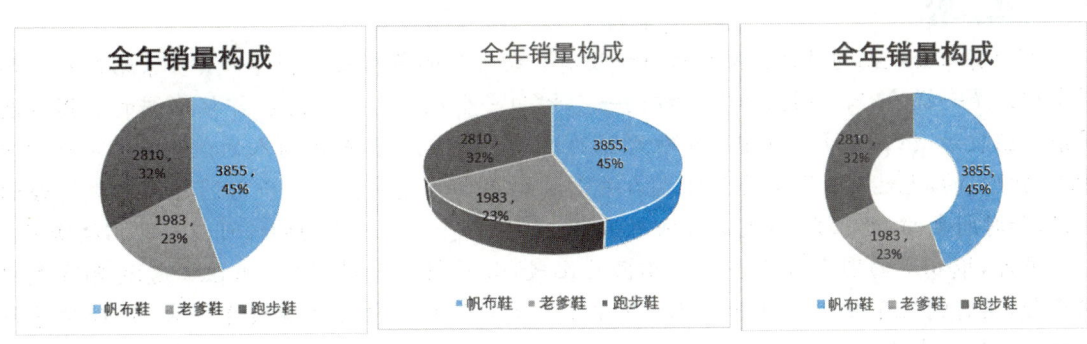

图 3-30　不同形态的饼图

除了以上三种基础饼图,还可以制作子母饼图(复合饼图),这种饼图是由两个饼图组成,子饼图是对母饼图中某一个类别构成部分的补充说明。制作这类饼图时要注意,子饼图构成总和等于母饼图类别的值,右侧所有类别鞋子的占比总和为 53%,即左侧第三组的销售占比,如图 3-31 所示。

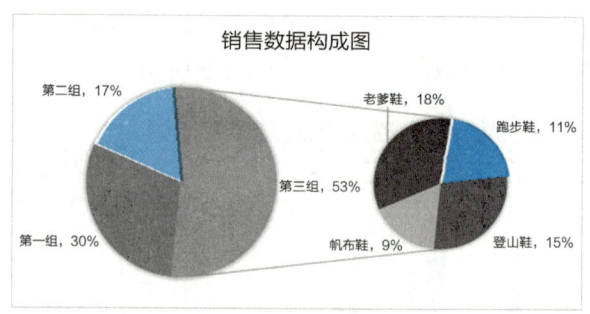

图 3-31　子母饼图

三、趋势类数据可视化

趋势类数据适合使用折线图进行展示,一般横坐标是时间维度,纵坐标是数据维度,整体体现的是某一项事情的发展趋势和数据变化趋势。但应注意,折线图和饼图一样,适合少量数据的情况,如果数据量太多,折线图中各图例线条的曲折变化、相互交叉,只会让图表画面变得杂乱,不便于阅读,如图 3-32 所示。

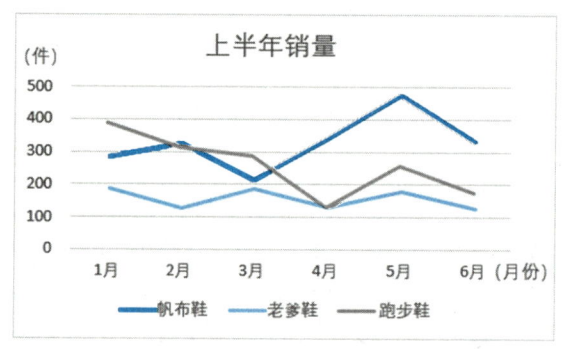

图 3-32　折线图

知识补充

可能有人会疑惑为什么上面的讲解中没有介绍常见的条形图的制作。其实条形图和柱形图本质上是一样的,只是图例的显示方向一个横向一个纵向。一般能制作柱形图的数据都能用条形图展示,但在日常工作中使用柱形图的情况要多于条形图,因为人的视觉习惯是更倾向于纵向视觉的,也就是说上下关系比左右关系的视觉更易接受。当然条形图也有它更适合的数据,如时间类的、进程类的,或是数据差非常大的数据。大家感兴趣的话可以自己拓展研究。

另外,堆积类的图表只适合少量数据的比较,如果数据量过多,堆积在一起就会造成视觉疲劳,这种情况下要对总额进行比较的话,建议先在表格中将总额核算出来,再针对总额做更简单的图表进行展示。

项目实训——制作对比条形图

对电子商务数据的可视化设计有一定了解后,我们可以对数据表格、数据图表的制作进行延伸拓展,根据数据的应用情况制作、设计最适合的可视化效果。本实训将针对同一款产品在不同销售平台的销量制作一个对比条形图,以帮助大家对电子商务数据可视化设计有更深刻的认识和了解。

【实训背景】

电子商务企业发展壮大之后在多个平台都会开设店铺,那么就需要针对不同平台的受众群体来制订不同的销售计划。为此,我们需要对同一商品在不同平台的销量进行可视化分析,以配合企业制订可持续发展的计划。

【实训目标】

(1)掌握同一主体对比不同数据时的图表选择方法。

(2)掌握使用 Excel 制作图表的方法。

【实训要求】

本实训要求根据表格内容制作对比条形图,效果如图 3-33 所示。

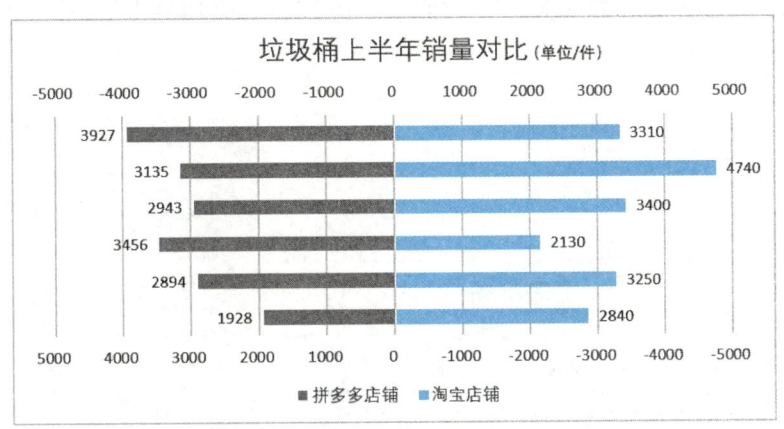

图 3-33　对比条形图

【实训步骤】

同一产品在不同平台销量对比条形图的制作步骤如下。

(1)选择数据源,在【插入】/【图表】组单击右下角的"⌐"按钮,打开"插入图表"对话框。

(2)单击"所有图表"选项卡,在左侧选择"条形图"选项。

(3)此时根据数据源生成一个条形图图表,单击图表中的任意图例,在右侧打开的设置区单击"设置选项"按钮,在"系列选项"中选择"次坐标轴"选项,如图 3-34 所示。

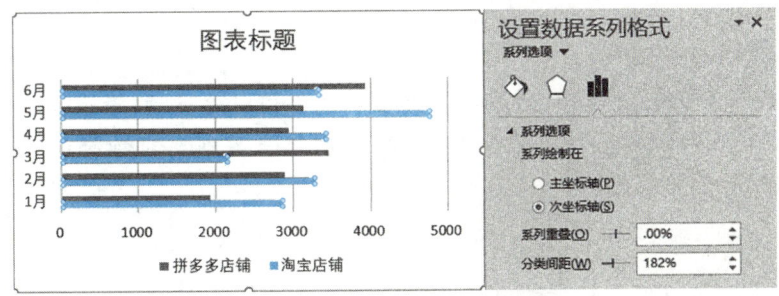

图 3-34　设置次坐标轴

51

（4）此时上下各生成一个数据轴，选择任意一个数据轴，在右侧单击"▥"按钮，在"坐标轴选项"下设置边界的最小值为"－5 000.0"，最大值为"5 000.0"，如图 3-35 所示。

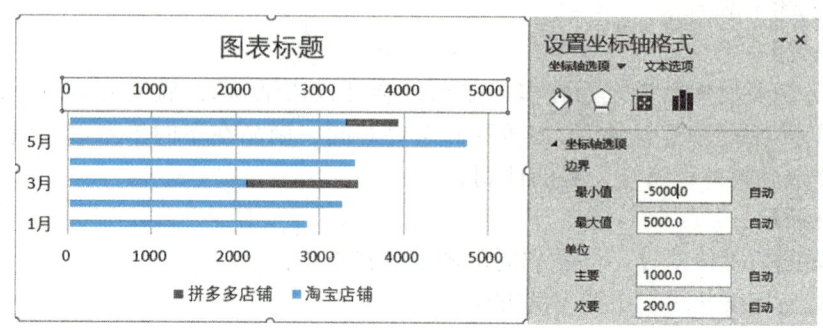

图 3-35　设置边界值

（5）使用相同的办法设置另外一个数值轴的边界最大值和最小值，选中下面"逆序刻度值"选项，如图 3-36 所示。

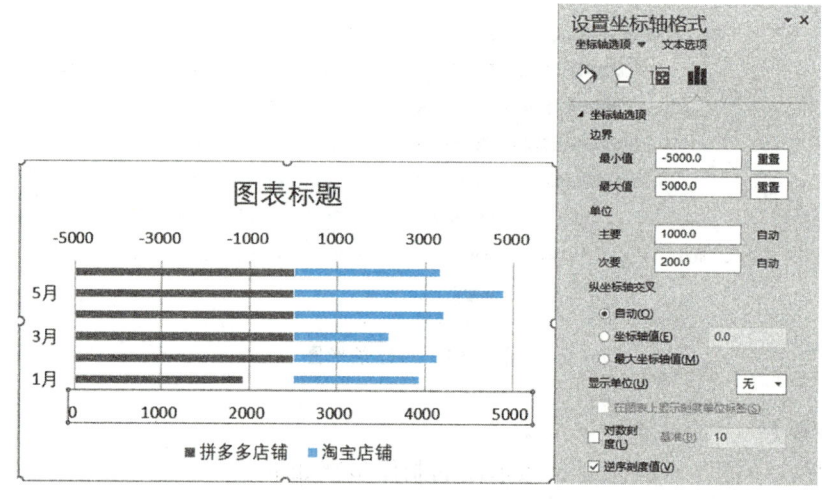

图 3-36　设置逆序刻度值

（6）此时即可得到一个对比条形图，单击图表右上角的按钮，在打开的菜单中选中"数据标签"选项，更改图表标题，删除中间的月份坐标轴，即可得到同一产品在不同平台的销量对比图。

知识补充

在本实训操作中，设置数值轴边界的最大值和最小值时要注意，最大值和最小值应该是相同的数值，且数值要比数据源中的值都大，这样才能让图例在对称轴的左右两侧完整显示，达到图 3-33 所示的效果。

 课后习题

一、单选题

1. 下列关于可视化设计工具的说法,正确的是(　　)。

A. Power BI 的兼容性较差,需要导入数据源进行可视化设计

B. Word 的操作非常简单,和 Office 其他组件能协同办公

C. Python 是最简单的一种计算机编程语言,非常容易上手

D. Excel 是最常用的表格处理工具,在各行各业都广泛使用

2. 以下软件不属于数据可视化设计工具的是(　　)。

A. Word　　　　　　　B. Excel　　　　　　　C. Python　　　　　　D. Power BI

3. 下列关于数据可视化设计的说法,正确的是(　　)。

A. 数据可视化设计主要用于展示数据,在分析和交互等方面有所欠缺

B. 数据可视化能够直观地展示数据的大小、多少、变化和走势

C. 数据可视化设计就是设计图表来展示数据

D. 数据可视化设计指的是对数据进行修饰和美化

4. 下列选项中,不属于图表组成部分的是(　　)。

A. 标题　　　　　　　B. 数值轴　　　　　　C. 隐藏线　　　　　　D. 图例

5. 下列关于图表的说法,错误的是(　　)。

A. 饼图一般指用一组数据系列作为数据源

B. 排列图的图例以数据大小进行排列

C. 条形图的数值项一般标注在纵坐标上

D. 组合图最常见的是柱形图和折线图的组合

二、多选题

1. 下列关于数据分析的可视化设计的说法,正确的有(　　)。

A. 可视化设计软件只有 Excel、Python 和 Power BI

B. 进行数据可视化设计应该先整理数据,再进行可视化设计

C. 数据可视化的形式包括图示、图表、数据透视表、词云等

D. 整理数据应该有效筛选有用信息,要懂得取舍

2. 下列关于使用 Excel 进行数据视觉设计的说法,错误的有(　　)。

A. Excel 是最常用的数据视觉设计软件,它的功能强大,包括数据计算、数据分析、图表
制作

B. Excel 能完成公式与函数计算,如果要编程只能用 Python 完成

C. Excel 可以与 Office 组件进行协同办公,但与其他软件的兼容性较差

D. 在 Excel 中可以对图表进行样式设置,以满足工作所需

3. 数据可视化设计的视觉布局应该遵守(　　)三个原则。

A. 有趣　　　　　　　B. 聚焦　　　　　　　C. 简洁　　　　　　　D. 平衡

4. 整理数据过程中要做到(　　)。

A. 随时核对数据　　　　　　　　　B. 重要数据备份

C. 修改数据以保证报告可行　　　　D. 错误数据追踪校对

5. 下列关于数据可视化设计的说法中，正确的有（   ）。

A. 一组简单数据适合制作柱形图、折线图、排列图等数据可视化设计

B. 排列图中的图例顺序可以从大到小排列，也可以从小到大排列

C. 柱形图、条形图、折线图都可以切换横坐标和纵坐标的位置

D. 如果数据量太多不适合使用折线图和饼图

三、判断题

1. 图表所有类型中使用最多的就是柱形图、折线图和饼图。   （   ）

2. 制作图表和数据透视表时要注意数据源在后期不能更改。   （   ）

3. 在 Excel 中可以插入多个彼此链接的切片器。   （   ）

4. 折线图不适合比较类数据的可视化制作。   （   ）

5. 所有趋势类数据都适合使用折线图来体现数据的变化情况。   （   ）

四、实践操作题

1. 随机调研一家实体店铺，分别在 3 个单位时间段对店铺任意的三种商品进行调研并完成表 3-2 的信息登记。

表 3-2　商品信息登记表

次别	名称	单价	销量	金额	收款方式

注："次别"填单位时间段的次数，单位时间段不定，可以是 10 分钟、1 小时、1 天等。收款方式指现金、微信、支付宝、团购等方式。

2. 分析表 3-2 中的信息能制作哪些图表。

3. 在表 3-2 中选择两组数据制作图表。

项目四

市场与竞争数据分析

 知识导图

市场与竞争数据分析
├─ 任务一 市场数据分析
│   ├─ 市场行业分析
│   ├─ 市场需求分析
│   └─ 目标用户分析
└─ 任务二 竞争数据分析
    ├─ 竞品分析
    └─ 竞品关键词数据分析

项目导读

　　市场数据分析是指为了一定的商业目的,对市场需求、市场规模、市场趋势、目标客户、竞争态势等相关数据进行分析。通过对商品、用户、平台数据的分析,商家就可以知道什么样的商品好卖,什么样的客户爱买,哪一类的促销活动更受欢迎等,从而帮助商家对症下药、调整策略、精准营销。

　　市场数据一般可以从两个方面出发。一是行业数据分析,二是竞争数据分析。行业数据分析主要是对行业进行宏观及微观分析,如行业市场规模、商品售卖周期、客户品牌偏好等,来判定企业选择的行业是否有较好的发展前景或发展潜力等。商家根据这些数据来对行业做出整体判断,明确可以切入的行业赛道。竞争数据分析主要是对竞争对手进行分析,在信息透明的互联网时代,企业可以通过圈定目标竞争对手,采集分析相关的核心指标数据,通过横向、纵向比较与总结,了解自身的优势,并找出自身与竞争对手的差距,从而形成指导意见反馈给产品、运营、服务部门。

　　电商企业对行业及竞争数据进行分析是非常有必要的。这不仅能够帮助企业及时发现经营中存在的问题,为经营决策者提供参考依据,还有利于企业预测市场行情,提升市场竞争能力,及时有效地调整市场或品牌战略,从而发现新的市场机会。

任务一　市场数据分析

 引入案例

　　某企业想要了解宠物食品行业的市场需求变化,数据分析人员可以利用互联网找到相关的行业分析报告,2023年部分宠物食品行业数据如图4-1所示。

　　从图4-1的数据可以看出,随着社会的发展以及养宠观念的不断推广普及,高成长性的宠物行业已成为市场蓝海。宠物食品高频、消费量大的特征,吸引了许多初创企业进入该赛

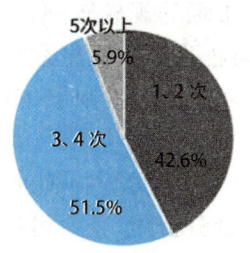

2023年中国宠物食品消费者每月消费频率
Monthly Consumption Frequency Survey of Pet Food Consumers in China in 2023

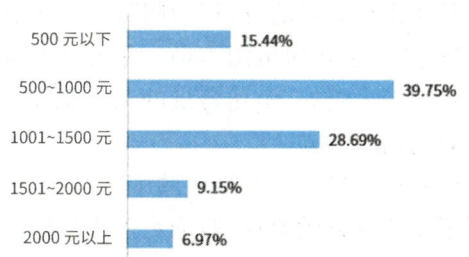

2023年中国宠物食品消费者每年消费金额
Annual Consumption Amount Survey of Pet Food Consumers in China in 2023

图 4-1　宠物食品行业数据(部分)

道。这使得本土品牌的市占率逐步提升,海外品牌市占率逐步下降。中国宠物饲养者每月进行宠物食品消费的频次集中在 1、2 次或 3、4 次,有 8 成以上的消费者年均消费超过500 元(84.56%)。个人可支配收入越高的群体,在宠物食品方面的消费支出越多。这意味着在当前国民消费保持稳定增长的社会宏观背景下,宠物食品消费也将保持稳定增长,为宠物食品企业带来新的动能。

 相关知识

一、市场行业分析

市场行业分析不仅可以让经营者在短时间内了解到整个行业的过去和现状,还可以抓住行业的关键成功要素,预测行业未来的演进路线。

(一)市场趋势分析

市场趋势是指在既定的市场环境和时间段内,市场的需求或市场上某些产品的销量是在逐渐扩张还是收缩。发展趋势好的市场成为增量市场,发展趋势差的市场成为存量市场。

市场趋势分析就是对市场趋势进行估计和预测,通过分析市场趋势相关数据加深对市场环境和消费者偏好的认识,从而有计划地针对变化中的市场制订未来的业务计划。市场趋势可以根据市场需求的变化分为萌芽期、成长期、爆发期和衰退期 4 个阶段。电商企业选定行业所处的发展阶段,决定了企业未来的成长空间。

数据分析师可以通过第三方调研机构查看相关行业的研究结果,如艾媒网、199IT 互联网数据中心等。例如,数据分析人员通过艾瑞网发布的《2024—2025 年中国汉服产业现状及消费行为研究报告》了解到,随着文化强国道路的深化发展,文化自信深入人心,汉服市场规模呈现持续上升扩大趋势,且随着将汉服及传统文化中的象征性元素融入服饰的"新中式"越来越流行,汉服行业未来仍有较大的上行空间。

素养点拨

市场趋势分析不是一次性的工作,而是一个持续的过程。企业至少每 6 个月做一次市场趋势分析,这样才能较好地监控市场变化,从而做出对企业有利的应对之策。

（二）市场容量分析

市场容量又称市场规模，通常是研究目标行业或者目标产品的整体市场规模。市场容量分析是对市场规模的分析和判断，市场容量的大小决定了市场的规模瓶颈，一般来说容量越大瓶颈越高，分析时可用市场容量和头部企业来确定市场瓶颈。但要注意并不能单纯认为市场容量越大越好，市场容量的大小只是一种状态，如何选择市场或制定市场策略，需要结合企业的内外因素。

市场容量是判定一个行业的维度，一方面有利于企业了解选定的行业前景如何，另一方面有利于企业制订销售计划，确定销售目标。在进行市场容量分析时，企业可以通过多个指标来描述市场容量，如销售额、流量、销售件数等。

1. 明确分析需求

市场的发展是动态的，企业需要实时监控并分析行业市场容量的变化。企业需要明确分析需求，即通过市场容量分析想要达成的目标，是只需要了解行业市场容量历年来的变化趋势，还是需要对未来的市场容量进行预测，从而制订企业发展计划。

2. 整合数据资源

为了保证数据的客观性和科学性，数据分析师需要整合来自不同渠道的数据来提取企业需要了解的数据。例如通过艾瑞网、艾媒网、中国产业信息网等发布的年度报告来采集目标行业的市场容量数据；通过相关的销售平台来采集相应的交易数据，如淘宝、京东、拼多多等。

3. 市场容量数据分析

整合收集来的相关市场容量数据，可以对需要了解的行业市场容量进行分析。表 4-1 为通过艾瑞网发布的研究报告采集的某行业的市场规模数据。通过数据可知，2018—2023 年，该行业的市场规模呈现持续扩大趋势，2023 年达 144.7 亿元。

表 4-1　某行业各年份市场规模

年份	市场规模（亿元）	年份	市场规模（亿元）
2018	10.8	2021	101.6
2019	45.2	2022	125.4
2020	63.6	2023	144.7

想要预测 2024 年、2025 年的市场规模，可以采用图表趋势预测法。制作市场规模折线图，如图 4-2 所示。

在折线图中显示趋势线，然后在右侧窗格中进行相关设置。现已知预测公式为"$y = 27.089x - 12.927$"，R 的平方值为 0.990 8，R 的平方值接近 1，说明使用预测公式预测的结果可靠性较高。预测公式中，x 是每个年份对应的数据点，y 是对应年份的市场规模，由于 2024 年是第 7 个数据点，2025 年是第 8 个数据点，可计算出 2024 年和 2025 年的预测市场规模，如图 4-3 所示。

2024 年预测市场规模 $= 27.089 \times 7 - 12.927 \approx 176.7$（亿元）

2025 年预测市场规模 $= 27.089 \times 8 - 12.927 \approx 203.8$（亿元）

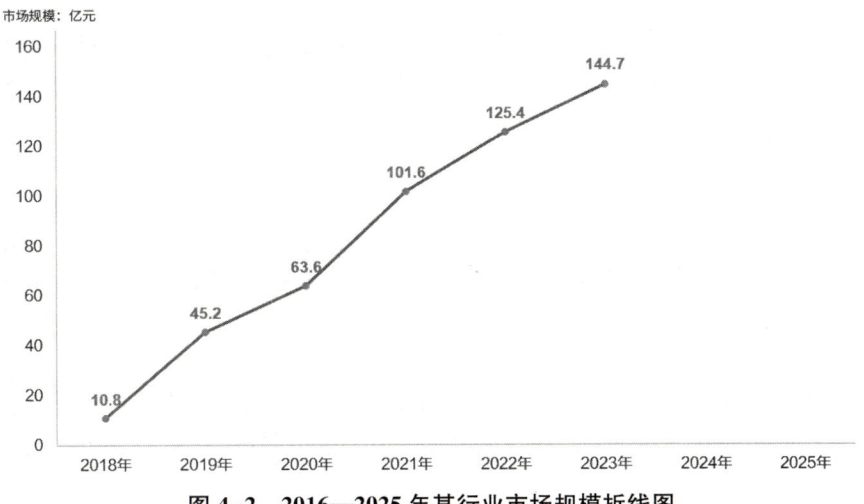

图 4-2 2016—2025 年某行业市场规模折线图

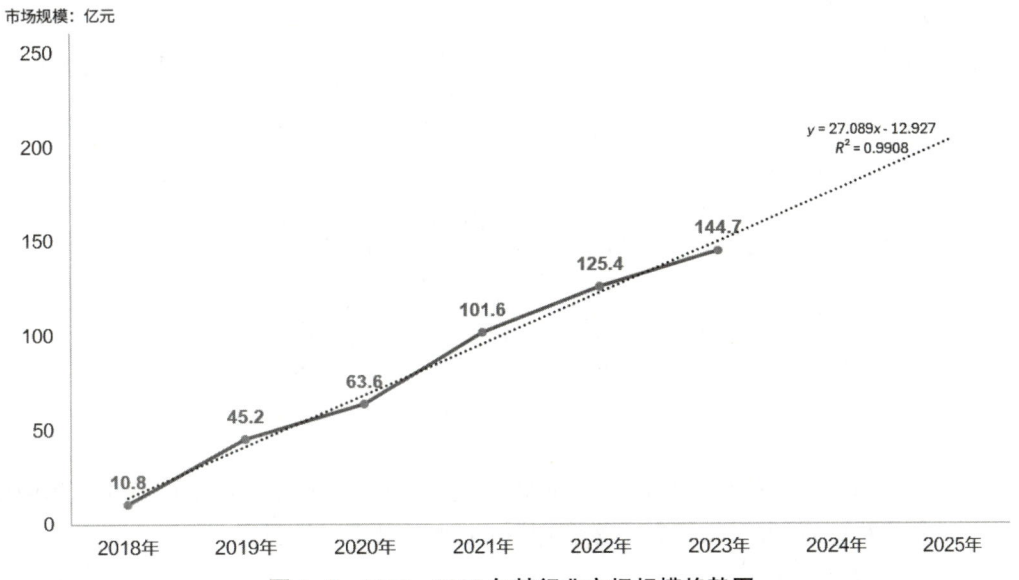

图 4-3 2018—2025 年某行业市场规模趋势图

素养点拨

通过此方法得出的市场规模数据仅具有一定的参考价值。想要进一步明确所选平台的市场规模,还需要通过相关的销售平台采集相应的数据。

（三）行业集中度分析

行业集中度是决定市场结构最基本、最重要的因素,集中反映了某个行业的竞争和垄断程度,较常使用的计量指标为赫芬达尔—赫希曼指数（Herfindahl-Hirschman index,HHI）。该指数在 $1/n$ 到 1 之间变动,指数的数值越小,说明行业集中度越小,越趋于自由竞争,当行业处于完全垄断时,HHI＝1。HHI 的计算公式为:

$$HHI = S1^2 + S2^2 + S3^2 + \cdots + Sn^2（Sn 为企业市场份额的百分比）$$

需要注意的是,该指数对规模较大的企业的市场份额反映较明显,对微小企业的市场份额小幅度变化反映很小。另外,该指数不受企业数量和规模分布的影响,可以很好地测量行业集中度变化情况。

知识补充

　　HHI是一种测量产业集中度的综合指数,它是指一个行业中各市场竞争主体所占行业总收入或总资产百分比的平方和,用来计量市场份额的变化,是经济学界和政府管制部门使用较多的指标。

以淘宝为例,可以通过生意参谋采集排名前面10位品牌的交易指数,并拟合交易金额,随后计算出各品牌的市场份额(交易指数占比),再通过 HHI 指数计算出行业集中度,如图 4-4 所示。

	A	B	C	D	E	F
	排名	品牌名称	交易指数	市场份额	市场份额平方值	行业集中度
1	1	品牌一	510405	0.131159543	0.017202826	0.103149257
2	2	品牌二	463173	0.119022265	0.014166299	
3	3	品牌三	459509	0.118080721	0.013943057	
4	4	品牌四	406506	0.10446046	0.010911988	
5	5	品牌五	395395	0.10160525	0.010323627	
6	6	品牌六	386473	0.09931255	0.009862983	
7	7	品牌七	347056	0.089183504	0.007953697	
8	8	品牌八	325870	0.083739305	0.007012271	
9	9	品牌九	301492	0.077474854	0.006002353	
10	10	品牌十	295603	0.075961549	0.005770157	

（F2 单元格公式：=SUM(E2:E11)）

图 4-4　计算行业集中度

通过计算出的数据可知,该行业的行业集中度为 0.103 149 257,说明该行业的集中度较低,并未完全垄断,消费者对品牌并不敏感,其他企业可以进入该行业。

二、市场需求分析

市场需求是企业经营的基础,是消费者需求的总和,市场需求分析就是通过一系列方法去研究市场的过程。市场需求分析可以帮助企业了解消费者需求和市场情况。如果不适应这些需求,商品就有可能在后期出现销售疲软。因此,做好市场需求分析对于企业来说十分重要。

(一)市场需求变化趋势

市场需求变化趋势是通过分析产品需求量变化的原因和规律判断出来的,电商企业在运营时需要时刻关注市场需求量的变化情况,以便为后期的产品开发、产品布局、上架时间规划等提供有效的参考依据。而在后期的产品运营上,除了关注大盘数据,企业还需要结合不同的品类销售数据进行分析,提前做好下一季度、下一年度的品类上新计划,如表 4-2 所示。

表 4-2　店铺上新规划

排序	上新时间	上新类目	上新数量	产品价格/元	占比
1		女装/半身裙			
2		女装/风衣			
3		女装/毛呢外套			
4		女装/毛衣			
5		女装/毛针织衫			

图 4-5 为通过生意参谋采集的交易指数数据趋势图,通过该趋势图可以了解到该商品具有明显的季节性特征。

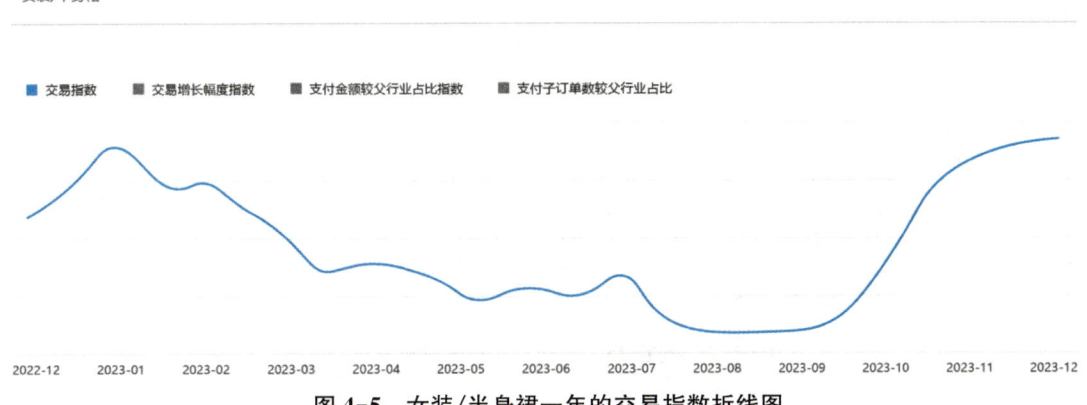

图 4-5　女装/半身裙一年的交易指数折线图

(二) 客户品牌偏好

客户品牌偏好是品牌力的重要组成部分,指某一市场中消费者对该品牌的喜好程度,是对消费者品牌选择意愿的了解。

当人们在日常选购商品的过程中,大多数客户都有自己的品牌偏好,它会对每个客户的消费过程产生影响。品牌偏好有助于在客户群体中打造稳定性。拥有品牌偏好的消费者不仅会频繁选购企业的产品,甚至还有潜在几率成为企业品牌的倡导者,帮助其他尚未确定尝试哪个品牌的人群转移品牌偏好。

在对客户品牌偏好分析时,可以通过生意参谋、京东商智、蝉妈妈等平台数据工具来采集相应行业的热销品牌排名。图 4-6 为通过蝉妈妈采集的某个品类的客户品牌偏好,企业可以通过品牌排名情况来找到高销量、高流量的品牌竞店,以此作为参考,对自身店铺的商品进行优化。

(三) 客户价格偏好

当客户在浏览商品时,价格往往是其最关注的商品属性之一。商家也常常在最显著的地方标明商品的价格,以引起消费者的注意。电商企业在分析商品市场价格时,一个很重要的因素便是消费者的消费水平和价格承受能力,以此来确定商品的价格带。

图 4-7 为淘宝 PC 端四件套的客户价格偏好,主要集中在 118~348 元的价格区间;图 4-8 为京东 PC 端四件套的客户价格偏好,主要集中在 221~588 元的价格区间。综合比较,客户购买四件套时偏好的价格区间为 200~300 元。

排行	品牌	销量	销售额 ▾	商品数	关联视频	关联直播	关联达人	品牌类目
1	Myfoodie/麦富迪	49.1w	3,453.4w	1,081	2,663	2,838	1,237	宠物用品
2	喵梵思	59.1w	2.463.2w	131	10	89	15	宠物用品
3	NOURSE/卫仕	9.9w	1,522.2w	271	255	519	163	宠物用品
4	比亿奇	53.9w	1.420w	16	806	908	516	宠物用品
5	YANXUAN/网易严选	13.7w	1,123.8w	153	436	388	276	宠物用品
6	LEGENDSANDY/蓝氏	10.9w	1.106.1w	182	174	1.069	221	宠物用品
7	诚实一口	10.3w	890.8w	131	519	384	338	宠物用品
8	园宝	16.8w	724.1w	41	210	335	159	宠物用品

图 4-6　客户品牌偏好

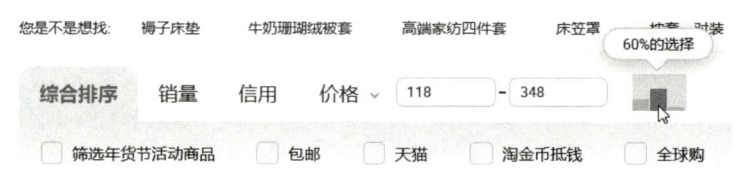

图 4-7　淘宝 PC 端四件套的客户价格偏好

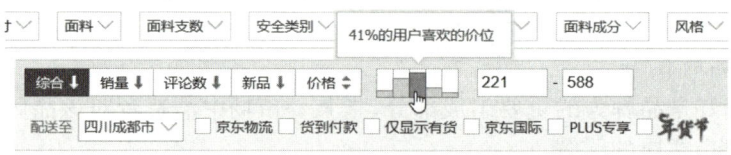

图 4-8　京东 PC 端四件套的客户价格偏好

需要注意的是,客户价格偏好会受其他因素的影响,如所处经济环境、产品类别属性、客户兴趣偏好等。不同的价格区间,会有不同的市场体量和竞争产品,某个价格区间的产品客户群体大,相应的市场竞争就大。企业需要根据自身的生产力、供应链等优势,来合理预估商品利润空间,确定自身产品的定价策略。

三、目标用户分析

目标用户是指企业决定以相应产品去满足其需求,并为其服务的用户群体。简单来说,就是需要企业的产品或服务,并且有一定购买能力的客户,目标客户不仅是企业提供产品和服务的对象,还是企业营销及销售的前端。明确定位企业的目标用户群体,对其相关特征进行分析可以为企业开展营销推广活动提供有效依据。

在进行目标用户分析时,可以通过第三方调研机构发布的目标客户消费行为白皮书来了解目标用户;还可以通过百度指数、360 趋势等了解目标客户的画像;除此之外,企业还需要结合自身实际的销售平台来进行目标用户分析。

企业可以从基础属性(性别、年龄等)、经济属性(收入、消费观念)、文化属性(爱好、教育程度等)等角度出发对目标用户人群进行分析,如图 4-9 所示。

图 4-9　目标用户属性

任务二　竞争数据分析

 引入案例

小李自己经营了一家文化用品店铺,选择了同一类目下的竞争对手经营的一款相似的儿童填色本作为竞品。为了对竞品进行全面分析,小李分别对竞品的基础信息和竞品数据追踪进行了整理,如图 4-10 所示。

	A	B	C
1	**竞品基本信息**		
2	店铺名称	**文化用品店	**办公用品专营店(竞店)
3	商品名称	简笔画涂色绘本画画本儿童幼儿填色水彩蜡笔临摹涂色书	儿童画画本幼儿园涂色绘本宝宝填色涂鸦书图画册绘画工具套装
4	商品价格	18.9元	25.9元
5	卖点	大开本、画面留白、美学启蒙、适用多种画笔、加厚双胶纸	中英双语、绘画启蒙、水溶性颜料、植物油墨
6	成交关键词		

店铺销售数据追踪				
项目	3月		3月	
	**文化用品店	**办公用品专营店(竞店)	**文化用品店	**办公用品专营店(竞店)
促销活动		满200元减30元	聚划算	
日访客数				
日销售量				
日收藏量				

图 4-10　竞品基本信息和店铺销售数据追踪

　　小李连续统计了一个月的竞品各项数据,分析得出,在这一个月内,竞品及自身商品的价格均未发生变动,自家店铺的销量总体呈上升趋势,而竞品的销量除活动期间有所增加外,其余时间销量并不理想。为了更好地对自家店铺的商品进行策略优化,小李会持续对标竞品,以此来优化店铺活动或商品卖点等。

 **相关知识**

一、竞品分析

　　竞品分析即对竞争对手进行分析,是市场研究中的一项重要工作。它可以帮助企业了解竞争对手的产品、策略、市场表现等信息,从而为自己的产品制定更精准的策略。

　　(一)识别竞争对手

　　电子商务中的竞争对手是指对电商企业可能造成威胁的其他企业,包括与本企业生产、销售的同类商品或替代品、提供相似服务或替代服务、价格区间相近、目标客户群体相似的相关企业。在网店经营过程中,对竞争对手的分析至关重要,这不仅可以帮助本企业了解市场格局,还可以帮助企业制定出更具竞争力的营销策略。

　　锁定本企业的竞争对手,并快速地对竞争对手进行分析,然后在分析后制定相关的对战策略,在运营店铺的过程中尤为重要。

　　(1)通过搜索词识别竞争对手:根据企业自身所在的电商平台,搜索与本企业商品最相符的搜索词,然后按照店铺客单价精确竞争对手,更具体的还可以根据店铺商品的属性进一步精确竞争对手。

　　(2)通过销量或商品单价识别竞争对手:根据企业自身商品的销量或商品单价来圈定几家和自己店铺最接近的卖家作为竞争分析的对象。例如,在淘宝首页找出相关卖家,找到店铺商品所在的排位,然后圈定最接近的店铺作为竞争对手进行分析。

　　(3)通过推广活动识别竞争对手:根据自身店铺参与的平台线上活动或开展的促销活动,来圈定参与同类型推广活动并且销售品类相近的卖家作为竞争对手,可以从竞争对手的营销计划佣金,如 30 天的推广量、30 天的支付佣金进行观察。

　　(4)通过目标人群识别竞争对手:通过相似的目标人群来识别竞争对手。例如,针对"男士卫衣",20~30 岁与 50 岁以上的人群是完全不同的竞争体系,企业可以通过设定适用年龄来识别。

知识补充

　　在生意参谋中用户可以查看商品的购买流失数据,通过分析那些进入店铺并浏览了商品,但是最终没有购买,离开后转向其他店铺购买了同类商品的客户数据,即流失数据,同样可以找到与本店铺的竞争店铺有哪些。

　　(二)竞店数据分析

　　竞争对手识别后,下一步就是要找出符合企业目标的竞争店铺,也就是选择各项指标(销量、定价、评论等)与自身店铺相近的或比自身店铺各项指标稍高的店铺。

　　竞店分析是对竞争对手全方位拆解的一个过程,包括对竞店的店铺风格、产品布局、推广活动等各方面的分析。做好竞店分析能够帮助我们快速了解市场行情、找准自身定位,并找到适合自己店铺及产品的布局方法。在对竞店进行分析时,需要持续追踪各项关键数据。企业可以通过人工采集各项数据,也可以借助相应的工具来采集。例如,淘宝生意参谋专业版可以直接识别竞店并进行竞店监控与分析,如图 4-11 所示。

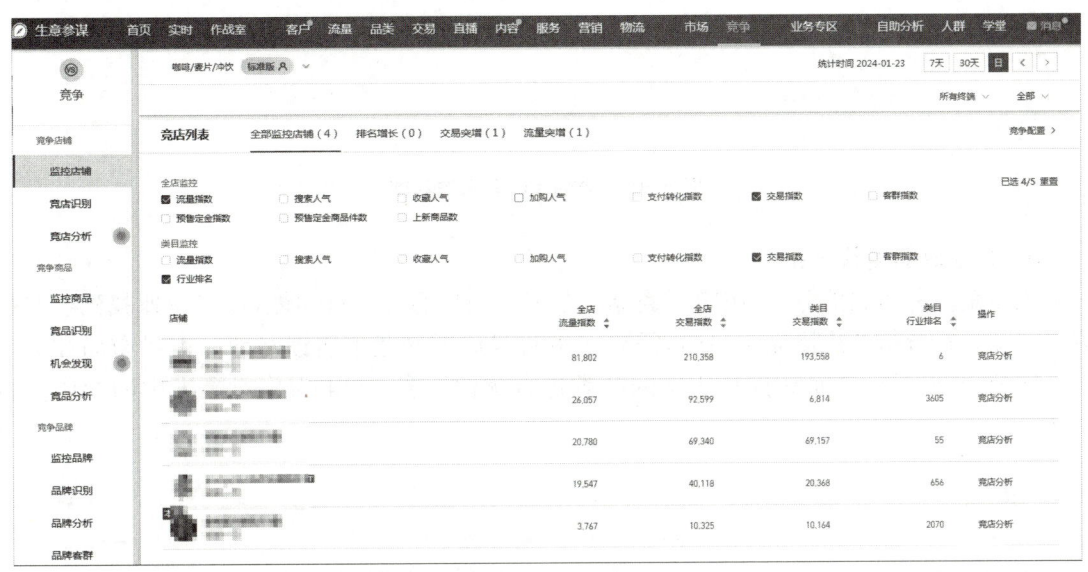

图 4-11　竞店分析

1. 选择竞争店铺

在上面我们提到了如何识别竞争对手,这里主要介绍如何选择合适的竞争店铺。

(1) 同类目产品:当同行业的市场里面没有找到特别有针对性的商家时,那么可以选择与自身店铺产品同类别的商家去做对标。

(2) 品牌商家:如果自身店铺的主营商品是原创品牌,但品牌知名度不高,那么这时可以选择同层级的竞争店铺来做对标。例如,自身店铺的月销量在 1 500 件左右,层级为第三层级,那么就可以对标月销量在 2 000~3 000 件的同层级商家,追踪这些商家的产品关键词、销售量、推广活动等。

知识补充

生意参谋的层级包括 7 个层级,是按成交店铺的成交水平制定的。生意参谋可以显示自身店铺所处的层级,如图 4-12 所示。而淘宝商家共有 8 个成长层级,从低到高为 Lv.1~Lv.8。

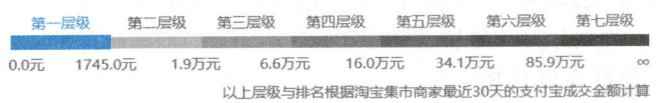

图 4-12　生意参谋中的店铺层级

2. 竞店属性分析

竞店属性数据可以进入竞店人工采集,通过属性数据,可以了解竞店的店铺是否为原创品牌、店铺人群定位、店铺商品风格、商品样式、适用场景等。图4-13为选择的竞店PC端属性数据,在其中可以寻找竞店与自身店铺在风格上、类目上的差异性。

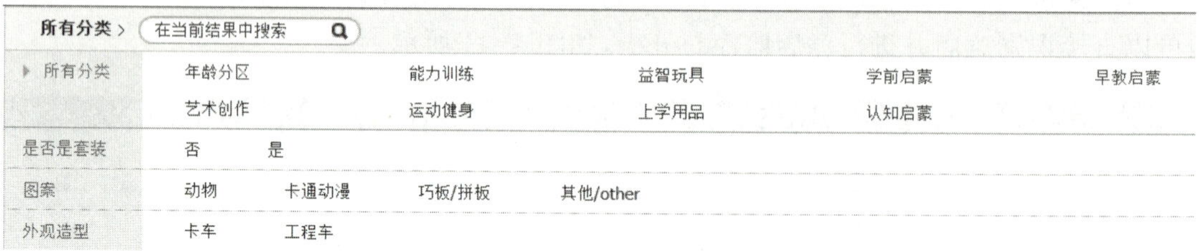

图4-13　竞店PC端属性数据

3. 竞店商品类目分析

类目是商品所属的分类,决定了商品的归属。用户通过类目功能,可以快速找到想要购买的商品。在分析竞店商品类目时,需要了解自身店铺和竞争店铺在商品类目布局和类目销售额方面的差异,从而对自身店铺的品类进行优化。图4-14为生意参谋中的竞店类目对比。

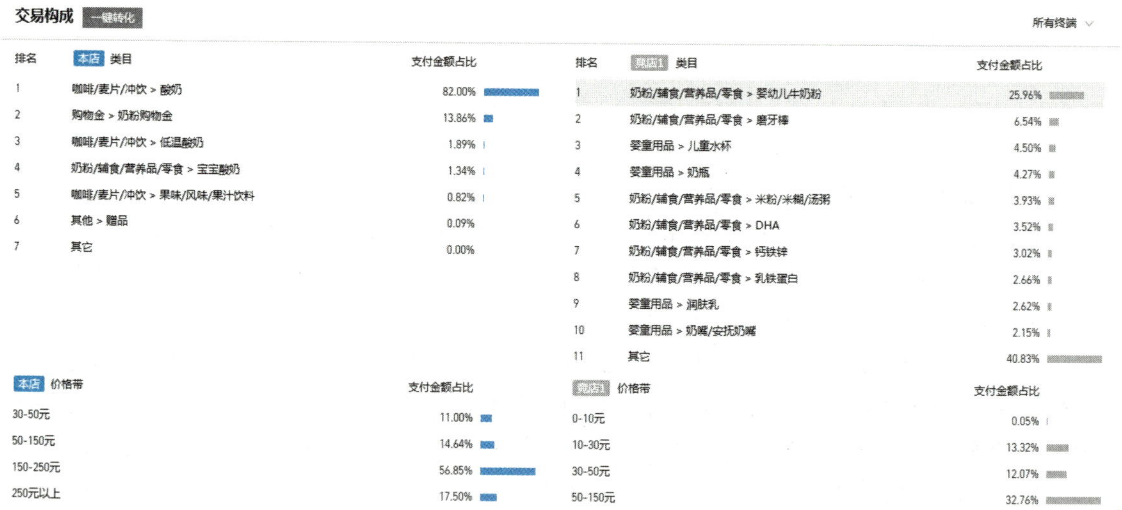

图4-14　竞品类目对比

从图4-14中可以看出,竞店的类目明显多于本店,说明竞店的产品线宽度较宽,其中的"其他"类目为店铺的优势类目,该类目可能是组合商品或赠品;支付金额占比为40.83%,50~150元的价格带更受欢迎。而本店的类目较少,其中酸奶类目为店铺的优势类目,支付金额占比为82%,说明本店的产品较集中。

4. 竞店活动及营销手段分析

对竞店活动及营销手段分析,就是看竞店是否有做活动,如产品折扣优惠券、收藏加购送小礼品、优先发货、两件几折、会员制度等。运营人员可以去分析竞店的活动是怎么做的,然后再结合自己店铺的实际情况参考竞店的营销手段,日常关注竞店,及时注意市场的变化。图4-15为竞店活动及营销手段。

图 4-15　竞店活动及营销手段

5. 竞店产品布局分析

竞店产品布局分析是指了解竞店的产品整体定位、视觉风格、上新频率、动销率等。每个店铺方向不一样,做出来的布局效果自然也不一样。一般来说,店铺会设置主推款、辅推款和利润款等,但是要注意根据店铺实际情况来定。

(三)竞品数据分析

消费者很多时候是通过单品搜索进入店铺的,客户对店铺的第一印象是从单品的主图和详情页产生的,也就是说,店铺单品无论作为形象款、主推款,还是利润款,都无法回避市场竞争。为了提升店铺单品的流量和销量,企业需要对竞争对手的商品进行多维度分析,通过分析了解竞品的价格、卖点、销售、推广活动、商品评价等,找出自身商品与竞品之间的差异,挖掘出自身产品的优势。

1. 价格分析

商品价格是多数买家决定是否购买商品的一个重要指标,价格过高,可能会造成客户流失;价格过低,可能会造成商家的利润亏损。企业在设置商品价格时,需要对比分析自家商品和竞品的价格,并结合商品对应人群,调整商品价位,从而提升自家商品的转化率。

2. 收藏量分析

收藏量是指客户在进入店铺后商品收藏的数量,商品收藏数量越高对店铺商品的排名也越有利。在同类店铺中,收藏高的店铺往往曝光量要比其他同行店铺高;在同类商品中,收藏量高的商品往往也比收藏量低的商品更受欢迎。该数据可以通过商品信息页面进行人工采集,再对比自家店铺商品,找出其中的差距。如果自家店铺的商品收藏量与竞品的收藏量相差过大,可以设置收藏有礼(优惠券、小礼品等)活动;除此之外,还可以用高质量的商品主图视觉,来吸引客户。

3. 基本信息分析

商品的基本信息分析是指分析商品的外观、功能、材质、卖点等。该项分析需要人工进行观察采集。图 4-16 为某零食店铺商品与竞品的卖点数据对比。

分析竞品基本信息最直观的方式便是通过查看竞品的详情页,详情页对竞品的各项信息都会有较详细的展示。除此之外,还可以关注竞品详情页中产品展示、细节展示、活动展示等信息,通过对比找到竞品基本信息中值得自家店铺商品学习的地方,从而借鉴运用。

品牌	进口/国产	保质期	储存方式	主要配料		膳食纤维			食品添加剂		
				生牛乳	蛋白质	钙	维生素A	维生素D	白砂糖	防腐剂	色素
本品	国产	180天	常温	✓	✓	✓	✓	✓	✗	✗	✗
竞品1	进口	360天	常温	✓	✓	✓	✗	✓	✓	✗	✗
竞品2	国产	425天	常温	✓	✓	✓	✗	✗	✗	✗	✗
竞品3	进口	420天	常温	✓	✓	✓	✗	✗	✗	✗	✗
竞品4	进口	30天	低温	✓	✓	✓	✓	✓	✗	✗	✗
竞品5	进口	180天	常温	✓	✓	✓	✗	✗	✓	✗	✗
竞品6	国产	180天	常温	✗	✓	✓	✓	✓	✓	✗	✗

图 4-16   某零食店铺商品与竞品的卖点数据对比

4. 流量分析

生意参谋的竞品分析板块将日期设置为 30 天，可以查看到竞品的流量指数与自身店铺流量指数的对比。流量指数越高，表示商品页面的访客数越多，如图 4-17 所示。

入店来源						无线端 ∨
对比指标 ◉ 流量指数	◯ 下单买家指数	◯ 下单转化指数	◯ 客群指数	◯ 支付转化指数	◯ 交易指数	
流量来源	本店商品 流量指数 ⇕	竞品1 流量指数 ⇕	竞品2 流量指数 ⇕	本店商品访客数	操作	
◉ 效果广告	7,774	27,870	12,665	4,619	趋势	
◉ 手淘搜索 ⑦	3,327	9,877	8,272	1,105	趋势	
◉ 品牌广告	-	7,910	3,078	-	趋势	
购物车 ⑦	2,274	6,709	3,802	588	趋势	
我的淘宝 ⑦	2,189	6,286	3,766	552	趋势	
手淘淘宝直播 ⑦	661	5,652	1,834	80	趋势	
◉ 站外广告 ⑦	8,299	4,616	2,260	5,163	趋势	
手淘旺信 ⑦	1,104	4,525	2,205	181	趋势	
淘内待分类 ⑦	1,384	3,667	2,321	261	趋势	
手淘拍立淘 ⑦	1,171	3,287	1,401	199	趋势	

图 4-17   竞品流量指数对比

为了更直观地展示流量指数，数据分析人员可以将图 4-17 中的数据整理到 Excel 表格中，然后选中所有数据，插入一个簇状柱形图，如图 4-18 所示。根据柱形图可以看出，站外广告项目，本店的流量指数比其余两家竞店的流量指数要高；效果广告、手淘搜索、品牌广告等项目，竞店均要比本店的流量指数高。这说明本店在付费推广、搜索关键词等方面需要着重优化。

5. 推广活动分析

电商平台会经常根据季节变化、节假日或集体性活动来开展促销活动，如狂暑季、"双十一"、双旦节等。我们可以对竞品价格和销量进行监控，从而有效识别出其是否有参加

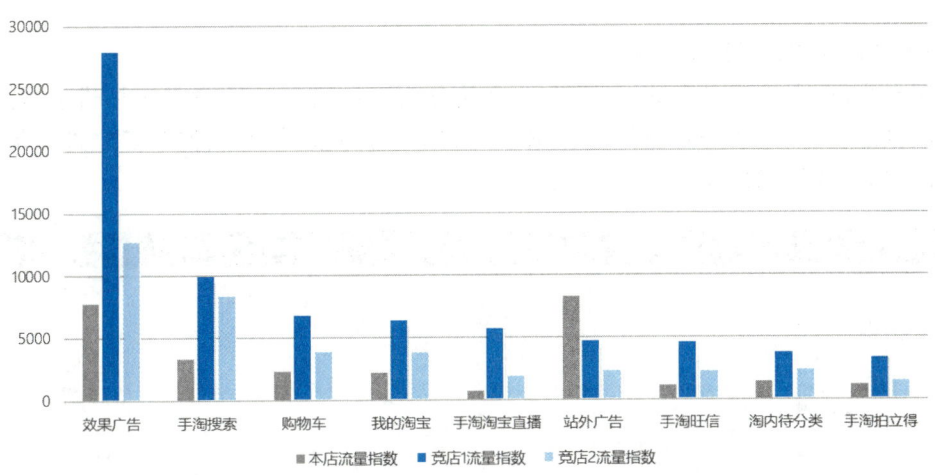

图4-18　流量指数分析

促销活动,再经过分析后有针对性地制定应对措施,防止市场大面积流失;还可以对往年促销活动的开始时间点、持续时间、次数的分析,得出促销的频度,以此制定今年的促销策略;此外,可以对自己店铺促销过程中商品的价格和销量的走势进行分析,再做同比、环比分析,得出促销的深度和效果,再和竞品的促销效果做对比,以指导后续的促销工作。

6. 商品评价分析

我们可以根据商品SKU获取客户的评价内容,分析其好评率和差评率,得出客户评价的整体情况;也可以和竞品做对比分析,找出竞品客户认可的部分及自家商品不足的部分进行分析,来引导优化店铺商品及服务。

我们可以在手淘里的"问大家"查看具体的评价信息并进行关键词检索,如图4-19所示。然后统计出企业关注的一些产品或服务问题,如拖把的掉毛、有水印、质量不好等,找出商品中最突出的问题,并反馈至产品部门进行设计改良。或者找竞品中问题较少的产品,拆解分析参考改良。

客户的评价是对产品在实际使用中的反馈之声,能够帮助企业真切地认识到产品外观、功能、性能上的不足,而针对这些不足的改善也是最能够把握住客户和市场的地方。

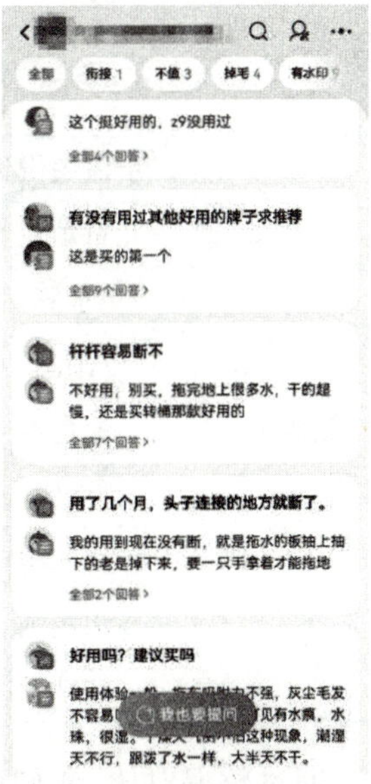

二、竞品关键词数据分析

关键词作为搜索流量的核心,是所有商家都应该着重关注的话题。无论是选品测款、组合标题还是直通车推广,都离不开关键词。每一个关键词都代表了一类人群,系统按照不同关键词将商品展现在目标人群面前。关键词精准,其商品的目标人群才会精准,商品转化率才会提升。

了解竞品的搜索关键词及关键词的转化率,可以指导自身商品的标题优化和直通车推广,帮助我们找到更加精准且转化率高的关键词,从而提升商品

图4-19　"问大家"客户评价

销售额。

（一）竞品引流关键词分析

以淘宝为例，在生意参谋的"竞争"—"竞品分析"中，将确认的竞品添加进去，然后找到竞品的流量走势图，主要查看流量趋势图中的波动点，除去活动、大促节点之外的流量波动点都可以作为分析对象，如图 4-20 所示。

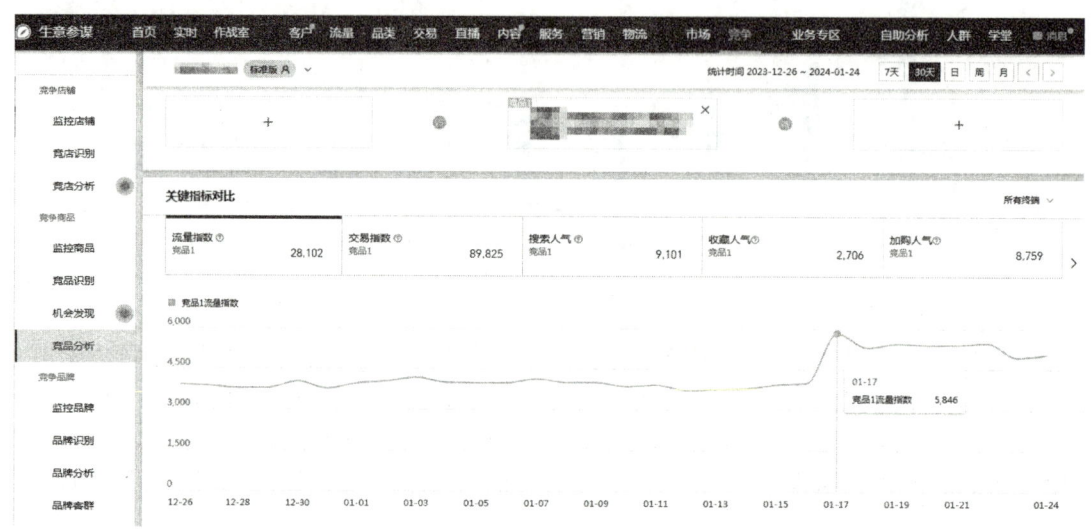

图 4-20 竞品流量走势图

在趋势线中波动越大的点，分析的价值就越大。在关键词路分析中，找到流量波动的波峰，在波峰对应日期往前推 3～4 天，将竞品最近几天中的引流关键词都统一整理到表格中，如表 4-3 所示。

表 4-3 竞品引流关键词　　　　　　　　　　　　　　　　　　单位：个

	引流关键词	访客数		引流关键词	访客数
竞店 1	儿童填色本	5 846	竞店 2	儿童填色本	4 758
	水彩	4 573		绘本	3 687
	画画	3 697		画画	3 365
	涂色本	2 987		涂鸦	2 457
	涂鸦	1 874		水彩蜡笔	1 547
	幼儿园	1 320		幼儿园	1 389
	水彩画	895		画册	987
	粘粘乐	456		涂色本	684

通过数据对比，我们可以找出最近几天内使得竞品流量增长的关键词。"儿童填色本"这个关键词的访客数在所分析的日期中呈现稳步上升的趋势，说明这个关键词的需求在增加。我们可以将分析出来的关键词运营到自己的商品关键词中，或找到相关的长尾词进行词根拓展。此外，还可以将关键词投到市场中去测试它的搜索数据。

（二）竞品成交关键词分析

竞品成交关键词的分析方法与引流关键词的分析方法相似,想要找到竞品的核心成交关键词,可以通过分析交易指数的趋势线波峰来实现,如图 4-21 所示。

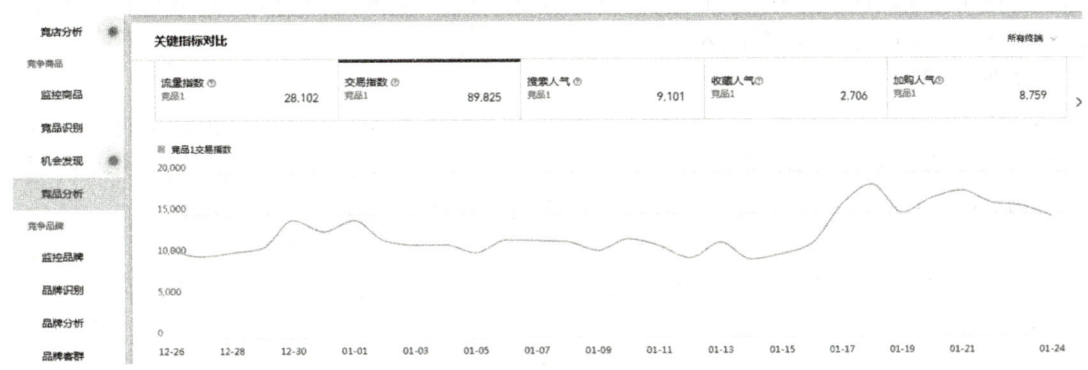

图 4-21　竞品 1 交易指数

同样再在波峰对应日期往前推 3～4 天,将商品的成交关键词记录到表格中,来做分析对比,如表 4-4 所示。从表中可以看出,最近时间段稳定增长的成交关键词为"填色本",说明这个关键词的需求是在增加的,那么我们需要专注去做这个关键词的基础。

表 4-4　竞品成交关键词

	成交关键词	交易指数		成交关键词	交易指数
竞店 1	填色本	4 578	竞店 2	填色本	3 964
	儿童填色本	4 236		儿童填色本	3 256
	画画	3 658		画画	2 654
	涂色本	3 217		涂鸦	2 013
	涂鸦	2 645		水彩蜡笔	1 645
	幼儿园	2 310		幼儿园	1 231
	水彩画	1 236		画册	965
	粘粘乐	956		涂色本	756

通过对竞品交易指数进行转换,可以知道竞品的实际成交单量。例如,竞品的实际成交单量是 100 单,那么如果我们想要争夺这个关键词的流量,就需要将这个关键词的排名做到超过竞品,也就是说需要自身商品的实际成交单量超过 100 单。

知识补充 \\\\\

生意参谋中的指数类数据可以通过第三方插件将指数换算为需要的指标。例如，将交易指数转换为交易金额或订单数，将流量指数转换为访客数等。

项目实训——子行业容量分析

电商企业经过对行业集中度和行业市场容量进行分析后，可以确定计划进入的父行业。但在具体的运营过程中，还需要了解父行业下的所有子行业的市场情况，然后选择一种前景较好、市场容量较大的子行业进入。

【实训背景】

在淘宝生意参谋的市场板块中可以了解某个类目下的子行业情况，如服装类目下的连衣裙、半身裙等，咖啡/麦片/冲饮类目下的液态奶、饮料、冲饮品等。通过采集的这些数据，运营人员可以了解到该行业支付金额较父行业的占比情况，如图 4-22 所示。

子行业	交易指数 ⑦ ⇕	交易增长幅度指数 ⑦ ⇕	支付金额较父行业占比指数 ⑦ ⇕	支付子订单数较父行业占比 ⇕
液态奶/常温乳制品 较前 30 日	5,521,054	⬆ 10%+	20%+ ⬆ 10%-	26.27% 1.13%
饮料 较前 30 日	5,017,274	⬆ 10%+	20%+ ⬆ 10%-	26.96% 2.38%
速溶咖啡/咖啡豆/粉 较前 30 日	4,105,345	⬇ 10%-	10%+ ⬇ 10%-	10.79% -0.85%
冲饮品/食补粉剂 较前 30 日	3,900,464	⬆ 10%+	10%+ ⬇ 10%-	13.48% -0.98%
奶粉 较前 30 日	3,765,393	⬆ 10%+	10%+ ⬆ 10%-	5.23% 0.08%
鲜食饮品 较前 30 日	2,677,163	⬆ 20%+	10%- ⬆ 10%-	4.19% 0.82%
冲饮谷物/麦片 较前 30 日	2,308,759	⬇ 10%-	10%- ⬇ 10%-	5.98% -1.72%
低温乳制品 较前 30 日	2,140,976	⬇ 10%-	10%- ⬇ 10%-	3.89% -0.89%
驼奶及驼奶粉 较前 30 日	2,031,590	⬆ 10%+	10%- ⬇ 10%-	3.21% 0.00%

图 4-22 子行业数据

【实训目标】

（1）掌握父行业下子行业数据的采集方法。

（2）掌握子行业容量分析方法。

【实训要求】

本实训要求根据表格内容制作饼状图，以便更直观地查看数据。

【实训步骤】

子行业市场容量分析的制作步骤如下。

（1）将图 4-22 的数据整理到 Excel 表格中，如图 4-23 所示。

日期	子行业	交易增长幅度指数	支付金额较父行业占比指数	支付子订单数较父行业占比
2023.12	液态奶/常温乳制品	10%+	20%+	26.27%
2023.12	饮料	10%+	20%+	26.96%
2023.12	速溶咖啡/咖啡豆粉	10%-	10%+	10.79%
2023.12	冲饮品/食补粉粉	10%-	10%+	13.48%
2023.12	奶粉	10%-	10%+	5.23%
2023.12	鲜食饮品	20%+	10%-	4.19%
2023.12	冲饮谷物/麦片	10%-	10%-	5.98%
2023.12	低温乳制品	10%-	10%-	3.89%
2023.12	驼奶及驼奶粉	10%-	10%-	3.21%

图 4-23　数据整理

（2）选中"子行业"和"支付子订单数较父行业占比"两列单元格区域，插入饼状图，并显示数据标签，如图 4-24 所示。

支付子订单数较父行业占比（2023.12）

低温乳制品, 3.89%
驼奶及驼奶粉 3.21%
冲饮谷物/麦片, 5.98%
鲜食饮品, 4.19%
液态奶/常温乳制品, 26.27%
奶粉, 5.23%
冲饮品/食补粉粉, 13.48%
速溶咖啡/咖啡豆粉, 10.79%
饮料, 26.96%

图 4-24　支付子订单数较父行业占比（2023.12）

通过该饼状图可以清晰看到，2023 年 12 月液态奶/常温乳制品、饮料、速溶咖啡/咖啡豆粉等子行业的市场容量份额较大。但受外界环境、气温的影响，企业需要选定一个自然年的综合数据进行比较，从中选择一个市场容量较大的子行业进入。

 **课后习题**

一、单选题

1. 下列不属于竞争对手的是（　　　）。

A. 销售儿童绘本的不同店铺

B. 造成自身店铺流失的其他同类店铺

C. 销售女士毛衣的店铺和销售女士衬衫的店铺

D. 销售智能点读机的店铺和销售电脑的店铺

2. 当行业处于完全垄断时,与之相关的 HHI 呈现的特性是(   )。

A. HHI＝10   B. HHI＝1   C. HHI＝0.1   D. HHI＝0

3. 下列关于竞店分析的说法,错误的是(   )。

A. 竞店分析是对竞争对手全方位拆解的一个过程

B. 做好竞店分析能够帮助我们快速了解市场行情、找准自身定位

C. 竞店分析的数据只能通过人工手动去采集

D. 在对竞店进行分析时,需要持续追踪各项关键数据

4. 下列关于市场趋势的说法正确的是(   )。

A. 市场趋势分析不需要在既定的市场环境和时间段内

B. 发展趋势好的市场为存量市场

C. 发展趋势差的市场成为增量市场

D. 发展趋势差的市场成为存量市场

5. 下列关于关键词的说法,错误的是(   )。

A. 关键词是搜索流量的核心

B. 关键词精准,其商品的目标人群不一定精准

C. 了解竞品的关键词,可以指导自身商品的标题优化和直通车推广

D. 精准且转化率高的关键词,可以提升商品销售额

二、多选题

1. 关于市场容量分析,下列说法正确的有(   )。

A. 市场容量是研究目标行业或者目标产品的整体市场规模

B. 市场容量的大小决定了市场的规模瓶颈

C. 市场容量越大市场瓶颈越低

D. 选择市场或制定市场策略,不需要结合企业的内外因素

2. 市场需求分析包括(   )。

A. 行业集中度分析   B. 市场需求变化趋势分析

C. 客户品牌偏好分析   D. 客户价格分析

3. 计算行业 HHI 的关键步骤有(   )。

A. 获取竞争对手市场份额   B. 将竞争对手市场份额平方值相乘

C. 计算市场份额平方值   D. 将竞争对手市场份额平方值相加

4. 选择对标的竞争店铺可以通过(   )。

A. 对标与自身店铺产品同类别的商家   B. 对标头部同类别店铺

C. 对标高层级的品牌店铺   D. 对标同层级的竞争店铺

5. 下列对如何识别竞争对手的说法正确的有(   )。

A. 通过搜索词识别竞争对手   B. 通过销量或商品单价识别竞争对手

C. 通过推广活动识别竞争对手   D. 通过流量来识别竞争对手

三、判断题

1. HHI 的数值越大,说明行业集中度越小,越趋于自由竞争。   (   )

2. 在进行竞店分析时,选择比自身店铺层级高的店铺才更有意义。   (   )

3. 消费者的消费水平是固定的,不会对商品的市场价格产生影响。　　　(　　)

4. 为了保证数据的客观性和科学性,需要整合来自不同渠道的数据。　　　(　　)

5. 明确定位企业的目标用户群体,对其相关特征进行分析可以为企业开展营销推广活动提供有效依据。　　　　　　　　　　　　　　　　　　　　　　　(　　)

四、实践操作题

1. 小陈最近新开了一家女装店铺,并选定了一家店铺的同类商品作为竞品,表 4-5 为本店商品和竞品的流量指数数据。请帮助小陈完成数据分析。

表 4-5　竞品流量指数

流量来源	本店商品流量指数	竞店 1 流量指数	竞店 2 流量指数
效果广告	9 874	12 378	12 360
手淘搜索	6 512	8 694	7 562
品牌广告	6 231	7 956	3 201
站外广告	3 265	6 512	3 027
手淘旺信	2 645	4 562	2 236
手淘拍立得	1 174	2 658	986

2. 根据表 4-5 的数据,将流量指数转换为访客数,分析竞品访客数数据。(访客数=流量指数/1 000)

项目五

产品数据分析

知识导图

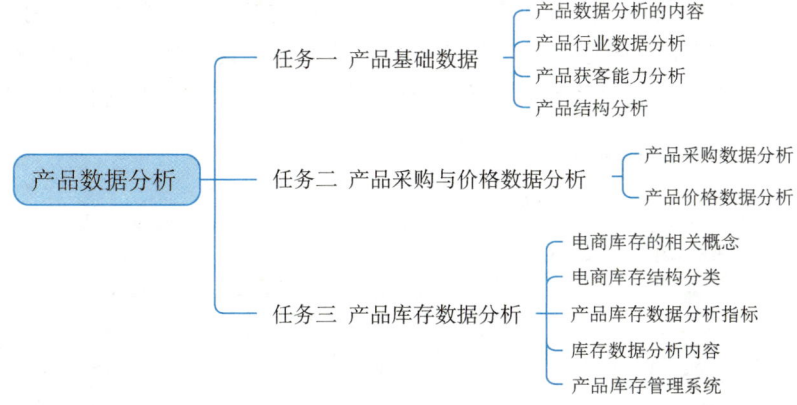

项目导读

　　随着如今技术的不断更新迭代，消费者的购物心理愈加成熟，购物需求也趋于多样化。商家想要从竞争激烈的市场中脱颖而出，就需要对自身产品数据进行充分分析和挖掘，这样才能从中了解消费者的喜好和深度购物需求，让产品更适应市场，以达到产品的最大销售量。

　　产品数据经历了信息化、数字化、自动化、智能化等过程，简单地说也就是对数据处理的程度由无到有，由浅到深。想要做好产品数据分析，需要先对产品的相关数据进行收集，然后观察数据、分析数据、应用数据，最后验证修正。

　　产品数据分析可以帮助我们在产品需求阶段通过数据分析对消费者的需求去伪存真，在产品上线运营阶段，又可以通过数据去验证产品的可行性并做出相应调整。也就是说对产品进行数据分析是具有一定目的性的，不能盲目地为了分析而分析。当我们在对产品数据进行分析时，需要考虑这份数据是为了解决哪些问题而存在的，这也是本项目将要重点介绍的内容。

任务一　产品基础数据

引入案例

　　小张最近在淘宝开设了一家咖啡店，经过一段时间的运营发现店铺销售情况不太理想，需要想办法改变营销推广方案，但一时间不知从何入手。他去请教了专门做网店运营的朋友，朋友告诉小张，可以去生意参谋中看看最近时期的行业数据，如用户年龄、相关搜索词的排名等。

　　小张通过生意参谋对店铺主营的咖啡进行搜索词排行分析和搜索的用户年龄分析,结果显示:搜索词"咖啡""咖啡豆""黑咖啡"位于搜索词排行前三,用户信息中的用户年龄集中在20~40岁,如图5-1所示。根据分析结果,小张对店铺的关键词进行了优化,并重新制定了针对该人群的推广方案,经过一段时间的调整后,店铺无论是访客数还是转化支付率都有所提升。

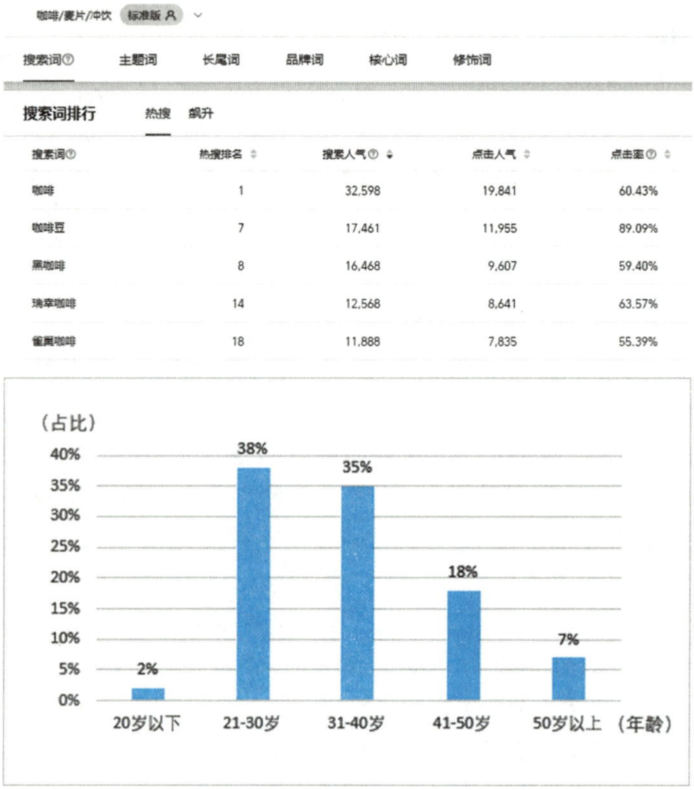

图 5-1　搜索词排行和用户年龄分布

一、产品数据分析的内容

　　产品数据是指围绕产品产生的一系列相关数据,包括产品行业数据和产品能力数据。其中产品行业数据是指产品在整个市场环境下的产品数据,包括产品搜索指数、产品交易指数等;产品能力数据是指在店铺运营过程中产品的相关数据,如产品获客能力数据、产品盈利能力数据等。

　　产品数据分析需要企业内部各个部门协同配合去完成,其内容包括竞争对手分析、用户特征分析、产品需求分析、产品生命周期分析,以及用户体验分析。

　　（一）竞争对手分析

　　竞争对手分析就是我们常说的竞品分析。需要先分析目标用户、定价策略、市场占有额来确定竞争对手;然后对竞争对手的产品功能、价格、广告宣传、促销活动等进行调研,并收集整理相关数据,得出自身产品与竞争对手产品的优劣,从而为自己的产品制定更精准的营销策略。

（二）用户特征分析

用户特征分析是指对目标用户人群进行年龄、地域、消费能力、消费偏好等数据进行收集和整理,然后通过 Excel 等工具分析用户数据,为不同的用户人群贴上不同的标签的过程。

图 5-2 为某天猫店铺中的对用户人群标签的划分。因为该店铺主营幼儿食品,从图 5-2 中可以看出用户人群多为结婚有娃家庭,且白领居多。

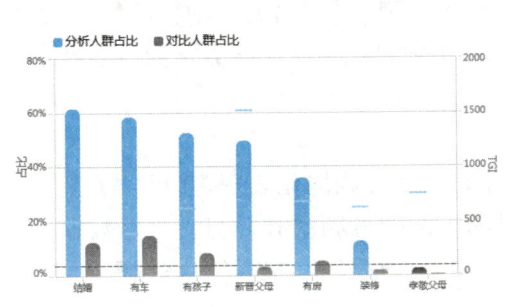 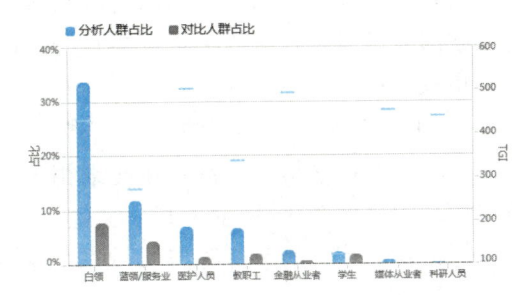

图 5-2 用户人群划分

（三）产品需求分析

产品需求分析是指针对采集到的需求,通过合理性评估、筛选过滤伪需求、提炼归纳合并真需求,并评估优先级的过程。电子商务中的产品需求分析便是根据用户特征的分析结果,收集用户对产品需求的偏好,整理出用户对产品的需求偏好,然后在产品开发阶段对产品的价格、功能卖点、包装等提出建议,并在后期不断根据用户需求来对产品更新迭代,从而保持用户对产品及品牌持久的黏性。

（四）产品生命周期分析

产品生命周期(product life cycle,PLC)是指产品的市场经济寿命,也就是产品从准备进入市场开始到被淘汰退出市场为止的全部运动过程,是由消费者需求与技术的生产周期决定的。一个产品在进入市场后,其生命周期阶段主要是由消费者的消费方式、消费水平、消费结构和消费心理的变化所决定的,一般分为投入期、成长期、成熟期、衰退期四个阶段。图 5-3 为某产品的整个生命周期。

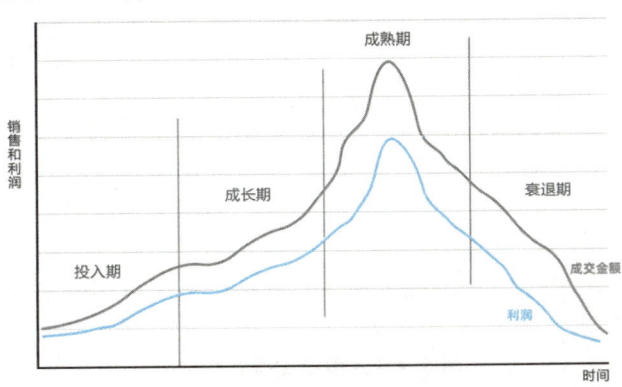

图 5-3 某产品生命周期

（五）用户体验分析

在电子商务中优秀的用户体验可以保持店铺的竞争力和盈利能力。用户体验会影响用户的行为和忠诚度。如果用户喜好店铺产品，那么他们可能会继续购买并推荐给他人。

我们可以通过用户调研或工具软件收集并了解用户的体验现状，跟踪和分析用户对产品的使用反馈，监测产品使用状况并及时做出改进措施，识别用户痛点，评估产品价值及用户体验。

二、产品行业数据分析

随着数据智能和网络协同深化，产品数据分析已经成为产品运营的一项核心能力，也是各互联网公司运营人员的必备技能。产品行业数据分析主要包括产品搜索指数分析和产品交易指数分析。

（一）产品搜索指数分析

产品搜索指数是指消费者在搜索相关商品关键词热度的数据化表现，其反映了某一款特定商品的热度变化，展示了某一关键词在一段时间内的搜索频次和趋势。这些数据变化可以帮助我们了解消费者的需求，并及时对店铺产品进行相应调整，提高销售效益。

素养点拨

在数据收集整理过程中要分清主次、懂得取舍，需要明白各类数据呈现的重点是什么，哪些数据是不需要的，哪些数据是作为辅助信息存在的。这些数据信息在最初的筛选工作中就应该被明确下来，只有确定了基础数据，才能为后续的工作提供支持，也能避免工作内容的重复，提高效率。

1. 产品搜索指数分析的维度

产品搜索指数是根据用户的搜索频次等因素综合得出的数据值，其数值越大，表明搜索热度越高。图5-4为生意参谋中某一品类下产品搜索指数的数据。

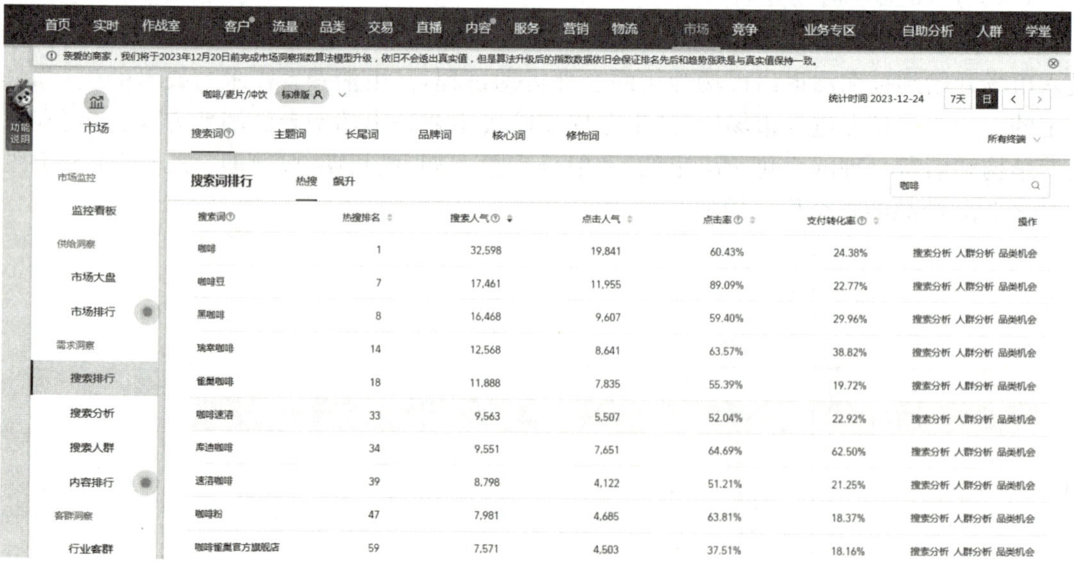

图5-4 生意参谋搜索指数

通常来说,产品搜索指数分析主要包括以下几个方面。

(1) 搜索词:搜索词是指消费者搜索产品时使用的词汇,直接代表消费者的搜索意图,常作为关键词加入产品标题中。

(2) 主题词:主题词是指该类目下的趋势主题。主题词可能是现在或者未来的趋势。

(3) 长尾词:长尾词可以作为搜索词的补充,也可以称为长尾关键词。它是搜索词的一种拓展,通过增加修饰用词来丰富关键词。匹配度高、需求明确的长尾词也能为店铺产品带来流量。例如"焦糖色毛衣","焦糖色"是修饰词,但是长度短;若是"焦糖色 V 领羊毛保暖毛衣",则"焦糖色 V 领羊毛保暖"就是长尾词。

(4) 品牌词:品牌词是指分词后获得的品牌名称。品牌词点击率高、转化率高,因此常用于品牌知名度较高的产品。

(5) 核心词:品牌词是指分词后获得的产品名称。核心词的搜索量大、流量高,但并不精准,相应的转化率较低。

(6) 修饰词:修饰词是用于描述修饰核心词的词汇,适用于制作标题时用来修饰核心词。

2. 产品搜索指数分析的内容

在进行产品搜索指数分析时,可以借助百度指数、Google 趋势或各类数据产品(如生意参谋、京东商智)等工具来获取相关的搜索指数。值得注意的是,搜索指数的数据来源主要依托于各电商平台的消费者搜索行为,同一关键词在不同电商平台中的搜索数据不同。因此,在实际的操作过程中需要结合产品定位、产品广告投放等因素进行调整。

例如,生意参谋是阿里巴巴推出的数据分析工具,可以为店铺对客服、物流、财务等全链路的电商经营活动提供帮助。借助生意参谋,淘宝商家可以在产品上架运营一段时间后,对市场动向做出预判,及时调整店铺策略。在生意参谋"市场"板块下,搜索指数分析主要从搜索趋势分析和搜索人群分析两个方面入手。下面以"咖啡"为例展开分析。

1) 搜索趋势分析

搜索趋势分析主要从搜索词的搜索人气、搜索热度等进行分析。图 5-5 为搜索词"咖啡"的搜索人气趋势图,图 5-6 为搜索词"咖啡"的搜索热度趋势图,均以日为单位,展示了近一个月的搜索情况。

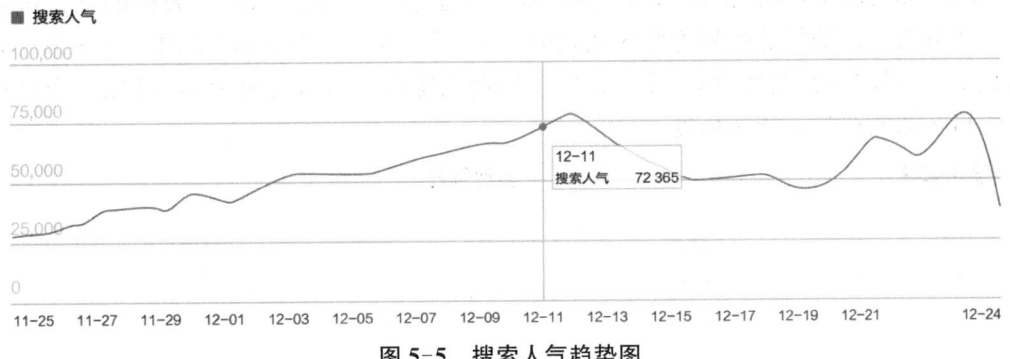

图 5-5 搜索人气趋势图

从图 5-5 中可以看出,在 11 月 25 日开始的活动期间,"咖啡"的搜索人气和搜索热度呈上升趋势,并于 12 月 12 日迎来高峰;之后又呈下降趋势,经过 10 天左右的跌宕起伏,于12 月 23 日又重回高峰。

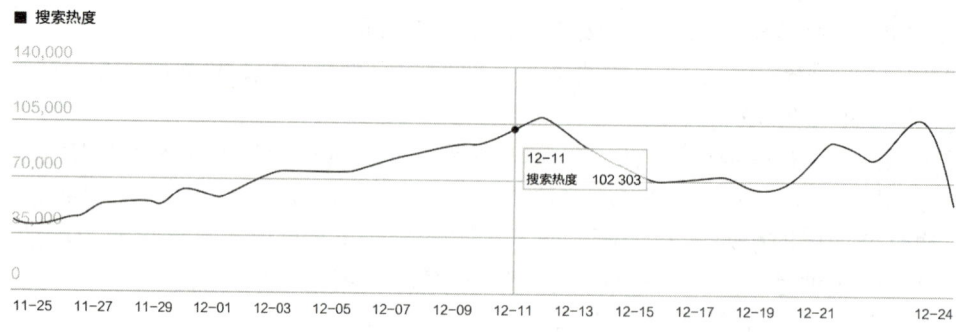

图 5-6　搜索热度趋势图

2）搜索人群分析

搜索人群分析从搜索人群的属性画像、购买偏好、支付偏好等维度对产品搜索词进行分析。图 5-7 为用户年龄分析和用户地域分析。

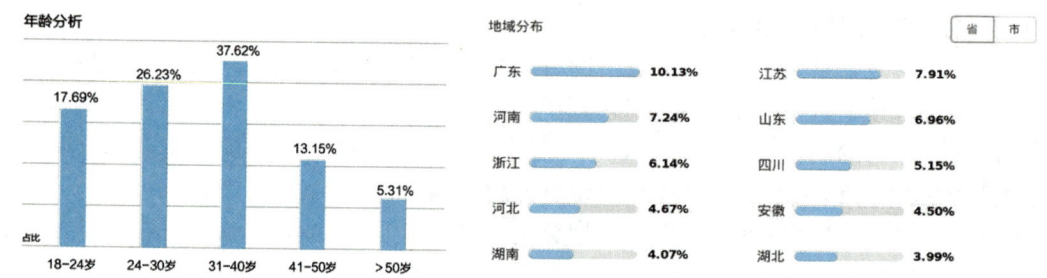

图 5-7　用户年龄分析和用户地域分析

从图 5-7 中可以看出，"咖啡"的搜索用户年龄分布中 24～30 岁和 31～40 岁居多，18～24 岁用户占比紧跟其后；发达地区的用户占比较多。店铺可以针对不同年龄段的用户进行视觉设计或卖点设计。

搜索人群的购买偏好包括品牌偏好和类目偏好，如图 5-8 所示，搜索"咖啡"的用户人群选择"雀巢"品牌较多，类目偏好则以"速溶咖啡""咖啡豆"为主。而用户人群的支付偏好主要是用于分析用户偏好的产品价格区间，如图 5-9 所示，针对搜索词"咖啡"，50～100 元的产品点击人气较高，其次为 100～150 元的。因此店铺在引流或是促销时，可以考虑设置这两个价格区间的产品或产品套餐。

品牌偏好

排名	品牌名称	交易指数
1	雀巢	59 526
2	隅田川	42 103
3	美好回忆	29 064
4	星巴克	15 242
5	三顿半	11 956
6	g 7 coffee	10 895

类目偏好

排名	品牌名称	交易指数
1	速溶咖啡	89 545
2	咖啡豆	75 196
3	咖啡伴侣辅料	9 658
4	咖啡盒	8 289
5	胶囊咖啡	7 658
6	咖啡礼盒	6 458

图 5-8　品牌偏好和类目偏好

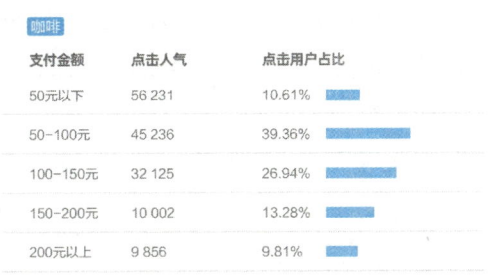

支付偏好

咖啡

支付金额	点击人气	点击用户占比
50元以下	56 231	10.61%
50-100元	45 236	39.36%
100-150元	32 125	26.94%
150-200元	10 002	13.28%
200元以上	9 856	9.81%

图 5-9　支付偏好

3. 产品搜索指数分析的作用

产品搜索指数是衡量一款产品受欢迎程度的一个重要的指标,其形成并不是完全只是按照产品被搜索的次数来进行设置的,而是根据一定的搜索比例来警示分析。因此,产品搜索指数在店铺经营过程中起到的作用主要表现在以下几个方面。

(1)有利于及时调整店铺经营的产品种类。通过观察产品搜索指数数据,我们可以及时调整店铺商品的款式和种类,从而快速适应市场需求的变化。也就是说在经营过程中,若是遇到反映产品热度较高的搜索指数时,可以适当选择增加其数量和种类;反之若是遇到反映产品热度较低的搜索指数时,那么便可以适当减少该商品的库存数量和同类品种。

(2)有利于及时调整高质量的关键词。在搜索指数里有一个"热搜排名"的选项,其体现了搜索指数排名靠前的产品。作为搜索指数排行榜上的产品,其标题和关键词自然也有其可取之处。因此,我们可以借助搜索指数来浏览这些关键词,然后将一些质量比较好的标题和关键词运用到自己店铺的产品中。

(3)有利于产品精确推广。通过点击在搜索指数上排名靠前的产品,我们可以直接了解购买这些产品的人群,从而让店铺的营销推广更有针对性。

(4)有利于制定促销活动方案。搜索指数可以帮助商家关注热点话题和促销活动对搜索热度的影响,通过观察特定时间段内的搜索指数变化,商家可以了解消费者在这一时期对某一类产品的关注度,从而有针对性地制定营销活动方案,提高产品曝光度。

(二)产品交易指数分析

产品交易指数是指那些根据产品交易过程中的核心因素,如订单数、买家数、支付件数、支付金额等,进行综合计算得出的数值。产品交易指数越高,代表支付的金额就越高,市场的交易热度越大。

1. 产品交易指数分析维度

产品交易指数是产品在相关电商平台中交易热度的体现,其数据分析的维度包括店铺和商品,可用于竞店和竞品分析。需要注意的是,虽然产品交易指数可以反映产品的热销程度,但是这只是一个综合指数,如果该指数较低,那么就需要去分析构成该指数的基础数据,如订单数、买家数等。

2. 产品交易指数分析内容

产品交易指数分析的内容主要有市场排行分析和交易趋势分析,下面具体进行分析。

1）市场排行分析

市场排行包括店铺排行和商品排行。以日、周或月为时间单位，对店铺和商品进行指定终端下的交易指数分析。图 5-10 为生意参谋中"咖啡/麦片/冲饮"类目下的店铺交易指数 7 天的排行榜，从中可以看出，排名前几的店铺中，第四位的店铺排名下降了一位，前三的店铺交易增幅都有所提升。

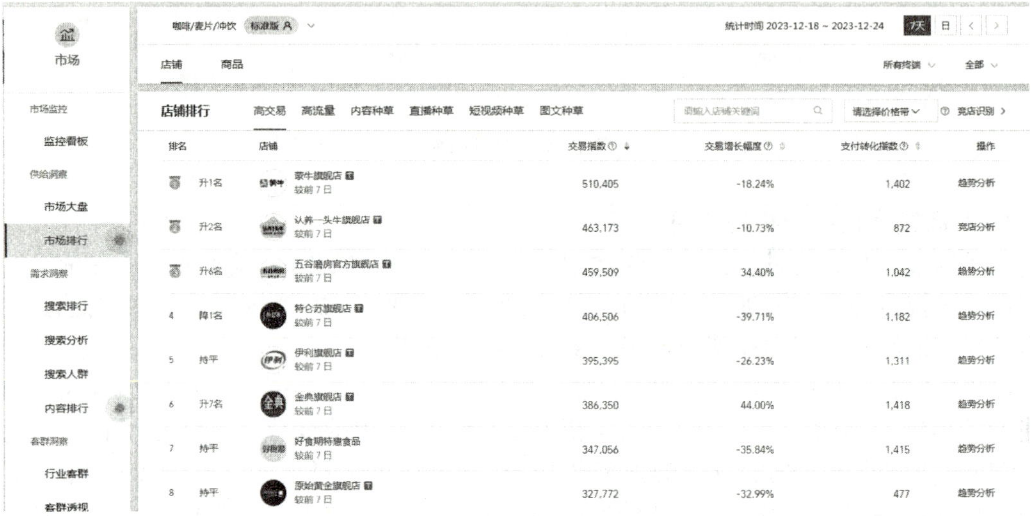

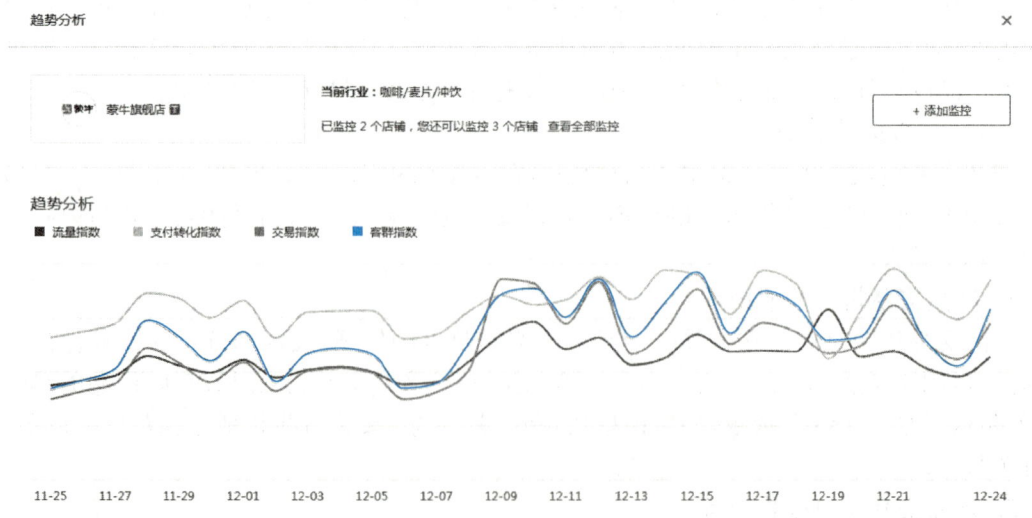

图 5-10 天猫某类目产品交易指数

2）交易趋势分析

交易趋势分析用于查看店铺或商品在过去一段时间内的交易变化，分析成交量是上升、稳定还是下滑。图 5-11 为图 5-10 中排名第一的店铺交易趋势分析，从图中可以看出该店铺的交易指数在 12 月 9 日到 12 月 10 日达到一个小高峰，这是因为在 12 月 9 日刚结束了促销活动，之后有一定的跌落，而流量在 12 月 9 日至 10 日期间则是稳定上升的。

图 5-11 排名第一的店铺趋势分析

三、产品获客能力分析

如何以最小的成本获取最多的用户,是店铺在运营的各个阶段都应着重思考的问题。产品获客能力作为电子商务经营活动的关键能力之一,可以帮助企业衡量产品为店铺或平台获取用户的能力。

产品获客能力是指产品为店铺获取客户的能力,其中的客户包括新客户与老客户,新客户分析的重要指标为新客点击量;老客户分析的重要指标为重复购买率,简称"复购率"。产品获客能力分析便是对新客点击量和重复购买率这两个指标进行分析,然后通过计算综合评判产品的获客能力是否达标。

(一)新客点击量

新客点击量是指首次访问网站或页面的客户进行的点击量统计。新客点击量越大,说明该产品的获客能力越强,新客点击量占比的计算公式为:

$$新客点击量占比 = \frac{新客点击量}{总点击量} \times 100\%$$

其中,总点击量是指访问该网站或页面的总用户点击量。例如,某产品的总点击量为 1 000 次,其中新客点击量为 200 次,则新客点击量占比为:

$$新客点击量占比 = \frac{200}{1\,000} \times 100\% = 20\%$$

知识补充

新客点击量是判断产品所处生命周期阶段的重要指标之一。若新客点击量占比＞整体客户流失率,则说明产品处于成长阶段;若新客点击量占比与整体客户流失率持平,则说明产品处于成熟阶段;若新客点击量占比＜整体客户流失率,则说明产品处于衰退阶段。

某店铺内的 A、B、C 三个产品在本月及上月的新客点击量统计如表 5-1 所示。

表 5-1　产品新客点击量统计　　　　　　　　　　　　　　　　　单位:次

产品	上月新客点击量	本月新客点击量
A	612	756
B	896	1 023
C	1 529	965

将表 5-1 中的数据转化为如图 5-12 所示的折线图,可以看出以下结论:

(1)产品 A 的获客能力较弱;

(2)产品 B 的新客点击量持续上升,获客能力较强;

(3)产品 C 本月的新客点击量与上月新客点击量相比下降较多,需要及时分析该产品新客点击量下降的原因,并加以调整优化。

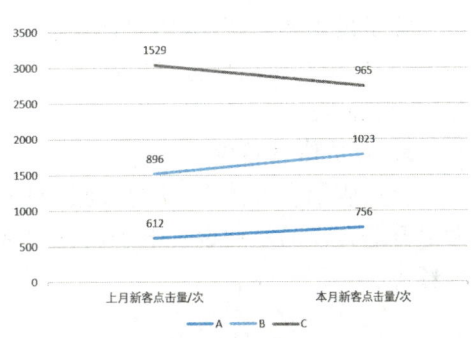

图 5-12　某店铺产品的新客点击量折线图

（二）重复购买率

重复购买率就是复购率。通常来说，消费者首次在该店铺的购物行为，称为首购；首购之后的购买行为，则统称为复购，复购行为可以是多次。复购率是根据消费者对某一产品或服务的重复购买次数计算出来的比率。图 5-13 为天猫某店铺以周为单位统计的老客复购率趋势图，从图中可以看出，该店铺的复购率高于同行同层平均水平，与同行同层优秀差不多持平。2023 年第 44 周左右的复购率达到高峰，该阶段是由于处于双十一大促期间，因此店铺复购率会有所提升。

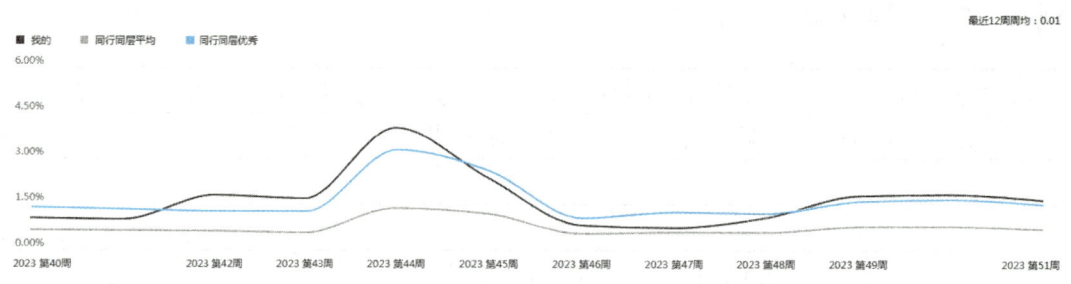

图 5-13　天猫店铺按周统计的复购率趋势图

复购率可以反映出消费者对该产品或服务的忠诚度，比率越高则忠诚度越高，反之则越低。复购率可按周、月、季度统计，其计算公式为：

$$复购率 = \frac{重复购买用户数}{总购买用户数} \times 100\%$$

拉新和复购是构成电商用户增长的两个主要来源，但当下流量红利几乎耗尽，电商流量趋于稳定，这就造成拉新的成本较高，因此提升店铺复购率就显得愈发重要。想要消费者能够持续产生购买行为，可以从以下几个方面来提升复购率。

1. 提升产品竞争力

影响用户复购的最关键因素是产品本身，产品质量、产品价格和产品属性等都会影响到产品复购率。新客在店铺购买某件商品并使用一段时间后，对产品的满意度越高，其复购的几率就越大。因此，在保证产品质量的基础上，提升产品在市场的竞争力，使用户对产品产生信任感，是提升产品复购率的有效措施；除此之外，还可以丰富店铺品类，进而提升店铺整体的复购率。

2. 用户体验服务

除了最重要的产品，用户体验服务也可以帮助店铺产品从众多产品中脱颖而出。完善的售前、售中和售后服务可以提升用户对产品或品牌的好感度，帮助店铺增加用户黏度，培养用户忠诚度。

3. 会员体系圈粉

打造店铺会员体系，通过收集数据来搭建店铺用户画像，实现分类精细化管理，也能大大提升老客户的复购率。电子商务中常见的会员体系有会员登记体系、积分换购、入会领优惠券等。

在实际运营中需要注意不能只依据复购率的数据来判断是否达标,不同使用周期的产品其复购率数据是不同的。对于美妆、护肤产品、日用品等一系列的易消耗品,相对复购周期较短,可以按月或季度来统计复购率;而对于一些购买周期较长的产品,如手机、手表等,可以按年来统计复购率。

四、产品结构分析

产品结构是指店铺或企业全部产品中各类产品的占比,合理的、定位明确的产品结构可以帮助运营人员理清思路,合理安排库存,对不同结构的产品制定有针对性的推广策略。

(一)产品结构划分

根据不同的定位,可以将产品结构划分为形象产品、利润产品、常规产品、人气产品、体验产品,如表5-2所示。

表5-2　产品结构划分

产品定位	作用	特点
形象产品	展示企业实力,树立品牌形象	价位较高;辨识度高;包装精美;卖点独特
利润产品	提升利润	利润空间大;与人气产品或常规产品搭配销售
常规产品	日常销售,丰富店铺品类	常规稳定产品;店内主要产品;常与人气产品组合推广
人气产品	吸引并获取自然流量;爆款产品	聚焦资源投入;在搜索页面获取更多展现机会;价格较低质量较优;曝光率、点击率、销售量都较高
体验产品	特定活动产品,主要吸引新客	拉低新客购买门槛;限量、限价

产品结构的划分在一定程度上决定了店铺内产品的销售比例,通常情况下,形象产品占比为10%左右,利润产品占比为20%左右,常规产品占比为50%左右,人气产品占比为10%左右,体验产品占比为5%左右。但是需要注意,产品结构的划分和其占比并不是固定不变的,运营人员需要根据市场变化、季节变化、现阶段运营目标等进行调整。

(二)产品结构分析方法

产品结构分析应该基于真实的运营数据,并根据不同的产品特点来确定合适的分析指标。例如,要对人气产品进行效果数据分析,可以从浏览量、人均停留时长、收藏量、支付转化率等综合分析。

要想对店铺内所有的产品进行合理的结构划分,通常可以从先上架后定位和先划分后调整两种方法入手。先上架后定位是指将所有目标产品按常规产品上架销售,经过一段时间后采集这些产品的运营数据,然后根据这些数据来对产品进行结构划分。先划分后调整是指将所有目标产品预先进行产品结构划分,然后投入运营,每隔一段时间后采集这些产品的相关数据,然后根据数据分析原因再及时做出调整优化。

某店铺以月为统计周期,对店内产品的浏览量、人均停留时长、收藏量、支付转化率进行了数据收集,如图5-14所示。我们可以通过Excel对相关的指标数据进行分析,并从最终分析结果的产品中挑选一款最具潜力的产品作为人气商品进行推广。

	A	B	C	D	E
1	商品名称	商品浏览	平均停留时	商品收藏人	支付转化
2	婴儿初生春秋冬新生儿抱被厚款纯棉可脱胆龙年宝宝用品包	895	52.36	245	3.45%
3	婴儿脚套冬加厚软底鞋子防掉宝宝鞋袜套加绒护脚套纯棉	654	25.39	124	2.91%
4	婴儿护耳帽秋冬纯棉宝宝加绒帽子保暖套头帽加厚	856	38.64	178	2.94%
5	婴儿斗篷可脱内胆秋冬儿童披风加厚保暖宝宝卡通披肩外出	754	45.96	157	3.68%
6	喜庆大红新生儿包被春秋冬纯棉婴儿抱被外出初生宝宝用品	632	56.38	98	1.56%
7	婴儿抱被春秋冬季厚初生宝宝包被防惊跳纯棉新生儿用品睡袋	536	34.35	79	1.98%
8	婴儿初生春秋冬豆豆绒加厚安抚防惊跳产房新生儿宝宝抱被纯棉	856	26.51	46	2.95%
9	新生连体衣婴儿春秋冬纯棉初生和尚服爬服魔术贴宝宝衣服	954	62.31	102	3.67%
10	新生婴儿内衣无骨纯棉春秋冬魔术贴半背衣满月和尚服宝宝上衣	1054	67.98	94	1.32%
11	【新生儿产房待产包】婴儿用品抱被包单半背衣龙年宝宝初生儿	1145	70.23	89	1.45%
12	新生婴儿抱被豆豆绒春秋冬加厚初生宝宝用品外出包被包裹被	654	26.35	69	3.27%
13	新生儿半背衣纯棉婴儿春秋冬季初生和尚服绑带上衣宝宝衣	786	36.31	125	2.34%
14	新生婴儿口水巾纯棉纱布小毛巾幼儿超软手帕宝宝用品小方巾	1245	65.84	201	3.98%
15	一次性袜子儿童旅行纯棉袜日抛秋冬女童冬季加厚免洗吸汗中筒	678	24.65	97	2.36%

图 5-14 店铺商品表格

1. 人均停留时长筛选

人均停留时长越长,代表商品页面对用户的吸引力越强,转化几率就越大。单击 ▼ 按钮,在打开的菜单中选择"数字筛选/大于"选项,在打开的对话框中设置数值为大于 50,将表格中人均停留时长大于 50 秒的数据筛选出来,单击"确定"按钮后的效果如图 5-15 所示。

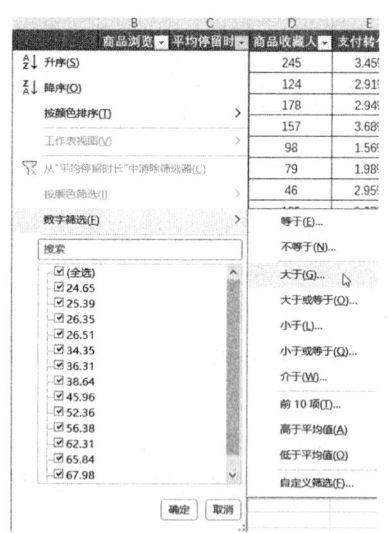
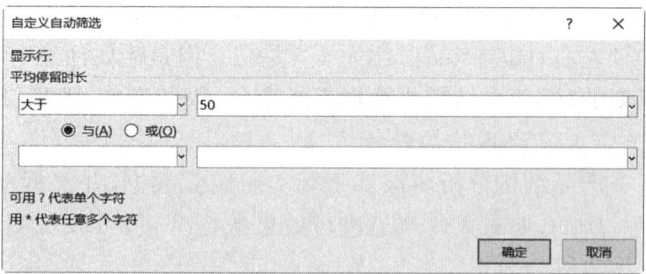

	A	B	C	D	E
1	商品名称	商品浏览	平均停留时	商品收藏人	支付转化
2	婴儿初生春秋冬新生儿抱被厚款纯棉可脱胆龙年宝宝用品包	895	52.36	245	3.45%
6	喜庆大红新生儿包被春秋冬纯棉婴儿抱被外出初生宝宝用品	632	56.38	98	1.56%
9	新生连体衣婴儿春秋冬纯棉初生和尚服爬服魔术贴宝宝衣服	954	62.31	102	3.67%
10	新生婴儿内衣无骨纯棉春秋冬魔术贴半背衣满月和尚服宝宝上衣	1054	67.98	94	1.32%
11	【新生儿产房待产包】婴儿用品抱被包单半背衣龙年宝宝初生儿	1145	70.23	89	1.45%
14	新生婴儿口水巾纯棉纱布小毛巾幼儿超软手帕宝宝用品小方巾	1245	65.84	201	3.98%

图 5-15 筛选人均停留时长

2. 支付转化率筛选

支付转化率越高越好。使用相同的方法将表格中支付转化率大于2%的数据作为优质数据筛选出来，如图5-16所示。

	A	B	C	D	E
1	商品名称	商品浏览	平均停留时	商品收藏人	支付转化
2	婴儿初生春秋冬新生儿抱被厚款纯棉可脱胆龙年宝宝用品包	895	52.36	245	3.45%
9	新生连体衣婴儿春秋冬纯棉初生和尚服爬服魔术贴宝宝衣服	954	62.31	102	3.67%
14	新生婴儿口水巾纯棉纱布小毛巾幼儿超软手帕宝宝用品小方巾	1245	65.84	201	3.98%

图5-16　筛选支付转化率

3. 收藏人数筛选

商品的收藏量越大代表用户对商品越感兴趣。使用相同的方法将表格中商品收藏人数大于200的数据作为优质数据筛选出来，如图5-17所示。

	A	B	C	D	E
1	商品名称	商品浏览	平均停留时	商品收藏人	支付转化
2	婴儿初生春秋冬新生儿抱被厚款纯棉可脱胆龙年宝宝用品包	895	52.36	245	3.45%
14	新生婴儿口水巾纯棉纱布小毛巾幼儿超软手帕宝宝用品小方巾	1245	65.84	201	3.98%

图5-17　筛选收藏人数

4. 浏览量排序

将上面最终筛选出来的数据用颜色填充，然后清除筛选显示全部数据，如图5-18所示。将所有商品按照浏览量的大小进行排序，如图5-19所示。浏览量并不是越大越好，需要综合判断。

	A	B	C	D	E
1	商品名称	商品浏览	平均停留时	商品收藏人	支付转化
2	婴儿初生春秋冬新生儿抱被厚款纯棉可脱胆龙年宝宝用品包	895	52.36	245	3.45%
3	婴儿脚套冬加厚软底鞋子防掉宝宝鞋袜套加绒护脚纯棉	654	25.39	124	2.91%
4	婴儿护耳帽秋冬纯棉宝宝加绒帽子保暖套头帽加厚	856	38.64	178	2.94%
5	婴儿斗篷可脱内胆秋冬儿童披风加厚保暖宝宝卡通披风外出	754	45.96	157	3.68%
6	喜庆大红新生儿包被春秋冬纯棉婴儿抱被外出初生宝宝用品	632	56.38	98	1.56%
7	婴儿抱被春秋冬季厚初生宝宝包被防惊跳纯棉新生儿用品睡袋	536	34.35	79	1.98%
8	婴儿初生春秋冬豆豆绒加厚安抚防惊跳产房新生儿宝宝抱被纯棉	856	26.51	46	2.95%
9	新生连体衣婴儿春秋冬纯棉初生和尚服爬服魔术贴宝宝衣服	954	62.31	102	3.67%
10	新生婴儿内衣无骨纯棉春秋冬魔术贴半背衣满月和尚服宝宝上衣	1054	67.98	94	1.32%
11	【新生儿产房待产包】婴儿用品抱被包单半背衣龙年宝宝初生儿	1145	70.23	89	1.45%
12	新生婴儿抱被豆豆绒春秋冬加厚初生宝宝用品外出包被包裹被	654	26.35	69	3.27%
13	新生儿半背衣纯棉婴儿春秋冬季初生和尚服绑带上衣宝宝衣	786	36.31	125	2.34%
14	新生婴儿口水巾纯棉纱布小毛巾幼儿超软手帕宝宝用品小方巾	1245	65.84	201	3.98%
15	一次性袜子儿童旅行纯棉袜日抛秋冬童女童冬季加厚免洗吸汗中筒	678	24.65	97	2.36%

图5-18　显示全部数据

通过以上的数据分析，店铺内的"新生婴儿口水巾纯棉纱布小毛巾幼儿超软手帕宝宝用品小方巾"和"婴儿初生春秋冬新生儿抱被厚款纯棉可脱胆龙年宝宝用品包"两款商品在浏览量、人均停留时长、支付转化率、收藏量等方面表现良好，适合打造成人气商品。但其中的"婴儿初生春秋冬新生儿抱被厚款纯棉可脱胆龙年宝宝用品包"具有季节性，因此到一定时间后需要根据店铺实际情况考虑更换人气商品。

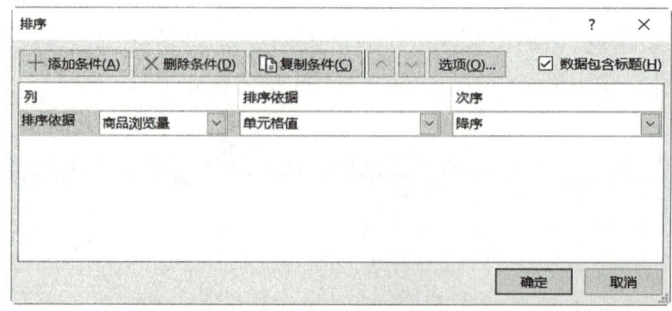

商品名称	商品浏览	平均停留时	商品收藏人	支付转化
新生婴儿口水巾纯棉纱布小毛巾幼儿超软手帕宝宝用品小方巾	1245	65.84	201	3.98%
【新生儿产房待产包】婴儿用品抱被包单半背衣龙年宝宝初生儿	1145	70.23	89	1.45%
新生婴儿内衣无骨纯棉春秋冬魔术贴半背衣满月和尚服宝宝上衣	1054	67.98	94	1.32%
新生连体衣婴儿春秋冬纯棉初生和尚服爬服魔术贴宝宝衣服	954	62.31	102	3.67%
婴儿初生秋冬新生儿抱被厚款纯棉可脱胆龙年宝宝用品包	895	52.36	245	3.45%
婴儿护耳帽秋冬纯棉宝宝加绒帽子保暖套头帽加厚	856	38.64	178	2.94%
婴儿初生春秋冬豆豆绒加厚安抚防惊跳产房新生儿宝宝抱被纯棉	856	26.51	46	2.95%
新生儿半背衣纯棉婴儿春秋冬季初生和尚服绑带上衣宝宝衣	786	36.31	125	2.34%
婴儿斗篷可脱内胆秋冬儿童披风加厚保暖宝宝卡通披肩外出	754	45.96	157	3.68%
一次性袜子儿童旅行纯棉袜日抛秋冬女童冬季加厚免洗吸汗中筒	678	24.65	97	2.36%
婴儿脚套冬加厚软底鞋子防掉宝宝鞋袜套加绒护脚套纯棉	654	25.39	124	2.91%
新生婴儿抱被豆豆绒春秋冬加厚初生宝宝用品外出抱被包裹被	654	26.35	69	3.27%
喜庆大红新生儿包被春秋冬纯棉婴儿抱被外出初生宝宝用品	632	56.38	98	1.56%
婴儿抱被春秋冬季厚初生宝宝包被防惊跳纯棉新生儿用品睡袋	536	34.35	79	1.98%

图 5-19　商品排序

任务二　产品采购与价格数据分析

引入案例

  山西大华玻璃实业有限公司成立于 1992 年 10 月 1 日,是玻璃器皿制品的工贸一体化企业,经过 30 余年的发展,公司现有资产总额 6 亿元。该公司先后荣获"山西省科技企业50 强""山西省百强企业""中国驰名商标""中国日用玻璃十强企业"等荣誉,主营酒杯、酒具、花瓶、风灯、罐碗、缸盘、蜡台、餐具系列八大类六千多款玻璃器皿。图 5-20 为山西大华玻璃事业有限公司的阿里巴巴网店。

  小陈即将担任山西大华玻璃实业有限公司的采购部经理,虽说并没有学过采购管理,但是小陈对新工作一点都不担心,因为他认为自己一方面有多年在相关企业工作经验,对这类工作较为熟悉;另一方面认为采购只需要根据公司要求买进原材料即可。可真正到岗后才发现自己经验不足。小陈碰上了之前谈好的一款产品价格,临到敲定合同时了解才发现供应商提供给另外一家公司的产品价格更低,至此采购合同并没有签订。除此之外,还遇到了供应商不按时发货的情况,采购部门内部也存在信息沟通不畅、配合不足等问题,这让刚上

图 5-20　山西大华玻璃实业有限公司阿里巴巴网店

岗的小陈焦头烂额。

面对采购过程中遇到的诸多问题,小陈意识到采购并不仅仅是按照公司要求买东西即可,还需要学习更多的技能知识,例如:

(1) 信息不完全对称下,采购如何做有价值的准备?

(2) 怎样了解采购成本价格信息?

(3) 采购后如何对产品定价?

 相关知识

一、产品采购数据分析

采购是企业进销存中的重要环节,不仅涉及企业资金的使用,对于企业的财务、产品质量、营销环节等都有着重要的作用。因此,对采购数据进行分析对于企业来说是很有必要的,不仅可以让企业管理层快速了解历史采购情况,还可以为新的采购计划提供数据依据。

(一)采购的基本概念

采购是指一整套购买产品和服务的商业流程,是供应链管理中不可或缺的环节。采购的主要任务是在合适的时间,以合理的价格、数量以及良好的质量从供应商处采购产品(包括原料、服务、设备、电子资料等),即采购管理中的 5R 原则,适时(right time)、适质(right quality)、适量(right quantity)、适价(right price)、适地(right place)。

随着国内"互联网+"的快速发展,采购模式正在向数字化采购转型,通过商城对接的方式,实现交易数字化、流程数字化和管理数字化,为企业采购降本增效。

知识补充

数字化采购是指利用大数据、云计算、人工智能、物联网及区块链等数字技术,将业务与外部和内部利益相关者联系起来,实现采购流程的自动化管理和云端协同。数字化采购的上游为企业的供应商,既包括企业自有供应商,也包括通过采购电商平台汇聚的海量外部供应商。

（二）采购数据分析

随着采购数字化的推进,采购数据已成为企业越来越重视的数据资产之一。传统的采购分析,侧重于了解过去的采购支出和供应商绩效。但数字化的今天,越来越多管理者的分析重点开始转向通过以往的数据分析,来帮助全面了解消费者需求和供应趋势,使企业支出与业务目标保持一致。

1. 采购需求计划分析

采购需求计划分析是采购过程中非常重要的一步,它能帮助我们准确了解采购的需求,为采购决策提供依据,确保采购活动的顺利进行。

采购需求简单地说就是销售需求,而采购需求计划分析是基于产品实际销售数据,对未来的销售预测进行评估的一种数据分析。其分析步骤有以下几个方面。

（1）对产品过去的销售量进行统计,得出销售统计表。

（2）针对活动期间销售和日常销售进行预测,得出需求预测表。

（3）基于不同的时间进行需求预测汇总。

（4）结合市场和销售策略,定期对所有需求进行更新。

知识补充

产品采购经常会遇到一些外在因素的影响,不同时期的数据会有所差异。这些因素包括季节性因素(如电风扇、电热毯等季节性产品)和非季节性因素(如大促活动、社会热点话题等)。这些可能会导致产品原材料的价格、库存、供货时间等发生变化,这就需要我们在收集数据信息的过程中注意更新数据信息。

某店铺根据产品在以往的销量基础,初步对日常销售需求和活动期间的销售需求进行预测,如表5-3和表5-4所示。

表5-3　某店铺卫衣日常需求汇总　　　　　　　　　　　　　　单位:件

月份	汇总数量	卫衣S码	卫衣M码	卫衣L码
1	77	20	26	31
2	89	26	38	25
3	115	30	49	36
4	125	32	55	38
5	112	30	50	32
6	146	42	65	39

表 5-4　店铺卫衣活动期间需求汇总(4 月和 5 月无活动)　　　　　单位:件

月份	汇总数量	卫衣 S 码	卫衣 M 码	卫衣 L 码
1	128	40	46	42
2	129	42	52	35
3	172	56	62	54
4	—	—	—	—
5	—			
6	192	54	75	63

根据上面的表格计算店铺卫衣的采购总需求预测量,计算公式为:

需求总预测量＝日常需求预测量＋活动需求预测量

将表 5-3 和表 5-4 进行汇总,得到表 5-5 所示的数据。

表 5-5　需求总预测量　　　　　单位:件

月份	汇总数量	卫衣 S 码	卫衣 M 码	卫衣 L 码
1	205	60	72	73
2	218	68	90	60
3	287	86	111	90
4	125	32	55	38
5	112	30	50	32
6	338	96	140	102

为了便于观察需求变化规律以规划其他运营资源,将表 5-5 中的数据结果转化为如图 5-21 所示的柱形图。

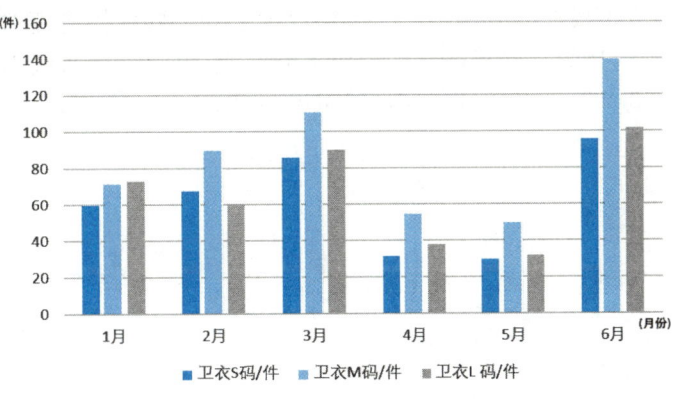

图 5-21　采购需求总预测量图表

经过分析我们可以得出卫衣在前半年的需求情况:在年初由于季节的原因整体需求量不大;4～5 月因为没有活动,所以整体需求量小;6 月需求量飙升;在每个月的需求量上,M

码的需求占比都较大,S 码和 L 码的需求每月相对平稳。

2. 采购成本数据分析

采购成本是指在采购活动过程中所发生的费用总和,简单来说包括从外部供应商购买、包装、运输、验收、存储等各个采购环节中所投入的人力、物力、财力的总和。降低采购成本是在不影响最终产品或服务的情况下,增加企业利润率的一种简单、快速的方法。

在采购成本中占比最大的是产品的采购成本,通过对采购成本的分析,可以得出较科学的结论,以帮助企业制定或采取有效措施来控制采购成本。

1）采购成本走势分析

在采购产品的过程中,产品价格会受到多方面因素的影响,如交通运输、季节气候等,企业可以选择在产品价格走低的时候进行大量采购,从而节约资金,获取更多的利润空间。图 5-22 为某产品 11 月的价格走势图,分析产品价格走势,一般都是根据已有的数据走势图来进行分析。

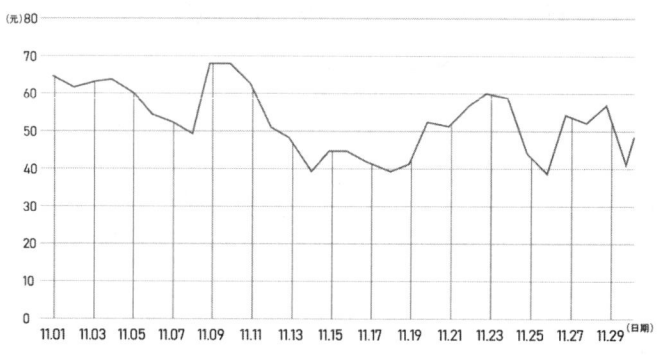

图 5-22 价格走势图

2）不同渠道的采购成本

产品的采购货源并不一定都是来自同一家厂商,可能会有多家,这不仅仅是为了最大程度地降低采购成本,还可以减弱因货源突然中断而造成的影响。当一个产品有多家供应商都可以提供时,我们可以根据已采购的产品价格数据来判定哪家供应商的采购成本更低,从而达到降低采购成本的目的。对于产品采购成本的对比,可以利用折线图来展示,无须一一计算或比价。图 5-23 为某产品不同供应商的采购成本。

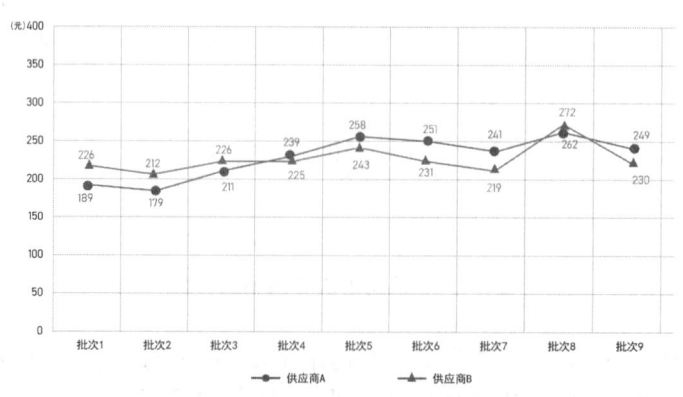

图 5-23 某产品不同供应商的采购成本

3）采购价格数据分析

产品采购价格变动是常有的事,而商家需要在变动的采购价格中去找到最佳采购时机,较大程度地降低采购成本,这样才能让店铺处于有利的竞争地位,无论是搞促销还是让利活动,都更能有可发挥的价格空间,并从中赚取较高的利润。将产品波动价格和平均价格进行对比,即可从中找到合适的采购时机,如图 5-24 所示。

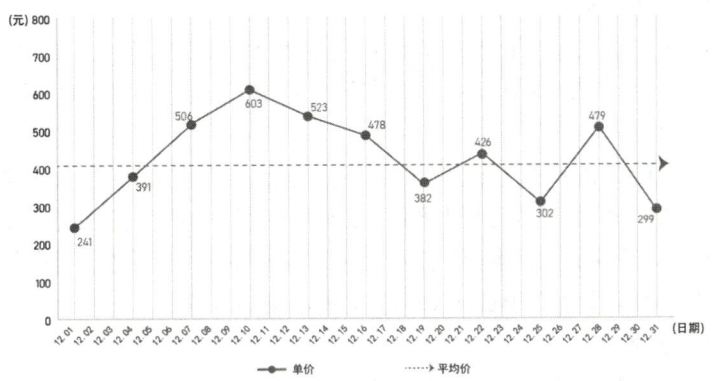

图 5-24　采购价格分析

不同的采购阶段其数据也会不一样,一般来说采购生命周期包含的数据有物料数据、请购单数据、寻源数据、供应商数据、合同数据、订单数据、收货数据、付款数据等。

3. 采购数据的来源

产品采购数据分析要以准确且及时的数据为基础。云计算、大数据和人工智能等技术的发展,可以让数据资源的收集整理更加简单、便捷。常见的产品采购数据来源可分为外部系统和内部系统,如表 5-6 所示。

表 5-6　采购数据来源

来源	示例
外部系统	电商平台;第三方电子交易平台;各地公共资源交易平台;各地政府采购平台;国家信用信息共享平台
内部系统	电子采购平台;企业电子商城;OA 系统;ERP 系统;CRM 系统;客服系统

素养点拨

在电子化的今天,为了将业务与外部和内部利益相关者联系起来,实现采购流程的自动化管理和云端协同,企业应注重建立采购数字信息化系统,并提高数据的结构化。通过数字化采购系统,可以让企业实时查看供应商信息,及时处理订单,提高企业对供应商的管理能力,确保产品质量,规避供应链中断等风险。

二、产品价格数据分析

企业在不同的发展阶段、面对不同的市场环境、针对不同的产品,会采取多种营销手段。

企业为产品制定合理的价格是非常重要的。产品价格是消费者决定是否购买该产品的重要因素之一，同时也决定了企业的最终营收利润。

市场的供给需求会影响产品价格的高低，供不应求时，产品价格会随之提高，相对利润也会提高，同时会吸引更多投资者进行投资；供大于求时，产品价格会随之降低，相对利润也会降低，而生产者会转向投入其他的产品生产。

（一）影响价格的因素

影响产品价格的因素很多，有企业内部因素，也有外部因素，有主观的因素，也有客观的因素。概括起来，大体上可分为产品成本、市场和消费者需求、竞争因素和其他因素四个方面。

1. 产品成本

产品成本决定了产品的底价。这个价格不仅包括生产和销售相关的直接成本，还包括因付出努力和承担风险而赢得的公平利润。在实际市场中，产品的价格是按成本、利润和税金三部分来制定的，一般来说，成本是构成产品价格的主要因素之一，因为价格过分高于成本会有失社会公平，价格过分低于成本，不能让企业维持长久。

2. 市场和消费者需求

产品价格除受成本影响外，还受市场和消费者需求的影响，该影响决定了产品价格的上限。当产品价格高于消费者所认可的价值时，消费者便不会购买产品；只有在产品提供的使用价值和服务价值等与产品价格形成正比，消费者才会愿意为其买单。在电子商务平台中，产品的转化率可以作为判断消费者是否对产品价值满意的一个指标，转化率高说明消费者对产品的认同率高，转换率低则说明消费者对产品的认同率低。因此，企业在为产品制定价格时，必须了解价格对市场需求的影响程度。

3. 竞争因素

市场竞争也是影响价格制定的重要因素之一。为了迎合消费者的价格购物心理，商家在制定产品价格时一般都会参考同类竞争产品的价格，在进行充分对比后再根据自身产品特点来制定价格，这样才不会在同类目市场中处于劣势。图 5-25 为在阿里巴巴购物平台"山西大华玻璃实业有限公司"店铺中啤酒杯产品价格和其他类似商品价格。

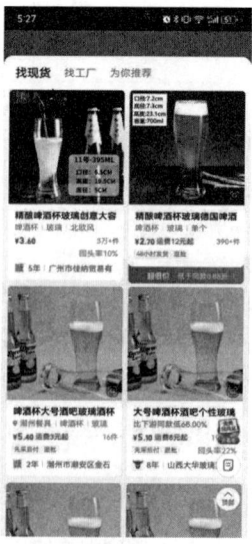

图 5-25　同类目下的产品价格

4. 其他因素

制定产品价格除了要考虑成本、需求以及竞争状况的影响,还需考虑市场需求量和供应链、政府或行业组织的干预、消费者习惯和心理、企业或产品的形象、经济状况、新兴技术等。例如,政府为了维护经济秩序,可能会通过条例管控或者其他途径对企业的价格进行干预;当前社会的或繁荣或衰退的经济状况,在一定程度上也会影响生产成本和消费者对于产品价值的认知。

(二)产品定价策略与技巧

定价策略是指为实现定价目标在产品定价方面采取的策略和相应措施。在市场竞争中,产品的价格是竞争最有效的手段之一。产品的定价,不仅影响产品的销量,还会影响企业收益利润。激烈的市场竞争促使企业越来越重视产品的定价策略,灵活运用各种定价策略,可以帮助企业提高自身产品的竞争力,从而达到利润最大化。

1. 高价定价策略

高价定价策略是指在新产品刚进入市场时,可以利用部分消费者的求新心理将产品价格定得较高,目的是迅速从新产品中取得丰厚的利润。采取高价定价的产品,一般具有创新、高品质等特性,即使价格比竞争对手高,也能吸引足够数量的消费者购买。其特点主要有以下几个方面:

(1)在短期内可实现利润最大化;

(2)可以为后续的价格下调留出空间;

(3)可以提高产品身价,激起消费者购买欲。

2. 渗透定价策略

渗透定价策略和高价定价策略相反,目的是通过产品上市之初的较低价格,吸引更多消费者购买,进而扩大市场份额和提高销售量。由于单一产品售出的利润较低,采用渗透定价策略的产品,通常生命周期较长,且会大量生产,也因此经过较长的时间才能达到相应的利润目标。

3. 成本加价定价策略

成本加价定价策略是指在产品的单位成本上加上一定比例的利润来制定产品价格的策略,此时单位产品价格的计算公式为:

$$单位产品价格＝单位产品成本×(1＋加成率)$$

这种定价策略的特点是产品本身不亏损,关注产品成本的预期利润,但是缺少对市场竞争情况的关注。通过对公式的观察还可以发现,该定价策略更适合成本变动幅度不大的产品定价。产品的定价对于消费者来说最好是稳定的,假设"加成率""单位产品价格"固定的情况下,由产品成本增加造成的损失最终由企业承担。

例如,有 A、B、C 三家店铺都在卖同一件商品,其商品采购价格都是 120 元,卖家 A 以 60% 的成本利润率进行定价,最终售价为 192 元;卖家 B 以 50% 的成本利润率进行定价,最终售价为 180 元;卖家 C 以 40% 的成本利润率进行定价,最终售价为 168 元。其中 A 店铺的月销量为 50 件;B 店铺的月销量为 63 件;C 店铺的月销量为 78 件。则三家店铺的最终利润如表 5-7 所示。

表 5-7   成本加价定价策略

卖家	采购价/元	利润率	售价/元	月销量/件	利润/元
A	120	60%	192	50	3 600
B	120	50%	180	63	3 780
C	120	40%	168	78	3 744

4. 保留安全定价底线

安全定价法是指将产品本身的价格和确保用户正常购买的费用总计综合考虑,降低用户的消费风险,进而提升用户的购物满意度和安全感的方法。此时单位产品价格的计算公式为:

$$单位产品价格＝产品成本＋正常利润＋快递费用$$

一般来说,产品的正常利润为产品成本的30%～60%。产品成本是一个变量值,当产品成本发生变化时,会直接影响产品的定价。

例如,一件商品的成本价格为200元,按照成本价的30%计算该产品的正常利润,快递费用为5元,产品月销量为300件,则该产品的利润为16 500元。当其他外部条件不变的情况下,将产品的正常利润分别按照成本价的45%和60%来计算时,该产品的月销量和利润如表5-8所示。

表 5-8   不同利润率下产品销量及利润

产品成本/元	利润率	正常利润/元	快递费/元	安全定价/元	月销量/件	产品利润/元
200	30%	60	5	265	300	16 500
200	45%	90	5	295	180	15 300
200	60%	120	5	325	120	13 800

5. 产品生命周期定价策略

在前面我们已经对产品的生命周期的四个阶段有所了解了,而在每个阶段期间,产品的定价需要结合当时产品所处的阶段,来考虑使用不同的定价策略,如表5-9所示。

表 5-9   不同产品生命周期定价策略

阶段	投入期	成长期	成熟期	衰退期
产品	提供基本产品	产品扩展,升级服务与质量	品牌/样式多样化	淘汰疲软产品
销售量	低销售	逐步增长	增长缓慢	下降
利润	亏损	利润上升	利润高峰	利润衰退
竞争情况	极少	逐渐增加	竞争激烈	弱者退出
成本	最高	逐步下降	最低	开始上升
定价目标	创建知名度	抢占市场份额	捍卫市场份额	削减成本、收割利益
定价策略	高价定价/渗透定价	渗透定价	抗衡竞品定价	削价

6. 组合定价策略

组合定价策略是指商家为了迎合消费者的购物消费心理,将互补产品或关联产品作为一个组合产品进行定价,而在制定产品价格时,通常会有意识地将部分产品价格设置得较高,部分产品价格设置得较低,以获得整体利润的一种定价策略。多种产品组合的定价销售模式,总体上能保证店铺盈利,且不会有横向对比的产品价格,不会影响以原价购买单件产品的买家消费积极性。

组合定价可以是同款产品的多件组合,也可以是不同产品的多件组合。从消费者的购物心理分析,往往促使其下单的原因不是低价,而是"占便宜"的心理。通过组合产品的定价和多件单件产品的定价相对比,组合产品的定价更能激发消费者购买。图 5-26 为淘宝同个店铺中组合产品和单件产品的价格对比。

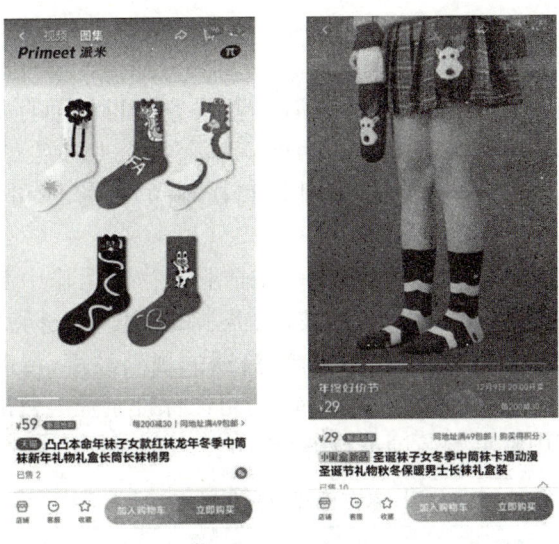

图 5-26　同个店铺中组合产品和单件产品的定价

知识补充 /////

"定价"是企业运营过程中非常重要的工作,它与企业内部各组织都有着密不可分的关系,它需要企业内系统的协同配合,以"数据"为基础,采用恰当的定价策略。在实际工作中,除了以上介绍的几种定价策略,往往还可能遇到其他的意外情况,因此,在运用定价策略时要随机应变,结合市场的情况,做好产品的具体定价。

任务三　产品库存数据分析

 引入案例

小李是一家电商公司的运营部经理,正值大促期间,为了最大程度地提升销量,他计划

在这期间除了做好公司店铺的日常销售,还准备对接一些达人直播间。他将方案和老板提出后,老板非常赞成,并提醒他要密切注意这些产品的销售和库存情况,避免库存跟不上而造成断货。小李表示自己每天都会时刻关注,而且对公司产品的库存状况、库存占比等都有记录,可以提前进行备货和补货。

库存管理对于一家店铺来说是非常重要的,管理不当可能会导致大量的产品积压,占用现金流。良性的库存管理可以让企业在生产、经营需求的前提下,使库存量保持在合理的水平上,可以帮助企业适时、适量提出订货,减少库存空间占用,降低库存总费用,加速资金周转。

 相关知识

一、电商库存的相关概念

库存是以支持企业生产、维护、销售和消费者服务为目的而存储的各种物料,具有整合需求和供给、维持各项活动顺利展开的功能。库存是企业在生产经营过程中为了现在或将来耗用或销售而储备的资源,包括原材料和在制品,维修件和生产消耗品,成品和备件等。

库存管理是企业管理中的重要环节之一,在企业的物流运输中起缓冲作用。保持一定的产品库存,能够平衡供求关系,满足市场波动、需求的变化;能够稳定生产,解决外部的不稳定性和生产的均衡性的矛盾;能够实现生产、流通的规模经济,帮助生产系统和物流系统的合理化,降低单位成本。因此拥有合理的库存,可以保证企业经营活动的正常展开。

下面对在库存管理中常见的名词进行解释,如表 5-10 所示。

表 5-10　库存管理中常见的名词及解释

名词	相关概念
安全库存	安全库存指的是当不确定因素(订货期间需求增长、到货延期等)导致更高的预期需求或导致完成周期更长时的缓冲存货。
需求量	需求量指的是某段时间内的市场需求量
供应的提前期	供应的提前期是指从发出订单到货物补充到位的周期或时间段
服务水平	服务水平指的是在一个周期内,有多大的概率能够保证不缺货
再订货点	再订货点指的是当库存下降到一定程度时,若不及时补货,可能面临无货可卖的情况

二、电商库存结构分类

在电子商品体系运营中,产品的销售、发货在时间和空间上是异步的,简单地说就是消费者在前台购买下单、商家发货、消费者收货等阶段存在时间和空间间隔。商家利用这种异步销售的时间差,对产品库存进行分类管理,可以降低库存风险,维护消费者满意度,从而提高销售业绩。

根据电子商务产品库存的作用,可以将库存结构分为可销售库存、订单占用库存、不可销库存、锁定库存、虚库存、调拨中库存和调拨占用库存。

（一）可销售库存（S）

可销售库存（sellable inventory），即电商网站前台显示的产品库存。消费者下单时，平台网站会向后台仓库管理系统（WMS）发出要求，查看订单产品数量与当前可销售库存数量，一般来说，平台前端会与 WMS 系统保持数据同步。当库存数量大于订单产品数量时，即可购买，一旦下单成功，则消费者购买的库存会被预留，变为订单占用库存，WMS 系统中的可销售库存相应减少。当库存数量小于订单产品数量时，即会提示消费者产品缺货，同时提醒商家补货。

在电商平台中，库存减少的方式包括下单减库存和付款减库存。

（1）下单减库存：当买家拍下商品后，商品显示的库存数量相应减少。但若是买家一直不付款，那么这部分的库存会被占用，影响其他买家购买。

（2）付款减库存：当买家下单并付款后，商品显示的库存数量相应减少。在大促期间，库存的减少，有助于促使消费者加紧购买，从而提高订单转化率。

知识补充

在电子商务库存中，常见的英文缩写有以下几个，这里简单梳理下它们的关系，如图 5-27 所示。

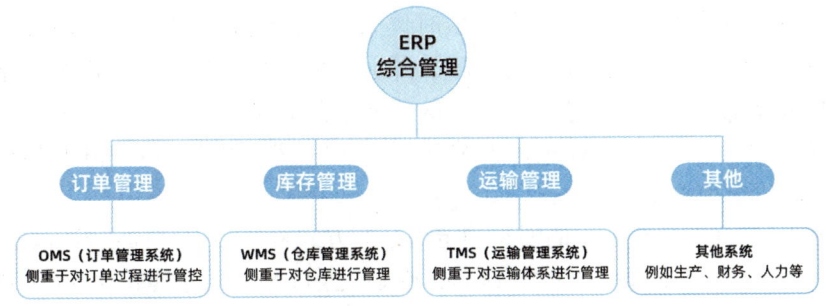

图 5-27　各系统间的关系

全流程管理工具（enterprise resource planning，ERP）是指企业用于管理日常业务活动的管理系统，简单地说是将企业的物流、资金流、信息流进行全面一体化管理的信息系统。其涵盖了企业的订单、库存、运输、财务、人力等模块，是企业资源的综合性管理工具。

订单管理系统（order management system，OMS）是指对消费者下达的订单进行管理及跟踪，包括订单处理、订单确认、订单状态管理（包括取消、付款、发货等多种状态，以及订单出库和订单查询）等。

仓库管理系统（warehouse management system，WMS）是一款数字化的企业管理软件，通过将仓库的各项运营活动进行全方位、透明化和智能化的管理，以提升企业的仓库运营效率。

运输管理系统（transportation management system，TMS）是指对企业整体的运输体系进行综合管理的系统。它包括订单管理、配载作业、调度分配、行车管理、GPS 定位、车辆管理、人员管理、数据报表、基本信息维护、系统管理等。

（二）订单占用库存（O）

当生成订单时，产品可用库存数量减少，即订单占用库存（order occupied inventory），相对的订单占用库存数量增多。该变化数量即订单中的产品数量。

订单占用库存,一方面保证了该订单的消费者有货可发;另一方面,可以避免发生其他消费者下单时,库存无货可发的情况。这里的订单处理,针对的是已经被订单所占用的库存,与前台的销售无关,订单出库后,系统中扣减的也只是订单所占用库存。

(三)不可销售库存(U)

不可销售库存(unsellable inventory)是指由于包装、质量、返修等问题未上架,暂时无法销售,但会占用库存、资金的产品。为了理论符合实际,在系统中会将这一部分产品的库存定义为不可销售状态。

不可销售库存在系统中的标注方法有以下两种类型。

(1)使用不同的 SKU(库存量单位)代号:如某一合格产品的 SKU 编码为 156962,那么它所对应的不可销售库存的 SKU 编码则为 156962U。

(2)使用同一种 SKU 代号:产品都使用同一种的 SKU 编号,但可以为不可销售库存单独开辟一个区域,将所有不可销售的库存统一管理。

(四)锁定库存(L)

商家如果希望某一个区间段只销售一定的数量,以降低促销成本,掌握促销节奏,就会锁定库存(locked inventory)。

要在短时间内提高产品的销售量,大多时候采取的都是降价的促销方式。在消费者下单付款后,产品的可销售库存直接转化为订单占用库存。但是在某些特定情况下,商家并不希望这么快便将所有的产品库存售空,有时是由于库存全部作降价促销的成本较高,有时是为了防止竞争对手的恶意采购,而更多的情况下,商家是希望将这一产品的降价销售作为导线,来带动店铺内整体销售的流量。

为了达到上述目的,一般采用的便是锁定库存的方式将产品库存锁定,让其暂时无法直接销售。当促销进行一段时间后,要想继续销售,则必须解除锁定后才能转化为可销售库存。

(五)虚库存(V)

在店铺可销售产品中,有部分产品,虽然库房中没有,或者没有很多,但是供应渠道非常通畅,可以在很短的时间内采购到并送入库房中,变为库存;还有一些产品,销售量少,库存的管理难度大,只有当产生订单后,才会向供应商采购。这部分不在实际的库存中,但是可以很快采购到的产品就称为虚库存(virtual inventory)。

知识补充

虚库存的存在是为了使前台店铺的可销售数量大于实际可销售数量,这在企业创业前期,可以相对缓解企业的资金压力。

(六)调拨中库存(A)

库存的调拨必然会存在一段时间,库存既不存在于调拨出库房,也不存在于调拨入库房,如分仓间的调拨,这一部分产品即调拨中库存(air inventory)。

(七)调拨占用库存(T)

一些电子商务企业的库房可能不止一个,如 B2C 模式的电商企业。多个库房的设置,主要是由于规模发展到一定程度后,库存量较大,很难在一个单独的库房中存储,另外,为了满足买家需求,有时也会在买家聚集地(如社区)附近设立库房。这些库房之间,必然存在着库存的分派和调拨,当产生调拨计划后,调出库房的某一部分库存会被占用,这部分库存便称为调拨占用库存(transport inventory),其性质同订单占用库存相似。

知识补充

B2C(Business-to-Customer)指"商对客",也就是通常说的商业零售,直接面向消费者销售产品和服务。这种形式的电子商务一般以网络零售业为主,主要借助于互联网开展在线销售活动。

B2C即企业通过互联网为消费者提供一个新型的购物环境——网上商店,消费者通过网络在网上购物、支付,如天猫、京东。

三、产品库存数据分析指标

我们都知道产品库存对于商家的重要性,库存不足会直接影响到销售,库存积压会增加企业的库存成本、降低利润,因此做产品库存数据分析时需要了解库存数据分析的相关指标,如库存天数、库存周转率、平均库存等。

(一)库存天数

库存天数是指商家将库存转化为销售所需的平均天数。库存天数并不是越多或越少越好,而是要维持在一个合理区间。库存天数越多,则产品库存就越多,其占用的资金就越多;而库存天数过少,则产品库存可能不能满足当前的销售量,存在断货的风险。

库存天数可以有效衡量库存的变化情况,以判断产品是否缺货,是衡量库存可持续销售期的追踪指标。其计算公式为:

$$库存天数 = \frac{期末库存金额}{\dfrac{某一个销售期的销售金额}{销售期天数}} = \frac{期末库存金额}{某一周期的日平均销售金额}$$

(二)库存周转率

库存周转率是用来衡量一个期间内库存货物能周转几次,数值越大,库存的利用率越高。为了便于在不同年份、不同公司之间比较,常以年度来单位,也就是一年内库存周转了几次,理论上库存周转率越高越好,周转率高则产品库存转为资金的速度就越快。

对于库存周转率,并没有绝对的评价标准,通常是与同行业相比较,或与企业内部的其他期间对比分析。其计算公式为:

$$库存周转率 = \frac{销售数量}{\dfrac{期初库存数量 + 期末库存数量}{2}} = \frac{销售数量}{平均库存量}$$

(三)平均库存

平均库存主要用于估计企业在特定时间段内的库存数量或价值,其作用主要是平衡旺季期间库存的大幅飙升、收到的大量发货或突然激增的产品销量等情况。平均库存可帮助运营人员了解店铺在日常运营过程中需要持有的库存,以便更经济高效地管理库存以优化其利润。其计算公式为:

$$平均库存 = \frac{期初库存数量 + 期末库存数量}{2}$$

（四）其他指标

库存数据分析除了使用上面介绍的几种指标，还可以使用售罄率、折扣率、动销率和缺货率等指标，计算公式分别为：

$$售罄率=\frac{某段时间内的销售数量}{期初库存数量＋期间进货数量}$$

$$折扣率=\frac{商品实销金额}{商品吊牌价}$$

$$动销率=\frac{某段周期内有销售的SKU数}{期初有库存的商品SKU数＋期中新进商品SKU数}$$

$$缺货率=\frac{某一周期内有缺货记录的商品数}{期初有库存的商品SKU数＋期中新进商品SKU数}$$

四、库存数据分析内容

库存数据分析是指通过查看消费者需求和生产需求来确定企业的最佳库存水平的过程，以最大限度地减少现有库存量，避免库存积压而造成缺货和消费者流失。对库存数据进行分析的意义在于核对商品数量是否正确，了解商品的库存情况，从而判断商品库存结构是否合理完整，商品数量是否合适，库存是否处于健康水平，是否存在经济损失的风险。

（一）库存结构分析

库存结构分析主要是通过分析库存中商品的占比情况，了解商品结构是否符合市场需求，以及时调整店铺销售策略。表5-11为某店铺1～6月的商品库存量。

表5-11 某店铺1～6月商品库存量 单位：件

月份	高脚杯	卡通马克杯	浮雕玻璃杯	牛奶杯	咖啡杯
1月	253	302	365	230	351
2月	242	265	275	256	325
3月	369	325	268	274	345
4月	434	256	345	302	302
5月	368	378	401	325	285
6月	402	454	321	254	307

为了更直观地展现出个商品的库存结构，可以将表5-11中每个月的数据转化为三维饼状图，将数据标签格式设置为"百分比"，位置为"数据标签外"，如图5-28所示。

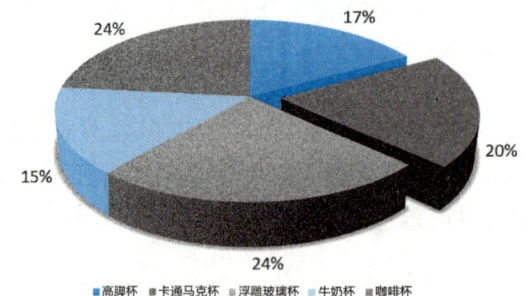

图5-28 1月份商品库存占比

通过"图表筛选器"可以继续查看其他月份的商品库存占比,如图5-29所示,从而可以从图中判断商品的库存结构是否完善。

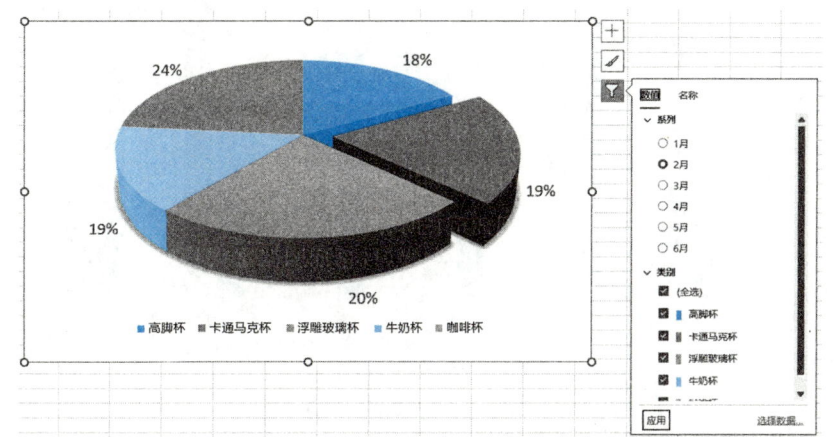

图5-29　查看其他月份商品库存占比

（二）库存数量分析

在店铺的日常运营过程中,要保证商品库存数量适中,既要保证商品库存充足,满足日常销售的需求,也要避免库存过多,产生不必要的资金和仓储积压。

例如,某店铺的商品出入库记录如表5-12所示。

表5-12　某店铺商品出入库记录表　　　　　　　　　　　　　　　　　单位:件

产品	入库时间	期初数量	入库数量	出库数量	结存数量	库存标准量
A-1	2024.01.03	40	48	56	12	23
B-1	2024.01.03	35	38	62	23	25
C-1	2024.01.03	55	59	53	16	18
D-1	2024.01.03	45	50	49	20	20
E-1	2024.01.03	43	47	56	15	25
F-1	2024.01.03	40	49	52	21	15

为了直观地判断商品是否需要补货,可以将表5-12中的"结存数量"和"库存标准量"数据转化为柱形图,如图5-30所示。

从图5-30中可以看出,产品B-1、C-1、D-1商品库存与标准量相差不太大,而A-1、E-1、F-1商品库存与标准量差距较大,其中A-1、E-1商品需要补货,F-1商品的库存量过多。

（三）库存健康度分析

库存健康度分析是对企业商品库存状况进行评估和分析的过程,以判断库存是否处于健康水平,是否存在经济损失的风险。库存健康度分析可以从以下几个方面入手。

（1）库存周转率:通过计算库存周转率,可以评估库存的流动性和运营效率。较高的周转率通常意味着库存管理更加高效。库存周转一般在目标库存的80%以上,同时在目标库

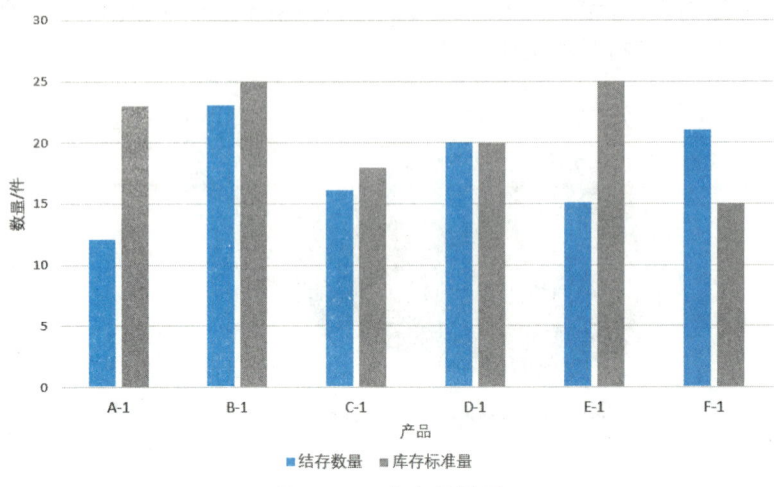

图 5-30　库存数量图

存的 1.5 倍以下,这是健康的周转水平。

（2）近效期库存:近效期指的是产品从出库日到失效日期的有效天数值,通常将近效期在一半以下的商品库存数量控制为 0。

（3）残次品库存:对于残次品商品库存要及时处理,数量控制为 0。

（4）其他不良库存:数量控制为 0。

五、产品库存管理系统

库存管理对于企业的重要性不言而喻,它在供应链和物流管理中都扮演着关键角色,直接影响着企业的效率、成本和消费者满意度等。传统的仓库管理方式已经不适合如今的数字化时代,且还会浪费大量的人力物力。因此,企业建立库存管理系统是非常有必要的,它可以帮助企业建立科学高效的仓库管理体系,不仅可以提高生产效率、防止缺货现象发生,还可以帮助企业加强仓库管理,降低成本,保证企业的生产可以顺利进行,进而实现对企业资源的有效管理和控制,图 5-31 为库存管理系统的一些相关功能。

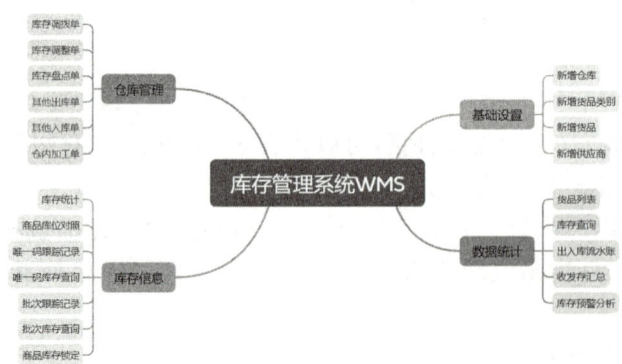

图 5-31　库存管理系统相关功能

通过建立产品库存管理系统,企业可以优化货物从入库到出库的所有活动,以及延伸至扩展供应链的活动,包括收货、存储、拣配、包装和装运等。该系统可以对仓库货品明细提供完整清晰的数据进行实时展示,也可以按照自己的需求建立统计表和明细表,并支持自定义筛选、查询。图 5-32 为某电商企业的库存管理系统。

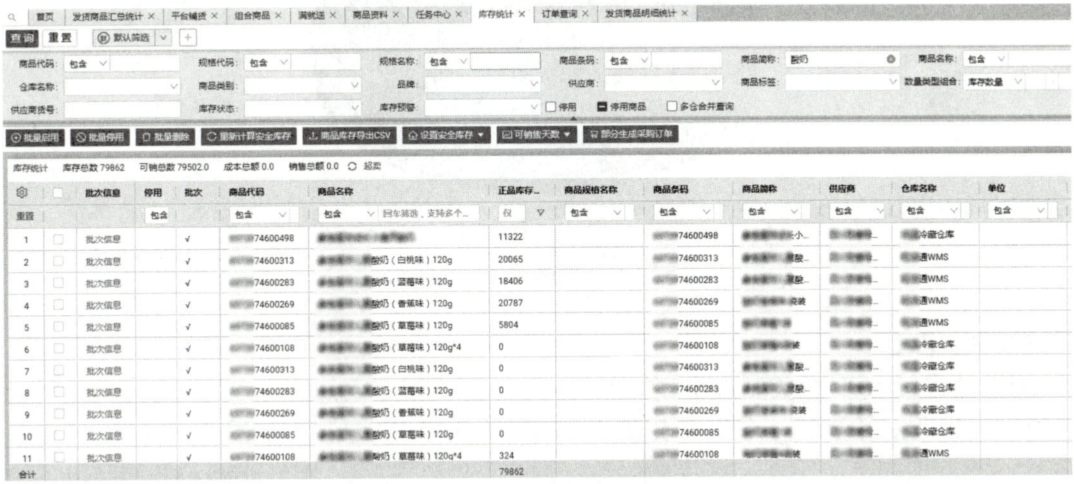

图 5-32　某电商企业的库存管理系统

项目实训——利用 ABC 分析法统计产品库存

任何的数据分析都不仅仅是为了最后得到一份带图表的报告,而是为了帮助我们发现问题,依据数据分析结果来改进产品,优化消费者体验。本实训利用 ABC 分析法来对产品的库存进行科学管理,以帮助大家对产品库存数据分析有更深刻的认识和了解。

【实训背景】

一般来说,一家电商店铺的品类繁多,每个产品的价格不同,库存数量也不同,为了便于按照库存产品的重要程度分别进行管理,我们可以利用 ABC 分析法来统计店内的各个产品库存。ABC 分析法的全称为 ABC 分类库存控制法,又称帕累托分析法或巴雷托分析法、柏拉图分析法等。ABC 分析法是一种分类管理方法,它强调分清主次,将管理对象划分为 A、B、C 三类。

(1) A 类代表重要、高价值、低数量的事物。

(2) B 类代表一般重要、价值中等、数量中等的事物。

(3) C 类代表不重要、价值较低、数量较多的事物。

【实训目标】

(1) 掌握产品库存统计与分析的相关操作。

(2) 掌握 ABC 分析法的实际使用方法。

【实训要求】

本实训要求根据产品库存比例对产品进行 ABC 分类,效果如图 5-33 所示。

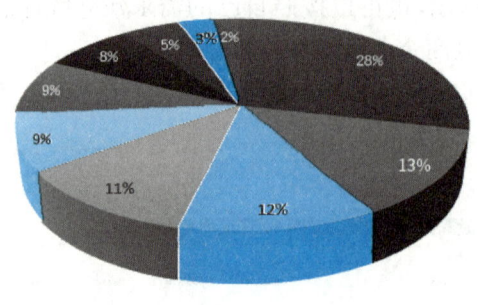

图 5-33　产品库存占比图表

【实训步骤】

对产品进行 ABC 分类制作步骤如下。

（1）在 Excel 中新建一个工作表，然后在第一行输入表头信息，如图 5-34 所示。

	A	B	C	D	E	F	G	H	I
1	产品编号	产品名称	单价	数量	金额	累计金额	比例	累计比例	ABC分类

图 5-34　输入表头信息

（2）单击"自定义快速访问工具栏"下拉按钮"⌄"，在打开的下拉列表中选择"其他命令"选项，打开"Excel 选项"对话框，单击"从下拉位置选择命令"下拉按钮，在下拉列表中选择"不在功能区中的命令"选项，然后选择"记录单"选项，单击"添加"按钮将其添加到右侧的列表框中，单击"确定"按钮，如图 5-35 所示。

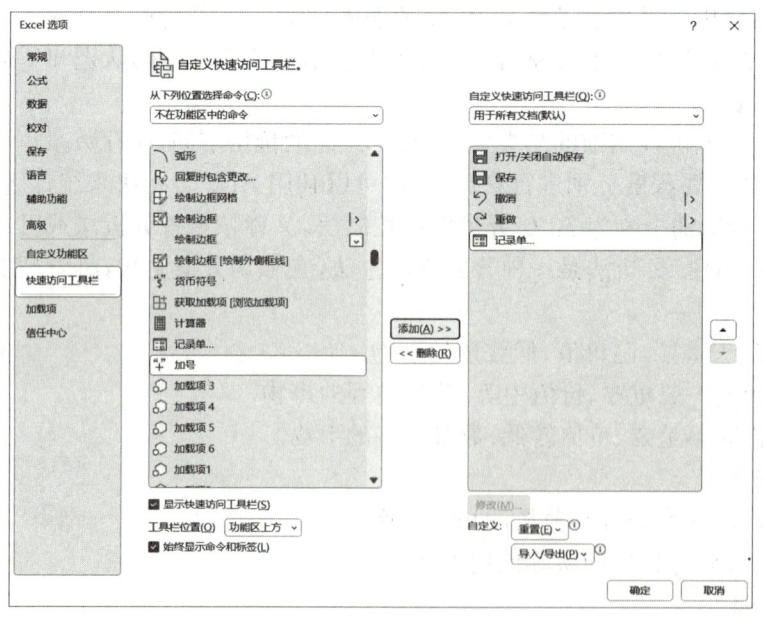

图 5-35　打开"Excel 选项"对话框

（3）返回工作表中单击快速访问工具栏中的"记录单"按钮""，打开"记录单"对话框，单击"新建"按钮，在对应的文本框中输入相关数据，输入完成后再次单击"新建"按钮继续添加下一个数据信息，如图 5-36 所示。

（4）完成后返回到工作表中，右击 C 列单元格，在弹出的快捷菜单中选择"设置单元格格式"命令，打开相应对话框，设置"分类"为货币，"小数位数"为 2，单击"确定"按钮，如图 5-37 所示。

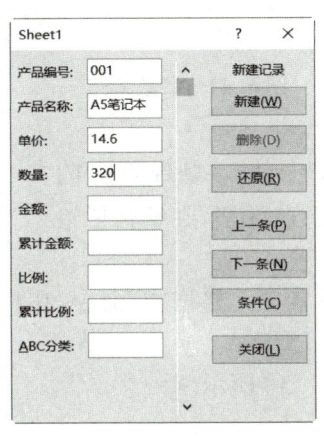

图 5-36　输入数据

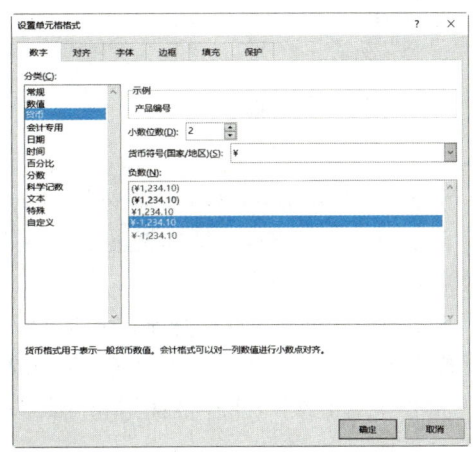

图 5-37　"设置单元格格式"对话框

（5）选中 E2 单元格，在编辑栏输入公式"＝C2＊D2"，将鼠标指针移到 E2 单元格右下角，当其变为"＋"形状时双击鼠标左键，将函数填充到 E11 单元格，如图 5-38 所示。

（6）选择工作表中所有数据，先按【Ctrl＋C】键复制，然后单击鼠标右键，在弹出的快捷菜单中选择"选择性粘贴→粘贴数值"命令，如图 5-39 所示。

（7）右键单击 E1 单元格，在弹出的快捷菜单中选择"排序→降序"命令，如图 5-40 所示。

（8）选择 F2 单元格，在编辑栏输入"＝E2"，选择 F3 单元格，在编辑栏输入"＝F2＋E3"，然后将函数填充到 F11 单元格，如图 5-41 所示。

图 5-38　函数计算金额

图 5-39　粘贴数值

	A	B	C	D	E	
1	产品编号	产品名称	单价	数量	金额	
2	2	B5笔记本	¥18.80	620	¥11,656.00	
3	6	B5活页本	¥10.20	530	¥5,406.00	
4	5	活页本	¥8.90	540	¥4,806.00	
5	1	A5笔记本	¥14.60	320	¥4,672.00	
6	7	荧光笔	¥12.60	280	¥3,528.00	
7	4	活页夹	¥17.50	200	¥3,500.00	
8	3	中性笔	¥5.20	600	¥3,120.00	
9	8	可擦中性	¥6.50	320	¥2,080.00	
10	10	点点胶	¥5.60	190	¥1,064.00	
11	9	橡皮擦	¥2.30	420	¥966.00	
12						

图 5-40 排序

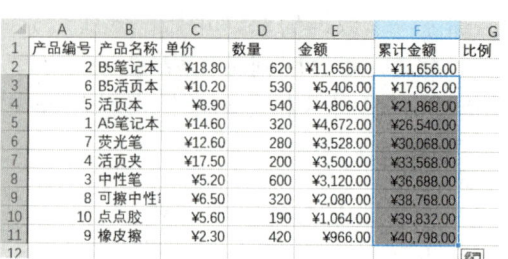

图 5-41 函数填充

（9）选择 G2 单元格，在编辑栏输入"＝E2/＄F＄11"，然后将函数填充到 F11。

（10）选择 H2 单元格，在编辑栏输入"＝G2"，选择 H3 单元格，在编辑栏输入"＝H2＋G3"，然后将函数填充到 F11。

（11）右击 G 列和 H 列，在弹出的快捷菜单中选择"设置单元格格式"命令，在打开的对话框中设置数值的小数位数为 2 位，确定后的效果如图 5-42 所示。

（12）根据累计比例对库存商品进行 ABC 分类，如图 5-43 所示。

F	G	H	I
计金额	比例	累计比例	ABC分类
¥11,656.00	0.29	0.29	
¥17,062.00	0.13	0.42	
¥21,868.00	0.12	0.54	
¥26,540.00	0.11	0.65	
¥30,068.00	0.09	0.74	
¥33,568.00	0.09	0.82	
¥36,688.00	0.08	0.90	
¥38,768.00	0.05	0.95	
¥39,832.00	0.03	0.98	
¥40,798.00	0.02	1.00	

图 5-42 设置小数点

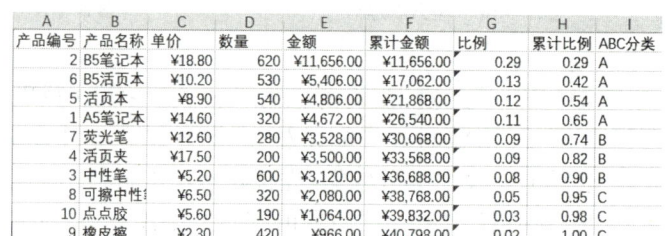

图 5-43 ABC 分类

（13）选中 G2:G11 单元格，单击"插入"选项卡中的"饼图"下拉按钮，在下拉列表中选择"三维饼图"选项中的"饼图"按钮。将图表移动到合适位置，并更改图表标题，在"图表样式"功能组中选择"样式 5"选项，如图 5-44 所示。

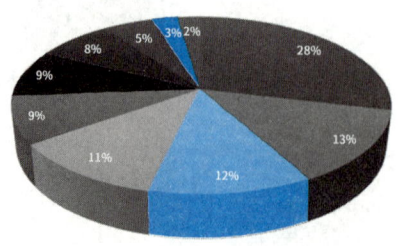

图 5-44 产品库存占比图表

 **课后习题**

一、单选题

1. 产品的搜索指数分析不包括(　　)。

A. 搜索词　　　　B. 长尾词　　　　C. 关键词　　　　D. 品牌词

2. 在产品交易指数中,包含的数据不包括(　　)。

A. 热销指数　　　B. 搜索次数　　　C. 市场排行　　　D. 品牌排行

3. 下列库存数据计算公式中错误的是(　　)。

A. $\text{库存天数} = \dfrac{\text{期末库存金额}}{\text{某一周期的日平均销售金额}}$

B. $\text{库存周转率} = \dfrac{\text{销售数量}}{\text{平均库存量}}$

C. $\text{折扣率} = \dfrac{\text{商品实销金额}}{\text{商品折扣价}}$

D. $\text{动销率} = \dfrac{\text{某段周期内有销售的 SKU 数}}{\text{期初库存的商品 SKU 数} + \text{期中库存的商品 SKU 数}}$

4. 在产品交易指数中,包含的数据不包括(　　)。

A. 热销指数　　　B. 搜索次数　　　C. 市场排行　　　D. 品牌排行

5. 下列对于可销售库存的说法,正确的是(　　)。

A. 可销售库存指的是电商网站前台显示的产品库存

B. 当库存数量小于订单产品数量时,则可以购买,消费者购买的库存会被预留,变为订单占用库存

C. 当库存数量大于订单产品数量时,即会提示消费者产品缺货,同时提醒商家补货

D. 可销售库存指的是当生成订单时,产品可用库存数量减少,相对的订单占用库存数量增多

二、多选题

1. 产品的生命周期主要有(　　)。

A. 使用期　　　　B. 投入期　　　　C. 成长期　　　　D. 衰退期

2. 在产品生命周期中的衰退期,产品特征正确的有(　　)。

A. 产品销售增高　　　　　　　　B. 产品的成本增高

C. 产品的利润增高　　　　　　　D. 市场中的竞品减少

3. 产品定价中的高价定价策略其特点的说法正确的有(　　)。

A. 在短期内可实现利润最大化

B. 可以为后续的价格下调留出空间

C. 产品本身不亏损,缺少对市场竞争情况的关注

D. 可以提高产品身价,激起消费者购买欲

4. 在电子商务中,影响产品定价的因素包括(　　)。

A. 产品成本　　　B. 市场需求　　　C. 领导决定　　　D. 商家喜好

5. 对于 ABC 分析法说法正确的有(　　)。

A. 又称帕雷托分析法

B. A 类占总销售额的 50%

C. B 类产品代表可以一般重要但价值最高的事物

D. C 类产品数量最多,但价值不大

三、判断题

1. 产品搜索指数越大,反映的搜索热度越高,等同于实际的搜索次数。 （　　）

2. 产品交易指数越高,代表支付的金额就越高,市场的交易热度越大。 （　　）

3. WMS(warehouse management system)是指订单管理系统。 （　　）

4. 库存天数是指商家将库存转化为销售所需的平均天数。库存天数并不是越多或越少越好,而是要维持在一个合理区间。 （　　）

5. 产品投入期阶段的产品销量低,促销费用较高。 （　　）

四、实践操作题

1. 对表 5-11 中的库存数量进行分析,并得出结论。

2. 产品需求分析需要深挖用户对产品的期待,请思考获取产品需求的渠道有哪些。

项目六

交易数据分析

 知识目标

- 了解商品交易数据和相关指标
- 掌握店铺销售数据分析和单品销售数据的分析
- 掌握订单物流数据的分析

能力目标

- 能够知道电子商务中各交易指标的含义
- 能够熟练掌握店铺销售数据的分析方法
- 能够熟练掌握商品的销售数据分析方法
- 能够对商品的物流数据进行分析

素养目标

- 要做好销售数据的采集、处理和分析,缺少不了科学合理的分析方案,要重视严谨的工作方法
- 国家保护个人、组织与数据有关的权益,鼓励数据依法合理有效利用,要依法合理使用数据

 知识导图

```
                                    ┌── 交易指标
                                    ├── 客单价
                     任务一  重点交易数据指标分析 ──┤
                                    ├── 转化率
                                    └── UV价值

                                    ┌── 销售数据认知
                                    ├── 销售数据分析指标
  交易数据分析 ──────── 任务二  销售数据分析 ──┤
                                    ├── 店铺销售数据分析
                                    └── 单品销售数据分析

                                    ┌── 订单状态概述
                                    ├── 物流体验
                     任务三  订单物流数据分析 ──┤  物流运费分析
                                    ├── 订单时效分析
                                    └── 异常物流分析
```

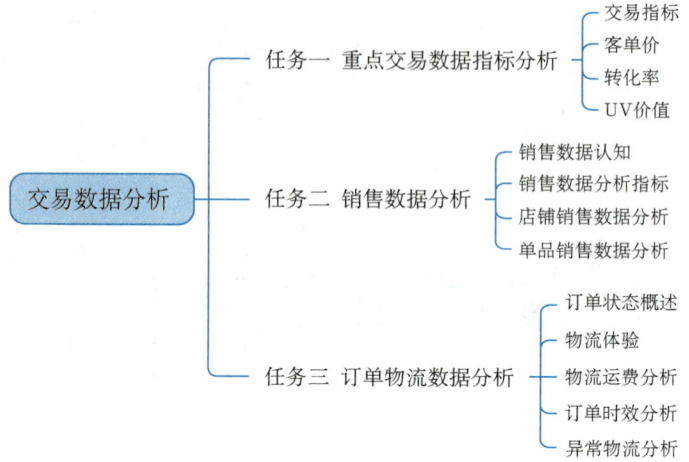

📖 项目导读

　　如今的电子商务已经全面融入我们的生产和生活的各领域中,成为人们提升生活品质和推动经济社会发展的重要力量。随着数字化经济的发展,电子商务作为数字经济中规模最大、表现最活跃、发展势头最好的新业态、新动能,衍生出了即时零售、平台电商(淘宝、京东、拼多多)、内容电商(小红书、抖音、快手)、社区团购等新业态,无人零售、大规模定制、小程序电商等新消费场景不断涌现。

　　不同的电子商务消费平台既为商品的销售提供了更广阔的渠道,又为消费者提供了层次丰富、形式多样的消费选择,这也使得越来越多的商品和服务的交易呈现在互联网上。

　　电子商务中的交易数据包括了商品在销售过程中所产生的一系列数据,包括店铺销售数据、商品销售数据、订单物流数据等,这也是本项目将要重点介绍的内容。

任务一　重点交易数据指标分析

 引入案例

　　由"中华老字号"企业山西省平遥牛肉集团有限公司生产的冠云平遥牛肉,屡获"山西省著名商标""山西省标志性名牌产品"等荣誉,并跨入了"中国驰名商标"的行列。由该集团自营的冠云平遥牛肉旗舰店是一家专门售卖平遥牛肉的天猫店铺,如图 6-1 所示。

　　"双十一"活动过后,该公司组织了一次会议复盘,重点结合店铺的销售数据来分析店铺的客单价、交易人群、转化率等各数据,准备通过这些数据来准备后面的"好价节"活动。

图 6-1　冠云平遥牛肉旗舰店

在会议中,运营经理给大家看了最新发布的《2023 年中国电商"双十一"消费大数据监测报告》数据,里面对 2023 年"双十一"活动的消费人群、各电商平台占有率、成交总额等进行了盘点。其中 2023 年参与"双十一"活动的消费者年龄集中在 26~40 岁,占比76%,收入在 5 001~15 000 元的消费者居多,主要集中在一线城市、新一线城市及二线城市,如图 6-2 所示。其中 52.4%的消费者因"双十一"价格优惠而参与本次活动;70.5%的消费者通过直播电商购物。

因此,运营经理认为在进行后面的活动策划过程中,可以针对这些交易人群来进一步优化促销活动,以提高活动的吸引力和消费者的满意度。

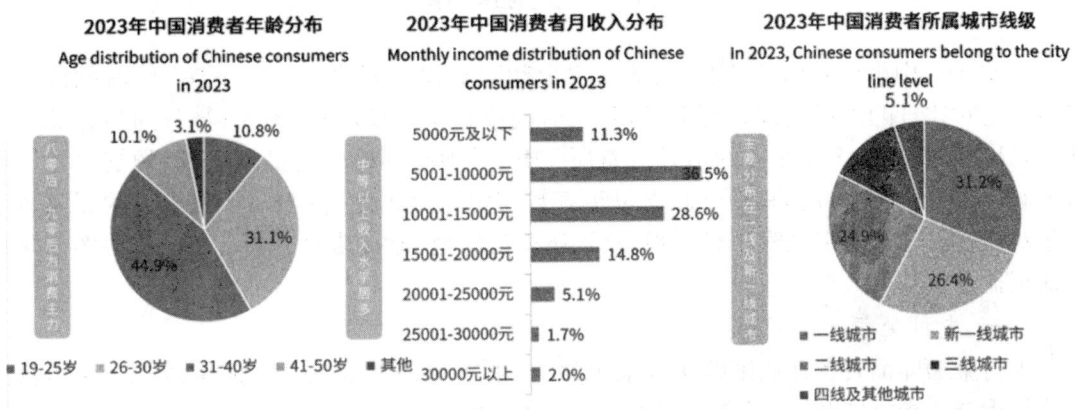

图 6-2　2023 年"双十一"活动的消费者分布

 相关知识

一、交易指标

电商本质上是一种零售交易模式,只是借助了互联网将交易效率提升,且当下也衍生了更多垂直细分领域、更丰富的电商形态,每一种形态侧重的核心指标会有所差异;企业在不同时期所侧重的核心指标也会有所不同,因此核心指标不能一概而论。

图 6-3 为某天猫店铺生意参谋中的交易指标数据,在趋势图中可以看到支付金额、访客数、支付订单数、支付买家数在所有终端的当前数据与对比日数据的对比趋势,其中对比日可以任意选择当月的某一个日期。

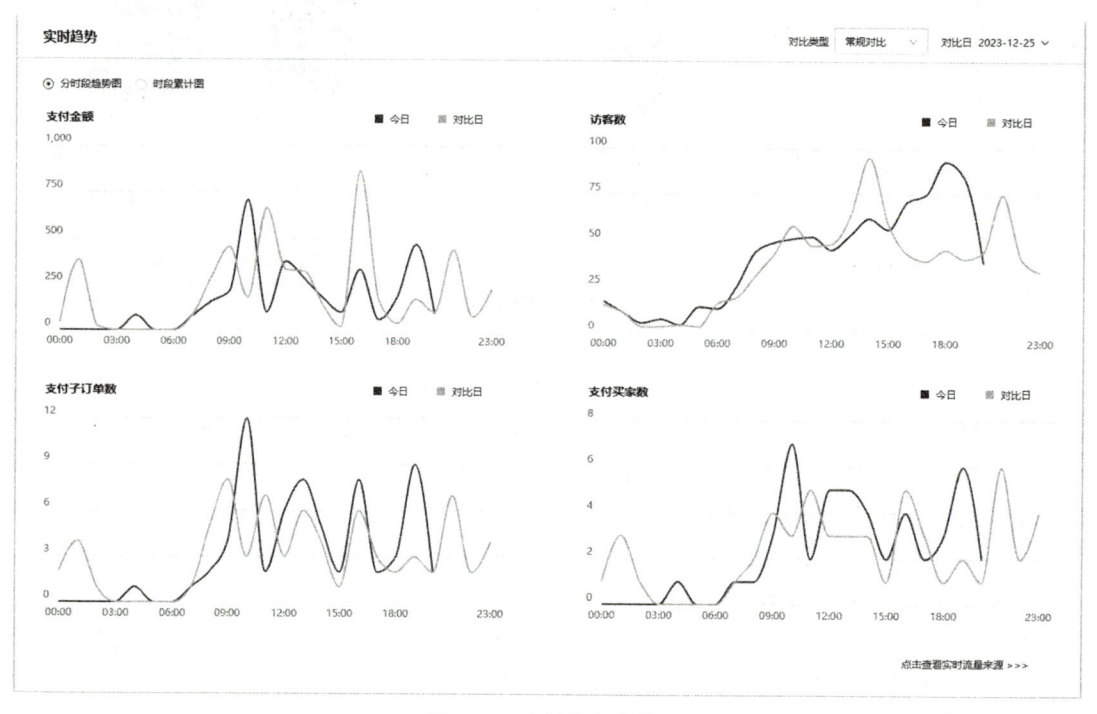

图 6-3　交易指标数据

从图 6-3 中可以看出,店铺当前的支付金额与对比日相比,15:00～18:00 时间段的支付金额比对比日的支付金额有所下降,其余时间段趋于平稳,差距不大;当日的访客数与对比日相比,当日在 18:00 左右的访客数有所上升,其他时间段较为平稳;当日的支付子订单数与对比日相比,有一定的上升;而支付买家数与对比日相比,在 18:00 后支付的买家数要高于对比日。通过图中观察不难发现,除了访客数的趋势图,其他三个指标的趋势图变化都是成正比的。

(一)支付金额

支付金额即消费者在店铺购买商品或服务,所支付的总金额。店铺所做的一切运营活动均是围绕此指标展开,支付金额直接反映了店铺的营运状态。

以淘宝为例,其中的支付金额是指买家拍下并成功支付的订单金额汇总,但是未剔除退

款金额。其统计逻辑为：

（1）预售订单未支付尾款时定金部分不计入统计，付清尾款后（定金＋尾款）计入付尾款当天支付金额统计；

（2）不会剔除售中及售后退款金额；

（3）会剔除天猫 U 先、lazada、门店线下 O2O 交易、跨境海外转运单等订单金额；

（4）部分特殊业务不统计在内，如 88VIP 会员卡、盒马、淘票票、新零售等；

（5）运费、购物金（充值和购物时会双次计入）、补差价专用订单会被包含在支付金额内，而优惠券、品类券、红包不会被包含在支付金额内。

知识补充

不同的电商平台其交易金额的统计方式都不一样。例如，京东平台的计算方法为：成交金额＝优惠前金额（后台京东价×商品数量）－商品优惠金额（单品促销优惠金额＋满减满送优惠金额＋套装促销优惠金额＋团购促销优惠金额）＋运费＋全球购税费＋服务费。成交订单指在线付款支付成功的订单和货到付款下单成功的有效订单，不包含售后和 1 号店订单。

因此，在统计交易数据的过程中最好对不同的电商平台的交易金额分别统计。

（二）支付订单数

支付订单数是指在店铺下单并成功支付的订单数量。一个订单里的商品种类和数量是不固定的，有时一个订单仅包含一种商品，有时一个订单会包含多种商品。一个订单里的同一种商品件数也不固定。

（三）支付买家数

在电商平台上，支付买家数是一个非常重要的指标，它反映了平台的交易活跃度和用户购买力。支付买家数是指在店铺下单并成功支付的消费者。支付买家数越多，支付金额就越高（对同一店铺同一商品而言）。需要注意的是一般支付买家数会去重，也就是说无论一个消费者购买了多少商品，都只统计为一个买家。例如，买家在某个店铺当天 A 商品支付一单，B 商品支付一单，或者购买 A 商品多个 SKU，都只算一个支付买家数。

二、客单价

客单价（average order value，AOV）可以帮助商家了解消费者的消费习惯和购物行为，也可以作为评估营销活动效果和提升销售额的性能指标。

（一）客单价概念

客单价是指每个订单的平均交易金额，店铺客单价越高，支付金额就越高，其计算公式为：

$$客单价＝总成交额÷支付买家数$$
$$销售额＝支付买家数×客单价$$

其中，总成交额是指某个时间段内所有订单的销售金额之和；支付买家数是指该时间段内完成的所有订单数量。在计算客单价时，需要排除掉退货退款等无效订单，并且要针对不同的时间段和产品类别进行分析，以获取更有意义的数据。

通常来说，客单价是按订单数量来计算的，且一个订单里可以包含多个商品。例如，一个订单中有 5 个商品，该订单的总销售额是 500 元，如果该订单是店内某一时间段内的唯一订单,那么该时间段的店铺客单价就是500元。图6-4为某店铺按月统计的客单价数据,可以看出店铺买家构成中55元以上的客单占比最大,其次是0～35元。

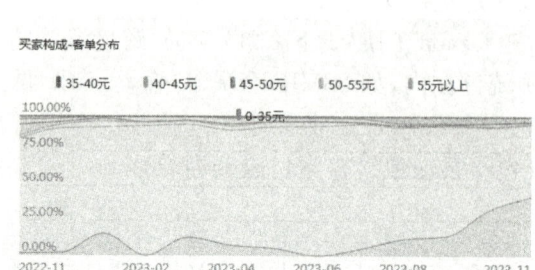

图 6-4　某店铺按月统计的客单价数据

知识补充

客单价是随着时间的变化而变化的,脱离时间段限制的客单价指标是没有任何意义的,因此在计算客单价的过程中要考虑"在一定的时间段范围内"。

（二）影响客单价的因素

影响客单价的最主要因素包括产品定价、关联营销、促销活动、商品类目的广度、商品类目的深度、品牌影响力等。

1. 产品定价

产品定价是影响客单价最重要的因素,产品价格的高低直接决定了客单价的高低。一般来说,定价高的商品通常代表更好的品质、更优的服务,可以吸引更多的高端消费者,从而提升客单价和店铺销售额。但要注意的是客单价高会让对价格敏感的消费者望而却步,从另一层面导致客单价降低。

大多数消费者在购买商品时,会更偏好价格差距不太大,但质量更好的商品。那么在用户消费能力允许且个人意愿相差不大的情况下,商家可以推出更高品质、更高价位的产品,这样在无形中也可以引导消费者的消费升级。

图 6-5　关联营销

2. 关联营销

关联营销是指通过向消费者推荐关联商品,吸引消费者对店铺其他商品的兴趣,并最终使其购买多种商品的营销行为。关联营销可以起到引流的作用,对提升客单价、复购率、转化率都有一定的作用,其位置一般会在商品详情页上方显示店铺推荐的相关购买套餐,同时加入商品的页面链接。目前许多电商平台会通过大数据算法,将关联商品的推荐放进首页、搜索页、商品详情页、购物车页、订单页等各种页面中。图6-5为店铺详情页中的关联推荐和店铺详情页上方的关联推荐。

3. 促销活动

对于消费者来言,肯定都希望在网购的时候能以一个较低的价格购得一个同品质的商品。淘宝一年的促销活动不低于 20 次,基本每一个月都会有一次促销活动,且有时一个月还不止一个活动。在促销期间,商家通常会提供折扣、满减、赠品等优惠活动,来吸引消费者增加购买量,这样不仅仅能够提升销售额,也能提高客单价。

例如,在"6·18""双十一"等大促期间,消费者通常会为了达到优惠条件而增加购买量。图 6-6 的商品价格券后为 74 元,而为了达到每 200 元减 30 元的优惠条件,多数消费者会选择凑单,可以跨店凑单也可以同个店铺凑单,这里用同个店铺内的商品凑单后,两个商品的价格都会更划算,之前券后 74 元的商品在凑单后只需 55.39 元。

图 6-6　促销活动中的满减

4. 商品类目的广度

商品类目的广度是指店铺经营的不同商品类目的种类多少。一般来说,一家店铺不可能只经营一个款式的商品,通常都会经营的多种款式的商品,店铺经营的商品类目广度越广,消费者的选择余地就越大。例如,一家卖服装的店铺,其商品类目一般都会有外套、连衣裙、衬衫、卫衣等,如图 6-7 所示。而商家对不同类目的商品进行有效搭配或关联营销,也能在最大程度上提升人均购买件数,进而提升店铺的客单价。

图 6-7　女装店铺的商品广度

5. 商品类目的深度

商品类目的深度是指一个商品下的 SKU 数量。例如，一双鞋子，有 2 种颜色，每种颜色又有 6 个码数，那么这款鞋子所对应的 SKU 就有 12 个。

消费者在搜索相关商品时，在搜索页看到的商品价格为 19 元，点击进去后发现宝贝每个 SKU 的价格不一样，通过对比发现，29 元或者是 39 元的套餐价格更加优惠，这时消费者也有极大可能选择价格高的套餐购买，从而提高客单价。

6. 品牌影响力

品牌影响力是指品牌影响用户选择的能力，包括知名度、美誉度、忠诚度等，它是影响客单价的因素之一。在市场上知名度高的品牌往往有着更好的产品质量和服务质量，因而能够吸引更多的消费者，提高客单价。除此之外，消费者在面对缺乏替代品的品牌时，通常会愿意为所购买的商品支付更高的价格，因此品牌垄断也能让商家提高客单价。

三、转化率

转化率是指在一定时间范围内，完成转化行为的次数占推广信息总单击次数的比率。其计算公式为：

图 6-8 天猫店铺转化率

$$转化率＝\frac{下单人数}{总的访客数}×100\%$$

例如，有 1 000 人访问网站，其中 60 人进入了店铺，浏览了店铺中的某个商品，但最终只有 5 人购买该商品，那么该商品的转化率＝5÷60×100%≈8.33%。

电子商务中的转化率直接关系到企业的盈利能力，决定了企业的销售额和利润。同时，转化率也是电商平台网店经营效果的重要指标，反映了店铺的用户体验、页面设计、产品定价等方面的优劣。图 6-8 为某天猫店铺按月统计的转化率数据直方图。

> **素养点拨**
>
> 不同的行业、不同的产品其转化率是不一样的，因此，在判断店铺或产品转化率的过程中不能一味地套用公式，而是要针对自己的店铺或产品去观察最精准的店铺转化率。

四、UV 价值

将 UV 价值拆分来看，UV（unique visitor）是访客，价值是访客所带来的贡献，UV 价值就是平均每个进店的访客产生的价值。例如，该产品的销售额为 500 元，该产品链接有 10 个访客，就意味着平均每个访客能带来 50 元的销售额，UV 价值就是 50。其计算公式为：

$$UV 价值＝\frac{销售额}{访客数}$$

$$销售额＝访客数×转化率×客单价$$

$$UV价值＝转化率×客单价$$

从上面公式可以看出，UV价值跟转化率和客单价息息相关，高转化和高客单能带来更大的UV价值。图6-9是天猫平台一个饮料类目30天的行业流量趋势图，选中UV价值，可以看到12月11日该店铺自己的UV价值是11.81，同行同层的优秀UV价值是37.37，同行同层平均UV价值是7.92。我们要做的是通过提升转化率和客单价尽量将UV价值往同行同层的优秀UV价值上靠。

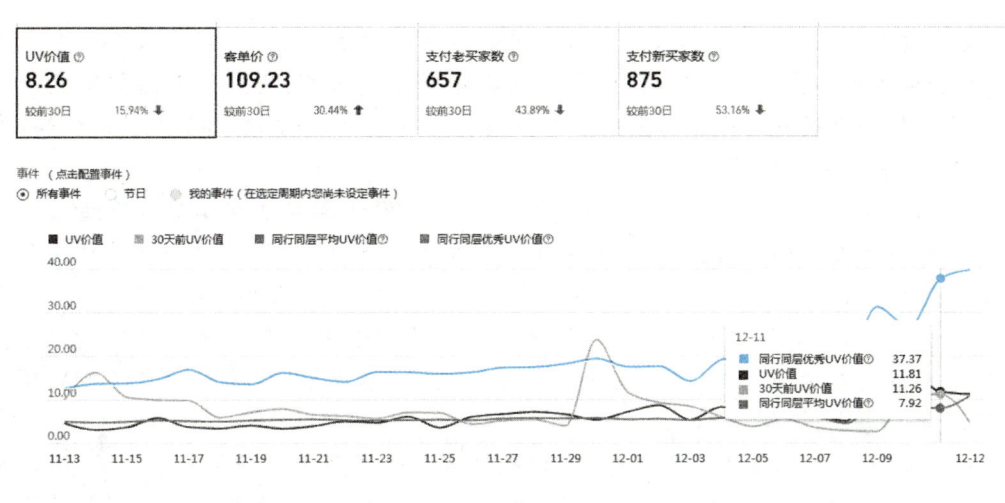

图6-9 UV价值趋势图

知识补充

值得注意的是，不同的电商平台UV价值的算法是不一样的。例如，京东平台的UV价值＝$\dfrac{下单金额}{访问数}$，图6-10为京东平台中店铺30天的UV价值趋势图。

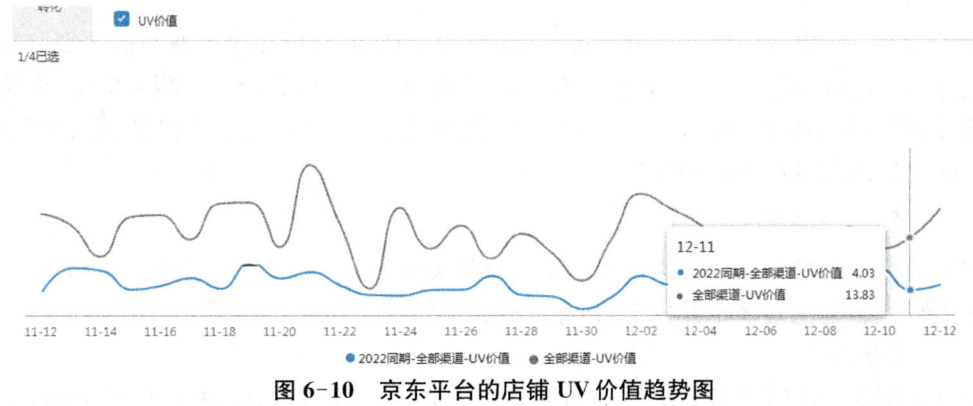

图6-10 京东平台的店铺UV价值趋势图

任务二　销售数据分析

引入案例

小彭最近入职了一家新公司,该公司主要是做食品饮料类目的,目前只有一家天猫店铺。老板告诉小彭,最近的店铺里面的主推商品销量不是很好,而且该赛道同行竞争非常大,需要小彭做一个提升该产品销量的具体方案。在这期间,小彭查阅了大量的资料,发现可以参考某品牌创建的爆款零食案例。

经查询,该品牌在 2019 年推出了爆款零食 A,在 2021 年年底年销售额就超过了 7 亿元,占该品牌整体营收的近八成,复购率超 30%。有相关数据显示,该品牌已连续 4 年在零食领域中销售额第一,其超级单品零食 A 的热销超过 5 亿份。据 2023 年的"6·18"战报显示,整个大促期间,该品牌在天猫平台获得肉类零食 TOP1、鸡肉类零食 TOP1 的成绩。不仅如此,该品牌还在休闲零食大类品牌销售榜位居第六,较 2022 年提升 2 名,GMV 同比增长 30%,稳居天猫零食第一梯队。

创业初期,该品牌就采取大单品策略,把拥有的营销资源大部分投入零食 A,快速抢占"细分品类=品牌"的市场认知。虽然保留其他产品线,但"卖而不推",靠品牌溢出的自然流量售卖。根据品牌的单品案例,小彭提交了一份单品营销方案给老板,老板看了后非常满意,让小彭就暂时按照这个策略去推广店铺内的主要商品。

相关知识

一、销售数据认知

电子商务平台中的销售数据分析包括店铺整体的数据分析和单个商品的数据分析。通过数据分析,企业可以深入了解消费者的行为、喜好和需求,从消费者的购买历史、浏览记录到搜索关键词,数据分析可以将这一切汇聚成庞大的信息系统,为企业提供独到的洞察,使他们能够更好地满足消费者的期望。

二、销售数据分析指标

销售数据分析是企业了解该行业市场表现的关键工具,通过分析关键指标和趋势,企业可以更明智地制定销售策略并找出需要改进的领域。

（一）流量指标

在电子商务中的流量就是浏览量和访客数。流量数据是电商数据中的核心数据,主要的指标包括浏览量、访客数、跳失率、人均浏览量、平均停留时长等。图 6-11 为天猫某店铺 30 天的店铺流量总览。

（1）访客数(unique visitor, UV):是指在一定周期内用户访问店铺的去重人数,一台电

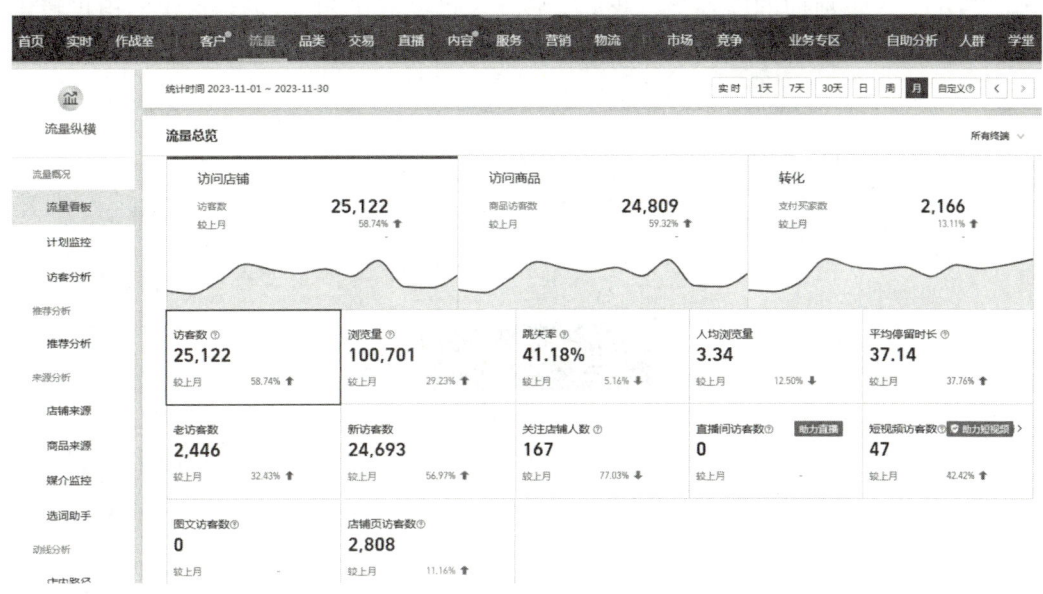

图 6-11 天猫店铺的流量总览

脑为一个独立的访问人数。一般以天为单位来统计 24 小时内的 UV 总数,一天内重复访问的只算一次。访客数又分为新访客数和老访客数。新访客数是指用户首次访问店铺的用户数,而不是最新访问页面的用户数;老访客数就是再次访问店铺的用户数。

知识补充

用户访问店铺可以包括观看店铺自播直播间、观看自制全屏页短视频 3 秒及以上、浏览店铺自制图文 3 秒及以上、浏览全屏微详情、访问宝贝详情页及店铺其他页面等。

(2)浏览量(page view,PV):也就是常说的访问量,是指在一定周期内买家访问店铺的次数,访客每访问一个页面算一个浏览量。浏览量统计以次数为单位,即同一访客多次查看店铺例如上午一次、下午一次,浏览量计为 2。

(3)跳失率:是指访客进入店铺后,没有发生点击行为(指购买、收藏、加购、点击评价、点击问大家、点击超链接等行为)的人数占访客数的比例,即 $1-\dfrac{\text{点击人数}}{\text{访客数}}$。跳失率是反正店铺流量的重要指标,跳失率低说明流量越好,访客对店铺中的产品越感兴趣。

(4)人均浏览量:是指每个访客平均在店铺浏览的页面,也可以理解为在店铺中浏览的宝贝数量,即总浏览量/总访客数。人均浏览量越高,说明用户在店铺浏览的页面越多,查看的产品数量就越多。

(5)平均停留时长:所有访客在店铺停留的时间总和除以总的访客数,计算后所得出来的时间就是平均停留时间。平均停留时长越长越好,停留时间越长,说明访客对店铺内的商品更感兴趣,购买的几率就越大。

(二)销售转化指标

销售转化指标一般包括购物车类指标、下单类指标、支付类指标和交易类指标,如

图 6-12 所示。经过前面的内容学习我们对转化率已经有了初步认识,这里的销售转化指标是指用户注册、收藏、下单、付款、参加营销活动的这些动作,是电商销售数据分析指标之一。

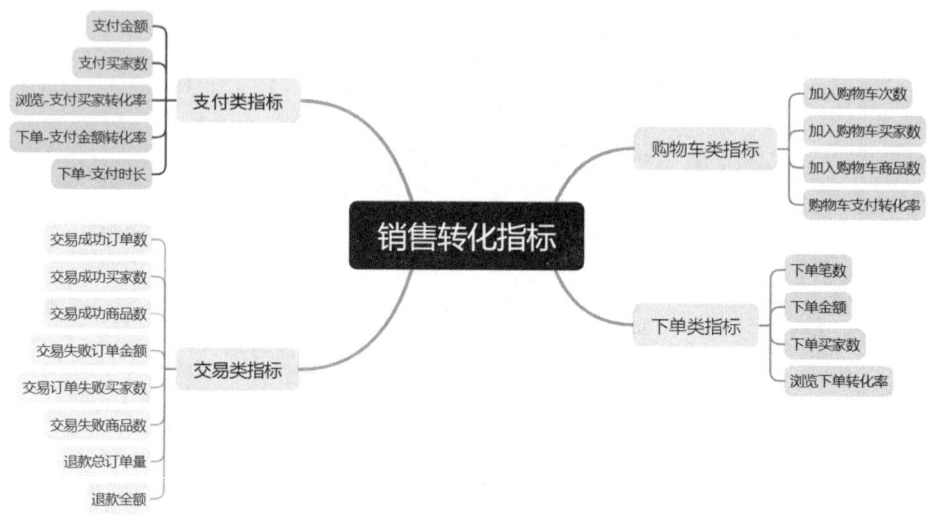

图 6-12　销售转化指标

一般我们提到的转化率是指成交转化率,即成交用户数除以总访问数。成交转化率又可以细分为全网转化率、类目转化率、品牌转化率、单品转化率、渠道转化率和事件转化率等各个维度的转化率。

（三）用户指标

用户指标主要用于对用户价值进行分析,从中找出有价值的用户,以实现精准营销。这些指标可以帮助企业了解用户的忠诚度和购买能力等,从而制定相应的用户管理策略和营销活动。用户指标如图 6-13 所示。

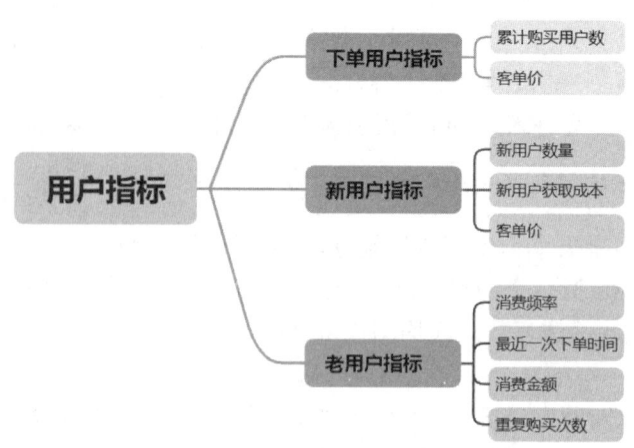

图 6-13　用户指标

（四）产品类指标

产品类指标是指主要用于衡量和评估企业在不同商品类别中的销售和业绩表现的指

标,如图 6-14 所示。这些指标可以帮助企业了解不同商品的销售情况、市场需求,以及产品
策略的有效性。

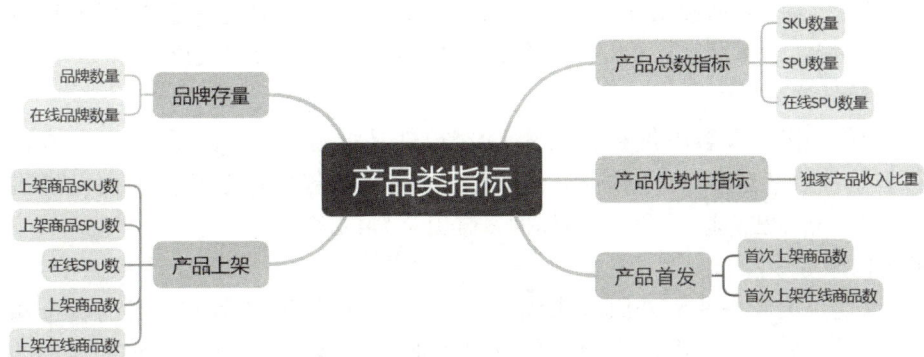

图 6-14　产品类指标

(1) 库存量单位(stock keeping unit,SKU),即库存进出计量的基本单元。SKU 是一种唯一的编码或标识符,用于区分不同的产品变种或规格,通常与库存管理和销售跟踪有关。

(2) 标准化产品单元(standard product unit,SPU),是将多个相似产品变种汇总为一个整体商品实体的标识,帮助用户更轻松浏览和比较商品。简单来说,就是一个 SPU 可能有不同的规格,称为多规格商品,由若干个规格属性共同定义。

知识补充

在电商平台的商品列表中,有两种商品展示方式,一种是展示 SPU 维度,如淘宝,可以便于用户在广泛的选择中浏览和比较不同品牌和型号;另一种是展示 SKU 维度,如京东,即用户在前台看到的都是 SKU,系统将一条商品数据以具体的 SKU 储存,赋予其具体属性,点击商品后会以 SKU 形成一个链接,其商品编码也会一样,如图 6-15 所示。

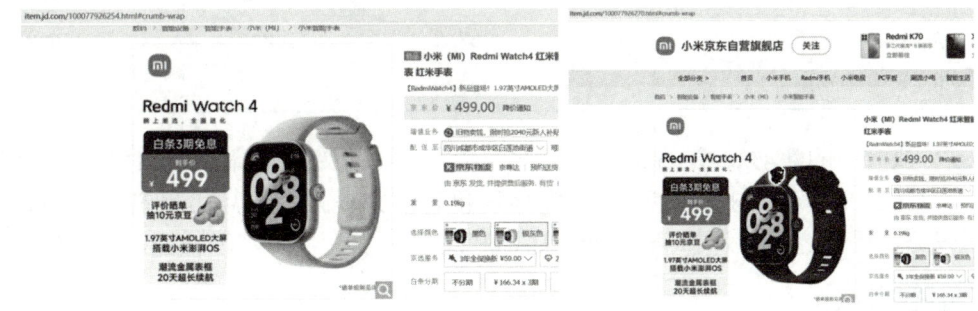

图 6-15　京东的 SKU 商品展示

除了以上介绍的比较重要的指标,有时还会包括市场竞争指标、评价类指标、营销活动指标等。店铺经营的类目不同,其侧重点也会不同,因此在实际的销售数据分析中,要学会具体问题具体分析。

三、店铺销售数据分析

店铺销售数据分析是指通过对店铺的相关数据进行统计、分析和解读,深入了解店铺的经营情况,并基于这些数据做出相应的改进措施和决策支持。店铺销售数据分析可以帮助企业掌握销售情况、了解顾客需求、优化商品管理等,是成功经营的关键。

（一）客单价数据分析

店铺的销售额离不开客单价和客流量,而客单件是影响客单价的重要指标,在流量相同的情况下,客单件数量越多,客单件就越高,相对的店铺销售额就越高。前面已经讲解了客单价的概念和计算方法,这里主要介绍如何来提升店铺的客单价。

1. 多元化服务

店铺可以通过设置一些额外服务来引导消费者下单,如设置满足一定消费金额或消费数量后可以享受的服务。在电商平台比较常见的服务有:对一些纪念品或首饰类的商品可以提供"免费刻字"服务;对一些需要安装的商品可以提供"满额上门安装"服务等。这些额外的多元化服务旨在引导用户多买多享。

2. 促销活动

在电商平台比较常见的促销活动有满 X 件 X 折、SKU 销售套餐等形式,在适当的时间运用合适的促销活动,可以激发消费者下单多件,从而提升客单价。

（1）满 X 件 X 折。例如,某女装店铺在"双十一"期间的促销活动,店铺所有商品任意组合"满 2 件 9 折""满 3 件 8 折",经过测算商品组合后的客单价数据,如表 6-1 所示。

表 6-1　某店铺套餐活动数据测算　　　　　　　　　　　　　　　　单位:元

商品名称	客单价	成本	利润
白色复古衬衫	235	127	108
V 领羊毛马甲	214	103	111
黑色中长款直筒裙	173	65	108
满 2 件 9 折（衬衫＋马甲）	404.1	230	174.1
满 2 件 9 折（衬衫＋裙子）	367.2	192	175.2
满 3 件 8 折（衬衫＋马甲＋裙子）	497.6	295	202.6

经过一段时间的活动后,发现消费者对此类套餐活动接受度较高,多数消费者或选择搭配购买。而从表 6-1 数据中可以看出,2 件套餐和 3 件套餐大大提高了单笔支付的订单金额,这不仅可以提升客单价,同时还提升了店铺利润。

知识补充

促销活动有多种方式,如"满 3 件包邮""第 2 件 6 折"等,每一种促销方式都有利有弊,商家要根据自身产品所处类目来选择合适的促销方式来提升客单价。

（2）SKU 销售套餐。为了提升客单价,同时让消费者在购物时能有多种选择,店铺通常会根据不同的人群属性来设置不同的套餐。图 6-16 为某洗护店铺的商品套餐,通过 SKU 销售套餐可以有效提高单笔订单的客单价。

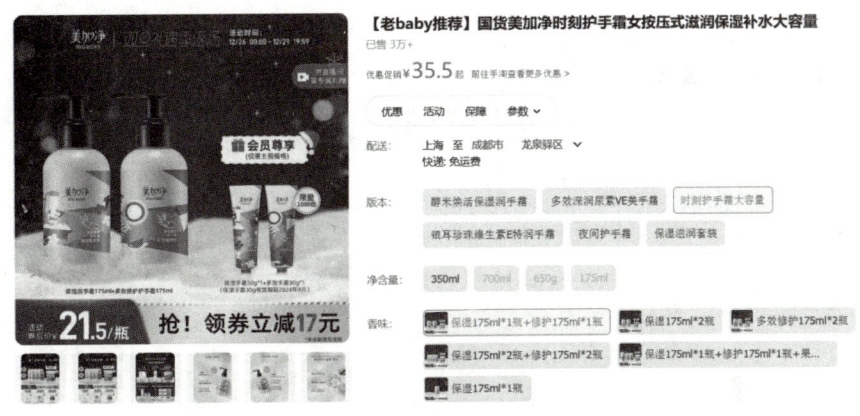

图 6-16　SKU 销售套餐

3. 商品详情页关联营销

在商品详情页适当的位置来增加与当前商品相关的互补商品也可以有效提升客单价。例如,女装店铺可以将衬衫和裙子搭配好进行展示,消费者在浏览当前商品详情页时,同时看到模特上身的另一件关联商品,可能会对关联商品感兴趣,从而下单购买这两件商品。

例如,一家家居服店铺 10 月份对单件上衣和单件裤装进行了客单价数据进行了统计,如表 6-2 所示;11 月份将上衣和裤装关联营销的客单价数据进行了统计,如表 6-3 所示。

表 6-2　单件营销数据统计

测试时间	测试方式	测试商品	测试数据					
			时长/天	PV/次	UV/人	成交人数/人	成交金额/元	客单价/元
10 月	单件营销	短袖上衣	1	189	123	3	267	89
			7	652	421	12	1 068	89
			15	1 652	965	32	2 848	89
			30	2 356	1 452	51	4 539	89
		裤装	1	213	156	5	395	79
			7	1 056	684	16	1 264	79
			15	2 143	1 236	25	1 975	79
			30	3 685	2 012	38	3 002	79

表 6-3　关联营销数据统计

测试时间	测试方式	测试商品	测试数据					
			时长/天	PV/次	UV/人	成交人数/人	成交金额/元	客单价/元
11 月	关联营销	短袖上衣	1	176	165	6	534	89
			7	1 023	562	24	1 068	168

（续表）

测试时间	测试方式	测试商品	测试数据					
			时长/天	PV/次	UV/人	成交人数/人	成交金额/元	客单价/元
11月	关联营销	短袖上衣	15	2 013	1 023	42	3 738	89
			30	3 256	1 789	68	11 424	168
		裤装	1	412	210	8	632	79
			7	1 532	865	21	1 659	79
			15	2 856	1 658	53	8 904	168
			30	4 125	2 698	72	12 096	168

可见，将商品关联营销搭配起来，可以有效提升商品的访问深度，同时为相关商品带来更多的流量，使得店铺的客单价有了一定提升。

4. 客服推荐

消费者在购物时，常常会对商品的尺寸、大小等带有疑虑，这时会选择咨询店内客服。客服可以通过与消费者的有效沟通来影响其购买决策，在为其解惑的同时合理地推荐其他商品，从而提升店铺的客单价。

（二）SKU 销售数据分析

SKU 销售数据分析是基于单品进行的，分析的内容一般包括 SKU 定价是否合理、商品属性是否符合用户偏好、SKU 结构是否合理、用户行为偏好和销售趋势等。对商品 SKU 销售数据进行分析主要从收藏转化率、加购转化率、支付转化率、支付金额等维度出发。

表 6-4 为某店铺的某个商品 SKU 销售数据。

表 6-4　某个商品 SKU 销售数据

商品名称	访客数/人	支付金额/元	支付件数/件	支付买家数/人	加购件数/件	加购人数/人	收藏人数/人
中性笔 3 支黑色	132	231	23	12	12	8	6
中性笔 6 支黑色	165	265	42	21	21	16	12
中性笔 3 支蓝色	112	189	21	16	8	6	7
中性笔 6 支蓝色	147	176	16	18	14	11	13
中性笔 3 支红色	116	126	24	12	11	9	10
中性笔 6 支红色	165	147	14	17	18	12	11
中性笔组合 6 支（黑 2 支＋蓝 2 支＋红 2 支）	302	565	65	42	36	22	25

根据表 6-4 中的数据来计算转化率，其中收藏转化率$=\dfrac{\text{收藏人数}}{\text{访客数}}\times100\%$；加购转化率$=\dfrac{\text{加购人数}}{\text{访客数}}\times100\%$；支付转化率$=\dfrac{\text{支付买家数}}{\text{访客数}}\times100\%$。该店铺套餐活动转化率测算结

果如表 6-5 所示。

表 6-5　某店铺套餐活动转化率测算

商品名称	加购转化率	收藏转化率	支付转化率
中性笔 3 支黑色	6.06%	4.55%	9.09%
中性笔 6 支黑色	9.70%	7.27%	12.73%
中性笔 3 支蓝色	5.36%	6.25%	14.29%
中性笔 6 支蓝色	7.48%	8.84%	12.24%
中性笔 3 支红色	7.76%	8.62%	10.34%
中性笔 6 支红色	7.27%	6.67%	10.30%
中性笔组合 6 支 （黑 2 支＋蓝 2 支＋红 2 支）	7.28%	8.28%	13.91%

　　为了便于观察支付金额与转化率之间的关系，将表 6-5 中的数据转化为柱状折线组合图，如图 6-17 所示。从图 6-17 中可以看出，支付金额的高低与转化率高低并没有直接的关系，其中"中性笔组合 6 支"的支付金额较高，加购转化率、收藏转化率和支付转化率都呈上升趋势，说明该 SKU 商品比较受欢迎，可以考虑增加库存；"中性笔 3 支蓝色"的支付转化率较高，但是支付金额不高，可以考虑通过优化主图视觉来增加访客数。

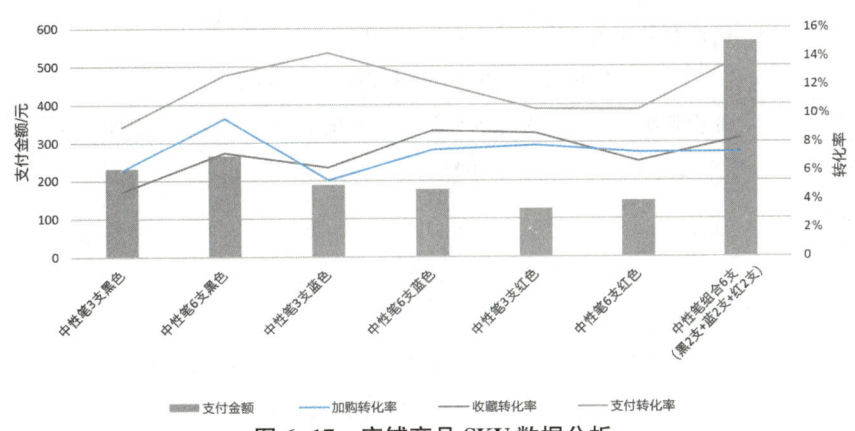

图 6-17　店铺商品 SKU 数据分析

（三）毛利率分析

　　毛利是指店铺销售收入扣掉销售成本后的利润，是衡量一个商品是否值得继续售卖的指标，同时也反映企业的成本控制是否健康完善。毛利率是指商品毛利润占销售额的百分比，可以用来衡量产品价值指标，其计算公式为：

$$毛利率 = \frac{销售收入 - 销售成本}{销售收入} \times 100\%$$

$$毛利率 = \frac{不含税售价 - 不含税进价}{不含税售价} \times 100\%$$

$$毛利率 = \left(1 - \frac{不含税进价}{不含税售价}\right) \times 100\%$$

影响产品毛利率的因素主要是产品销售成本和产品销售收入,因此对产品毛利率的分析应该从这两个方面入手。

1. 产品销售成本分析

产品销售成本包括产品的生产成本、运输成本、仓储成本、损耗成本、推广成本、固定成本等,在售价不变的前提下,一个产品的成本越高,相对的利润就越低。下面对几个比较重要的成本进行介绍。

1) 商品成本

商品成本在总成本中是占比最大也是最关键的部分之一,包括进货成本或生产成本、运输成本、损耗成本等。商家在运营店铺的过程中,关于成本的预测、分析、决策和控制都是必不可少的,而决策和控制是建立在对商品成本已有数据的研究上。

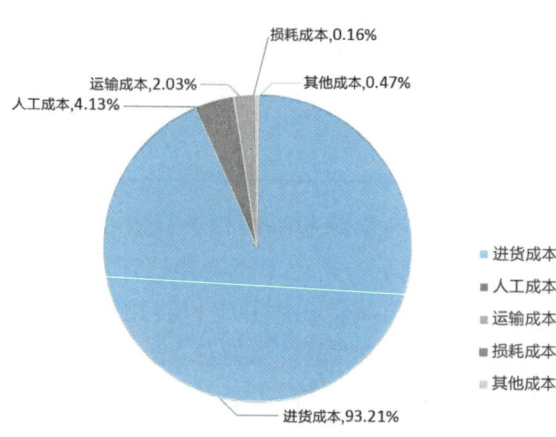

图 6-18 店铺商品成本占比

例如,某店铺主营儿童玩具,80%的货源都来自本地批发市场,20%的货源来自1688采购批发电商平台,其店铺商品的成本占比如图 6-18 所示。

假设该店铺这次进货的商品总成本为 8 800 元,那么两种不同的进货方式相对应的商品成本如表 6-6 所示。

表 6-6 不同进货方式相对应的商品成本

单位:元

进货渠道	进货成本	人工成本	运输成本	损耗成本	其他
当地批发市场	6 561.984	363.44	—	—	41.36
1688 采购批发电商平台	1 640.496	—	178.64	14.8	

其中从当地批发市场进货:

$$进货成本 = 8\ 800 \times 93.21\% \times 80\% = 6\ 561.984(元)$$

$$人工成本 = 8\ 800 \times 4.13\% = 363.44(元)$$

$$进货成本消耗率 = \frac{363.44}{6\ 561.984} \times 100\% = 5.54\%$$

其中从 1688 采购批发电商平台进货:

$$进货成本 = 8\ 800 \times 93.21\% \times 20\% = 1\ 640.496(元)$$

$$运输成本 = 8\ 800 \times 2.03\% = 178.64(元)$$

$$损耗成本 = 8\ 800 \times 0.16\% = 14.8(元)$$

$$进货成本消耗率 = \frac{178.64 + 14.8}{1\ 640.496} \times 100\% = 11.75\%$$

从这两种进货方式来看从当地批发市场进货的成本消耗率为 5.54%,而从 1688 采购批发电商平台进货的成本消耗率为 11.75%,从而可以得出结论:从本地批发市场进货更可以节约成本,可以相对减少在 1688 采购批发电商平台进货量。

2）推广成本

以淘宝店铺为例，最常见的推广方式为直通车、万相台、淘客等，表 6-7 为某店铺 30 天的付费推广成本、成交金额、利润、成本利润率等数据统计。

表 6-7　某店铺推广成本等数据　　　　　　　　　　　　金额单位:元

推广方式	推广成本	成交金额	利润	成本利润率
直通车	599	869.68	270.68	45.19%
万相台	399	663.54	264.54	66.30%
淘客	299	363.21	64.21	21.47%

为了便于观察，可以将表 6-7 转化为柱形折线图，如图 6-19 所示。

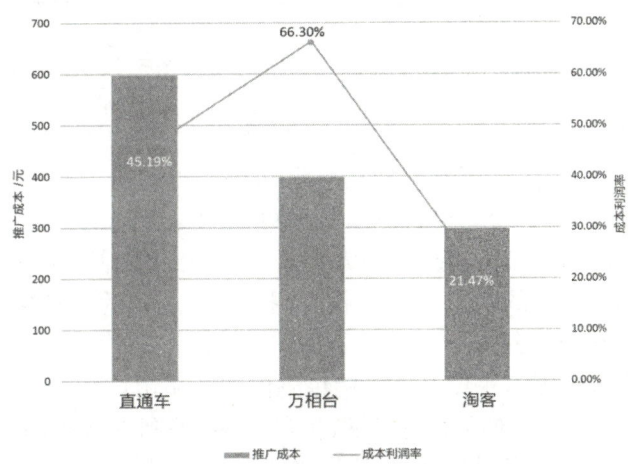

图 6-19　推广成本和成本利润率

从图 6-19 中可以看出，店铺的三种推广方式需要进行相应的调整。首先，需要降低淘客的推广成本；其次，可以适当追加万相台的推广成本；最后，对于直通车，可以先保持现状，并持续观察。

知识补充

"淘系"目前站内的推广渠道都迁移至了万相台中，包括关键词推广（原直通车）、货品运营、店铺运营、消费者运营和精准人群推广（原引力魔方），如图 6-20 所示。

图 6-20　"淘系"推广渠道

3）固定成本

固定成本是指成本总额在一定时期和一定业务量范围内,不受业务量增减变动影响而能保持不变或变化不大的成本。在电子商务中,固定成本主要有办公场地、员工工资、网络信息费用、设备折旧等。

例如,某企业电商部门现有运营人员 3 名、美工人员 5 名、客服人员 8 名。企业财务人员对电商部门最近 5 个月的固定成本进行了数据统计,如表 6-8 所示。

表 6-8　电商部门固定成本数据　　　　　　　　　　单位:元

月份	员工工资	网络信息费用	设备折旧费	合计
1	23 000	500	365.32	23 865.32
2	21 000	500	256.47	21 756.47
3	22 000	500	654.21	23 154.21
4	23 000	500	395.12	23 895.12
5	26 000	500	402.31	23 865.32

从表 6-8 中可以看出,员工工资的费用支出和设备折旧费用支出每个月都有小幅度的变化,而网络信息费用支出不变。设备折旧费用可以用尽量降低人为耗损率的方式在一定程度上降低费用支出。而员工工资与店铺成交额是成正比的,店铺销量越高,员工工资就越高,因此,企业可以制定合理的 KPI 绩效考核来调动员工工作的积极性。

2. 产品销售收入分析

影响产品销售收入的因素主要有产品销售单价和产品销售数量。产品的销售数量对毛利率有直接影响,在产品价格不变的情况下,销量越多,毛利率就越高。产品销售单价与毛利率呈正比关系。但是要注意,并不是产品价格越高越好,产品价格过高会影响用户的购买率,从而直接影响产品的销售量。

表 6-9 为某产品在天猫平台不同推广渠道的成本价格、销售价格等相关数据。

表 6-9　产品在不同推广渠道的价格数据　　　　　　　　　　金额单位:元

产品名称	产品	产品成本	售价	快递费	综合毛利	综合毛利率
产品 A	1 级:头部/私域"6·18""双十一"大促活动	32	66.9	8	26.9	40.21%
		38	78	10	30	38.46%
	2 级:中腰部达人直播/私域拉新	16	39.9	8	15.9	39.85%
		32	76	8	36	47.37%
		38	98	10	50	51.02%
	3 级:平台一般促销/一般达人分销	16	42.8	8	18.8	43.93%
		32	86	8	46	53.49%
		38	102	10	54	52.94%
	4 级:标准零售价	16	52.4	8	28.4	54.20%
		32	102.8	8	62.8	61.09%
		38	123.5	10	75.5	61.13%

　　从表6-9中可以看出产品在日常销售中的价格较高,相对的产品毛利率越高,日常售价中的产品定价较高主要是为了产品在后续的大促活动或达人直播等渠道有更大的价格调整空间;而在"6·18""双十一"等大促活动中或头部主播的销售价格较低,相对的产品毛利率就越低。

四、单品销售数据分析

　　单品包括店铺新款、爆款、利润款、常规款等,可以为店铺带来直接流量。一款单品是否能够"健康成长",将直接影响店铺能否持续引流。通过单品销售数据分析我们可以知道该商品是否需要继续推广培养为超级单品,或是对该商品的生命周期进行延续。

　　以天猫生意参谋为例,单个产品的销售数据主要有8个维度,分别是销售分析、流量来源、价格分析、标题优化、内容分析、客群洞察、关联搭配、服务体验。通过对单品各个方面的诊断和分析,我们很容易就能看出单品在哪一环节出现问题。图6-21为天猫店铺中某个商品当日的单品整体销售概况。

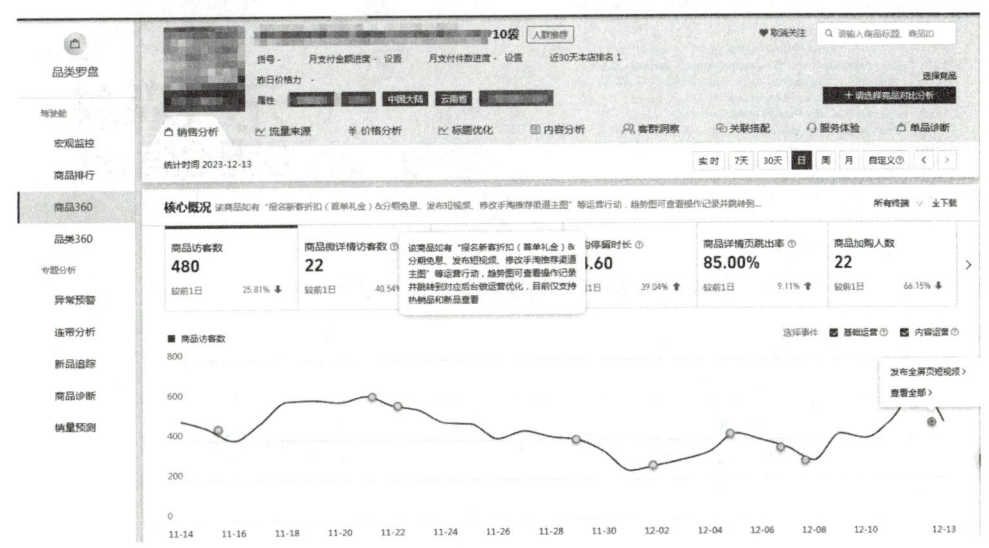

图 6-21　单品数据概况

　　其中,单品诊断里面可以查看该产品的整体表现,如单品营收、访客规模、转化效率和客户单价。该产品的相关数据都能在里面看到,如图6-22所示。

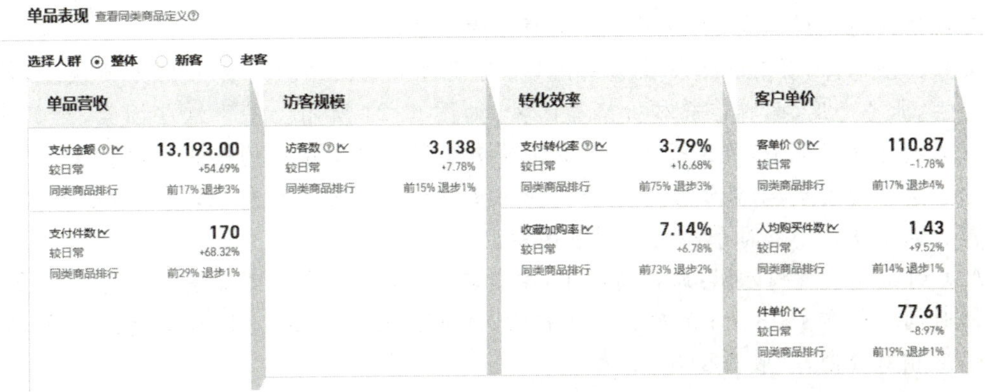

图 6-22　生意参谋单品诊断

当一个品牌发展到一定阶段后,品牌资产的增长会更加迫切和重要。对一个想要长远发展的品牌来说,品牌资产无论对产品价格还是产能规模来说都是必需的。因此商家可以试着开发自己的超级单品,从而带动店内其他产品的销售。

随着移动互联网的发展和消费需求的融合与多变趋势的到来,开辟新的细分市场,成为创造单品的一个巨大来源。市场中的许多成功的单品,就是通过技术、产业链的创新,对其自身所处的业务领域进行重新定位,找到了产业与产业之间、新产业与旧产业之间、新产业与新产业之间的模糊地带,突破常规行业边界,对细分市场进行深耕,创造出新的单品。例如,元气森林 2020 年推出的气泡水,便是开创了一个新的气泡水品类,其中的主力大单品零糖气泡水,已占据超六成市场份额。图 6-23 为 2023 年消费者偏好的无糖饮料品牌。

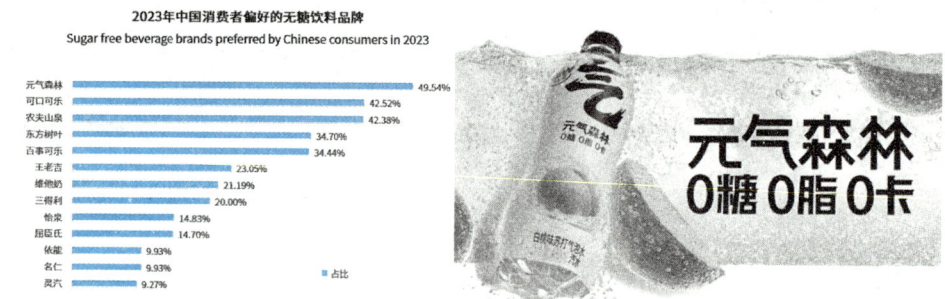

图 6-23　2023 年消费者偏好的无糖饮料品牌

任务三　订单物流数据分析

 引入案例

经过一段时间的不断调整,小彭将店铺的主推商品销量提升了一大截,老板知道了非常满意,但是小彭告诉老板,商品销量提升后随之而来的便是订单物流的管理,如果订单发货不及时或快递运输成本高,都会间接影响商品的销量。

有数据显示,消费者在选择快递物流时,有超过 7 成的用户首先考虑方便快速,其次才是安全性、服务态度、品牌信誉和价格等因素,如图 6-24 所示。基于这些因素,小彭建议老板在成本允许的情况下,要选择对大多数消费者来说都方便快捷的快递公司合作。

除了上面的因素,老板还让小彭将其他一些物流的因素罗列出来,便于后面开会讨论确定物流。以下便是小彭写下的其他影响因素。

(1)商品的重量和体积:通常情况下,重量较轻、体积较小的商品适合选择快递配送,快递配送时间一般在 1~3 天;而对于重量较大、体积较大的商品,可以选择物流配送,物流配送的速度相对较慢,一般需要 3~7 天。

(2)商品的价值和安全性:对于价值较高的商品,建议选择保价服务。

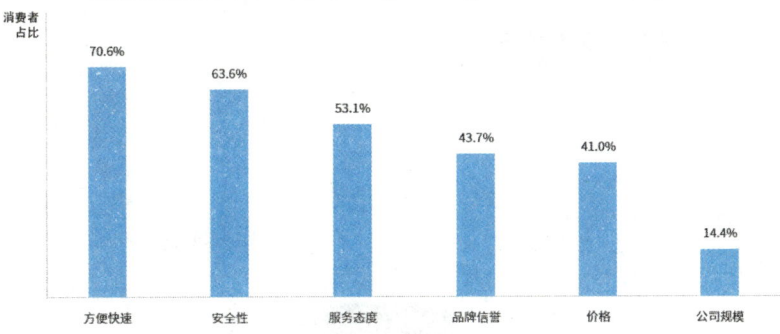

图 6-24 选择快递物流时的考虑因素

（3）运费：不同的物流公司在收费标准上会有所不同，要根据自身店铺的实际需要和成本控制来选择合适的物流合作。

对消费者来说，物流体验好，送货快，退货率自然就能降下来。这样店铺才能真正地赚到钱，而不是赚了一堆退货库存。

 相关知识

一、订单状态概述

在电商系统中，订单是连接用户和商家之间最重要的交易信息，电商商家需要及时掌握和分析自己的订单数据，以便做出更准确的决策和优化运营。

用户在电子商务平台购买下单的过程主要是选择商品→确认并提交订单→支付货款。用户购买商品后，商家在后台的订单详情中便可以看到用户信息、订单信息、收货信息、商品信息、优惠信息、支付信息、物流信息、其他信息等，如图 6-25 所示。

一次完整的订单流程为订单生成→支付订单→卖家发货→确认收货→交易成功，在这一流程中订单会有多种状态。

（1）待付款：用户提交订单后，尚未支付的状态。需要注意的是待付款状态下可以对库存进行锁定，锁定库存需要配置支付超时时间，超时后将自动取消订单，订单变更为关闭状态。

（2）待发货：用户完成订单支付后，等待商家发货。

（3）待收货：商家已发货，订单进入物流环节并同步物流信息，便于实时查看商品物流状态，等待用户确认收货。

（4）交易成功：用户确认收货后，订单已完成交易。如果订单存在问题会进入售后状态。

（5）交易关闭：付款之前取消订单，包括超时未付款或取消订单，或售后完成后订单全额退款。

（6）待评价：交易成功后商家对用户进行评价后才能查看到购买该商品的用户评价。

（7）售后中：非订单状态，指订单有对应的进行中的售后单的状态，如用户退换货、退款。售后有多种状态，当用户发起售后申请后生成售后订单，售后订单状态为待审核，等待商家审核，商家审核通过后订单状态变更为待退货，等待用户将商品寄回，商家收货后订单状态更新为待退款状态，退款到用户原账户后订单状态更新为售后成功。

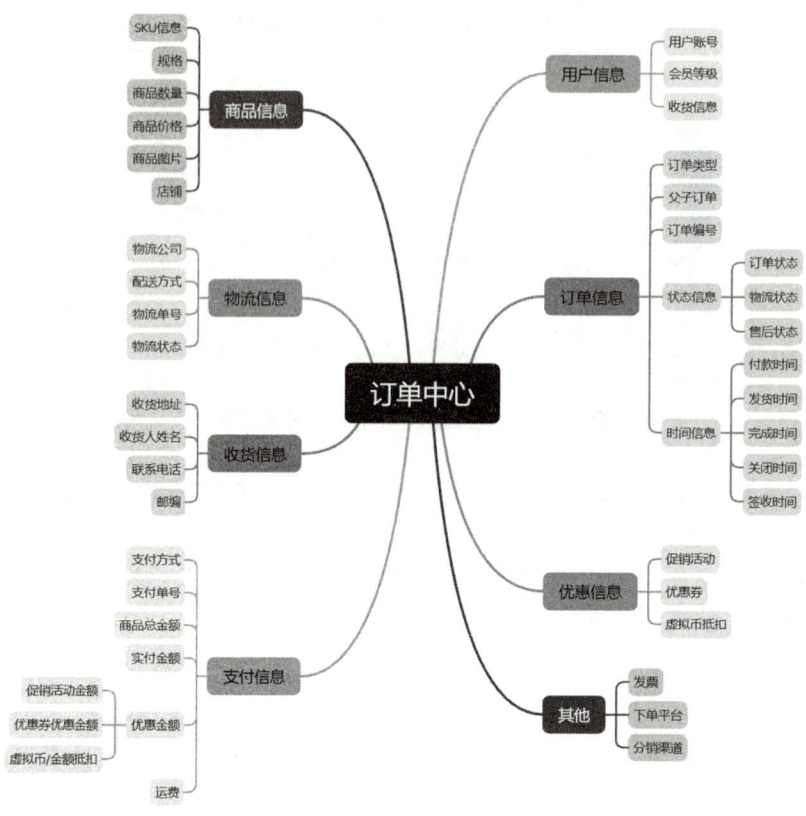

图 6-25　订单包含信息

知识补充

由于卖家不同或因商品数量、重量等问题，消费者合并付款的订单会被拆单。如果不拆单，会无法跟踪物流或存在多个物流，在做结算时不方便进行核账等。因此，这时会生成两种订单号，一种是拆单前的订单号，另一种是拆单后的订单号，也就是父子订单。父订单中可以对应到相应的优惠。例如，跨店满减，由各个商家分摊。子订单作为追踪发货物流、售后以及财务结算的依据，用于记录优惠信息。父子订单如图 6-26 所示。

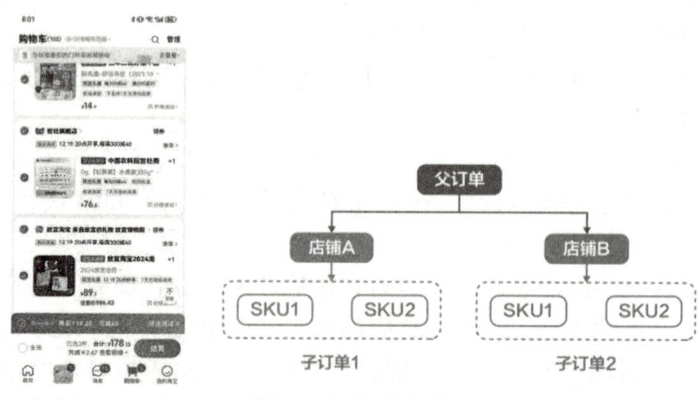

图 6-26　父子订单

二、物流体验

物流体验是电子商务发展的核心之一,直接影响着店铺 DSR(店铺动态评分)中的物流服务分数。图 6-27 为京东某店铺和天猫某店铺的 DSR 评分。

评分详细

	店铺动态评分	与同行业相比
用户评价: 4.4 高	描述相符: 4.8	↑ 高于 44.87%
物流履约: 4.7 高	服务态度: 4.9	↑ 高于 44.1%
售后服务: 4.0 中	物流服务: 4.9	↑ 高于 43.08%

图 6-27　京东某店铺和天猫某店铺的 DSR 评分

良好的物流可以为电商企业的保驾护航,较差的物流体验会造成用户体验度不高,用户复购率低下,这样会增加企业的营销成本和店铺的运营成本。消费体验指标中关于物流体验指标主要分为揽收及时率、到货时长、物流差评率三项指标,这三项指标直接影响店铺的物流体验分值,如表 6-10 所示。

表 6-10　物流指标

物流指标	计算公式
揽收及时率	=近 30 天揽收时间早于应揽收时间的订单量/近 30 天应揽收订单量
到货时长	=近 30 天支付且签收成功的总时长/支付且已签收订单笔数
物流差评率	=近 30 天物流服务被评 1 星或 2 星的次数/近 30 天确认收货订单笔数

一般来说,各单项得分是根据商家某单项指标的在所处主营类目中的排名计算得出。在任一单项指标上,卖家的体验得分都有 5 档,5 表示优秀、4 表示良好、3 表示一般、2 表示较差、0 表示很差。5 分代表同类目中商家在该项服务上为优秀,好于行业绝大多数商家;0 分则代表同行业水平中体验很差,远低于行业水平。

需要注意的是,不同的类目物流体验考核的权重也不相同。例如,汽车零部件、养护、美容、维保等类目考评物流 DSR 差评率;而婚庆、摄影、摄像服务、教育培训等类目则不考核物流体验。

三、物流运费分析

一般来说,在计算店铺的物流运费时,要根据成本进行核算,而且尽量简单明了,让消费者能够快速理解,过于复杂的收费方式也会增加店铺的运营成本。

(一)影响运费的因素

不同的快递公司、不同地域之间的运费是不同的。因此,店铺在运费设置上需要考虑对不同地域分别设置不同的运费,而运费的价格需要与快递公司协商后决定。

确定好合作的快递公司后,运费的核心问题便是是否为店铺设置运费包邮。店铺要在包邮带来的产品竞争力与不包邮带来的利润之间寻找一个平衡点。店铺产品是否要包邮需要考虑多方面的因素。

1. 产品定位因素

产品定位不同,采取的运费策略也不同。例如,一个引流爆款单品,产品本身的利润并不高,或是可能没有利润甚至亏本,但是作为店内的流量产品可以考虑包邮,因为相对于店内其他渠道的付费推广来说,显然包邮的投入较低。利润产品、常规产品等可以根据产品毛利率决定包邮政策。店铺也可以将产品价格提高一部分用于包邮。

2. 产品利润因素

将产品毛利润计算出来,然后根据利润空间来确定包邮、不包邮或设置包邮条件,如单笔订单满 59 元包邮、单笔订单满 2 件包邮等。

3. 地域因素

偏远地区距离远、订单少,运费相对较高;经济发达地区距离近、订单多,运费则相对较低。商家在设置运费时,可以根据地域因素来设置包邮梯度,对经济较发达地区可以设置运费包邮或统一运费,如江、浙、沪、皖等;对稍微偏远地区可以设置不包邮或需支付一定邮费,如新、藏、青等。

4. 运费结构因素

常见的运费结构包括按件数、按重量、按体积等。如果按重量来计算运费,以"首重＋续重"的方式计价。对利润有限但重量较重的产品,商家可以设置购买多件时免首重运费。

（二）运费模板设置

完善的运费设计,能够帮助商品避免出现重复计算运费或少计算运费问题,提升用户的下单体验,同时有利于商家的成本控制。以淘宝为例,一个产品运用一个运费模板。运用模板可以进入淘宝卖家中心的"交易→物流管理→物流工具"中进行设置,如图 6-28 所示。

图 6-28　淘宝卖家中心

在该页面单击"运费模板设置"进入相应的页面,然后单击"新增运费模板"按钮进入编辑页面,内容包括模板名称、商品地址、是否包邮、计价方式、运送方式选择,以及设置指定条件包邮地区,如图 6-29 所示。

四、订单时效分析

订单时效是指从用户完成订单支付开始,到完成商品签收的时间跨度,也就是常说的支付签收时长。确定的订单时效可以降低用户的心理期许,减少物流差评率,能有效助力商家提升订单转化。

图 6-29　运费模板设置

（一）订单时效影响因素

对订单时效分析的目的是利用数据分析来找出影响订单时效的因素和不同快递公司之间的差距，从而有针对性地对订单流程进行优化，达到效率最大化。

影响订单时效的主要因素主要包括以下几个方面。

（1）支付—签收单量：近 30 天支付且签收成功的订单。

（2）支付—发货时长：主要针对近 30 天支付且发货成功的订单。

$$支付—发货时长 = \frac{支付到发货总时长}{支付且已签收订单量}$$

（3）发货—揽收时长：主要针对近 30 天支付且派送成功的订单。

$$发货—揽收时长 = \frac{发货到揽收总时长}{支付且已签收订单量}$$

（4）揽收—派送时长：主要针对近 30 天支付且派送成功的订单。

$$揽收—派送时长 = \frac{揽收到派送总时长}{支付且已签收订单量}$$

（5）派送—签收时长：主要针对近 30 天支付且签收成功的订单。

$$派送—签收时长 = \frac{派送到签收总时长}{支付且已签收订单量}$$

知识补充

天猫物流时效规定如果商家延迟发货，即订单未符合"发货时效规定"的，商家须以发放赔付红包的方式向买家进行赔付，赔付红包面额计算标准为商品实际成交金额的 5%，单笔交易最低不少于 5 元，不高于 50 元。延迟发货情节严重且买家发起投诉后，商家未在天猫判定投诉成立前主动同意赔付或与买家协商一致的，除须向买家赔付外，每次还会被扣一般违规行为 1 分(30 天内累计扣分不超过 6 分)。

(二) 订单时效数据分析

图 6-30 为某店铺 12 月统计的实际订单中不同快递公司的相关指标,我们可以通过对这些数据进行分析对比,找出最优方案。

明细线路 省份 城市

发货地: 全部 收货地: 全部 快递公司: 中通快递 查询

发货地	收货地	快递公司	支付-签收单量	到货时长(h)	24小时揽收及时率	支付-发货时长(h)	发货-揽收时长 (h)	揽收-派送时长(h)	派送-签收时长(h)
重庆市	甘肃省	中通快递	61	58.53	100.00%	5.15	2.42	47.60	3.36
重庆市	陕西省	中通快递	48	53.47	96.36%	7.43	2.37	38.95	4.72
重庆市	云南省	中通快递	21	59.35	95.83%	10.01	3.31	43.35	2.68
重庆市	贵州省	中通快递	87	47.32	100.00%	5.48	1.80	36.77	3.26
重庆市	四川省	中通快递	82	39.34	96.77%	8.11	3.89	17.81	3.81
重庆市	重庆	中通快递	37	33.62	95.45%	7.77	3.17	25.56	2.84
重庆市	海南省	中通快递	23	79.76	100.00%	2.29	3.40	72.22	1.86
重庆市	广西壮族自治区	中通快递	12	54.66	100.00%	6.06	2.73	42.82	3.05
重庆市	广东省	中通快递	137	56.69	95.83%	6.47	3.67	42.59	3.96
重庆市	湖南省	中通快递	17	57.58	94.74%	8.22	4.04	41.54	3.78

< 1 2 3

明细线路 省份 城市

发货地: 全部 收货地: 全部 快递公司: 韵达快递 查询

发货地	收货地	快递公司	支付-签收单量	到货时长(h)	24小时揽收及时率	支付-发货时长(h)	发货-揽收时长 (h)	揽收-派送时长(h)	派送-签收时长(h)
重庆市	甘肃省	韵达快递	31	61.37	100.00%	12.22	2.42	45.10	1.62
重庆市	陕西省	韵达快递	48	64.90	100.00%	12.25	2.38	48.34	1.94
重庆市	云南省	韵达快递	11	47.49	100.00%	10.27	2.47	32.58	2.16
重庆市	四川省	韵达快递	23	54.25	96.55%	11.35	3.76	18.61	3.51
重庆市	重庆	韵达快递	18	37.22	100.00%	8.27	1.28	25.07	3.74
重庆市	海南省	韵达快递	37	89.07	100.00%	13.90	2.57	71.24	1.36
重庆市	广西壮族自治区	韵达快递	79	63.15	71.43%	11.98	2.74	46.42	3.32
重庆市	广东省	韵达快递	27	64.81	94.87%	11.15	2.29	49.22	2.15
重庆市	湖南省	韵达快递	25	51.73	100.00%	1.05	4.06	43.02	3.61
重庆市	湖北省	韵达快递	15	64.63	100.00%	8.43	2.19	49.36	4.64

< 1 2 3

图 6-30 中通快递和韵达快递的订单时效指标(部分)

从以上数据中可以看出,中通快递在各地区的到货时长明显小于韵达快递,我们以到货时长为重点分析对象,对以上数据进行整理,结果如表 6-11 所示。

表 6-11 中通快递和韵达快递订单"到货时长"数据对比 单位:小时

地区	中通快递	韵达快递
甘肃省	58.53	61.37
陕西省	53.47	64.90
云南省	59.35	47.49
贵州省	47.32	—
四川省	39.34	54.25
重庆市	33.62	37.22
海南省	79.76	89.07

（续表）

地区	中通快递	韵达快递
广西壮族自治区	54.66	63.15
广东省	56.69	64.81
湖南省	57.58	51.73
湖北省	56.54	64.63
山东省	52.36	62.34
福建省	51.50	59.62
安徽省	61.23	74.23
江苏省	58.32	89.21
辽宁省	62.35	71.94
上海市	48.65	56.89
浙江省	47.63	57.68
吉林省	63.21	72.13
北京市	52.31	59.61

　　为了更直观地展示数据分析结果,将上面的表格转化为柱形图,如图6-31所示。从图6-31中可以看出,两个快递公司在不同地区的到货时长各不相同,在不考虑运费的情况下商家可以根据分析图对不同地区的订单选择时效更快的快递公司。

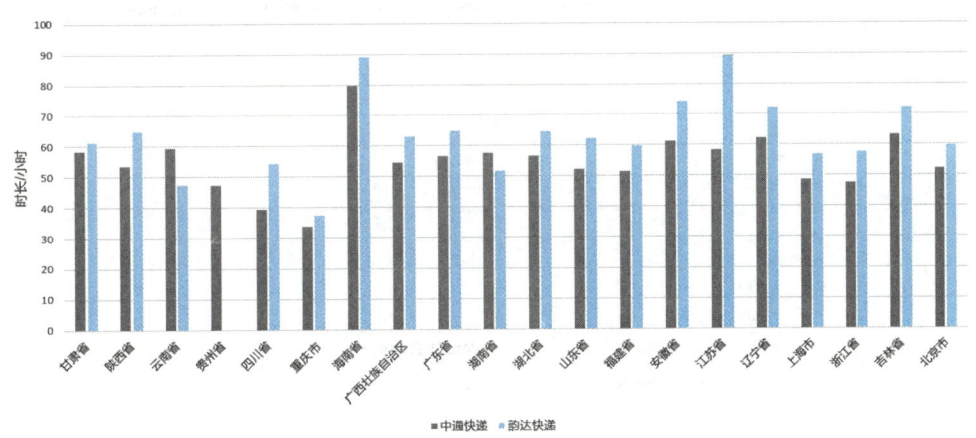

图6-31　快递公司到货时长对比图

　　以生意参谋为例,在"物流→时效诊断"页面中,可以看到店铺在每个物流节点的整体诊断,节点包括支付、发货、揽收、派送、签收。图6-32为店铺在统计时间之前的一周内的物流节点诊断,从图6-32中的趋势线中可以看出店铺的支付—发货时长比同行平均水平高。

图 6-32　生意参谋中店铺物流节点诊断

行业点拨

在生意参谋的"物流→时效诊断"页面中，可以查看需要商家重点关注的线路，并可以清楚地看到影响店铺平均分的物流线路；单击"查看排行"可以看到各快递公司的平均到货时长排行榜，在后续为该物流线路选择快递公司时，商家可以选择线路时效达成率更高的快递，如图 6-33 所示。

重点线路关注

店铺平均「到货时长」h

排行	线路	支付-签收单量⑦	到货时长(h)(分钟)⑦	影响店铺平均(h)⑦	同线路快递排行
01	成都市-西双版纳傣族自治州	2	96.55(-)	3.21	查看排行
02	成都市-淮安市	2	89.40(-)	2.37	查看排行
03	成都市-潍坊市	1	84.89(-)	0.92	查看排行
04	成都市-鞍山市	2	71.22(-)	0.23	查看排行
05	成都市-福州市	2	51.50(-)	-2.09	查看排行
06	成都市-遵义市	1	47.20(-)	-1.30	查看排行
07	成都市-郴州市	2	63.47(-)	-0.68	查看排行
08	成都市-太原市	1	59.33(-)	-0.59	查看排行
09	成都市-淮北市	1	62.03(-)	-0.43	查看排行
10	成都市-淄博市	1	65.88(-)	-0.20	查看排行

成都市-鞍山市 ✕

排行	快递	线路时效达成率
01	圆通速递	94.01%
02	中通快递	90.55%
03	申通快递	90.27%
04	极兔速递	90.07%
05	韵达快递	87.85%

图 6-33　店铺重点线路关注

五、异常物流分析

异常物流分析包括发货异常、揽收异常、派送异常和签收异常,其中的发货异常属于商家原因。不同的电商平台其划分标准会不同,节假日或特殊地区也会有区分。表 6-12 为淘宝平台的异常物流分类。

表 6-12　淘宝平台异常物流分类

异常物流分类	具体表现	主要原因
发货异常	用户下单完成支付后 24 小时仍未发货	缺货或出货量大,不能及时发货,订单被遗漏等
揽收异常	商品发货后超过 24 小时仍未揽收	物流公司原因物流信息未及时上传
派送异常	物流揽收后停滞超 24 小时仍未派送	物流运输原因物流信息未及时上传
签收异常	当日派件,但在次日还没有签收	快递原因导致未妥投,如货物破损等 客户原因导致未妥投,如客户拒签、改签等 节假日、恶劣天气等导致未妥投

异常物流一般是运输过程中的异常。例如,物流信息久未更新等,该情况主要原因来源于物流公司,商家可以通过电话与物流公司取得联系,询问原因并进行催促,如有必要,可以考虑更换合作物流。

图 6-34 为某商家统计的异常物流数据,下面我们来对该店铺的异常物流数据进行分析。

图 6-34　异常物流数据

1. 异常物流数据分类

根据各订单中显示的物流异常原因,对其按照发货异常、揽收异常、派送异常、签收异常进行分类。这里可以使用 Excel 中的函数来自动分类:选择 H2 单元格,输入"＝IFERROR(IF(FIND("未发货",G2),"发货异常",""),IFERROR(IF(FIND("揽收",G2),"揽收异常",""),IFERROR(IF(FIND("停滞",G2),"派送异常",""),IFERROR(IF(FIND("签收",G2),"签收异常",""),"发货异常")))))",按【Enter】键确认,然后快速填充到 H11 单元格中,如图 6-35 所示。

2. 异常物流数据统计

使用 Excel 中的数据透视表,统计出各类异常物流的订单数占比,以百分比显示,如图 6-36 所示。

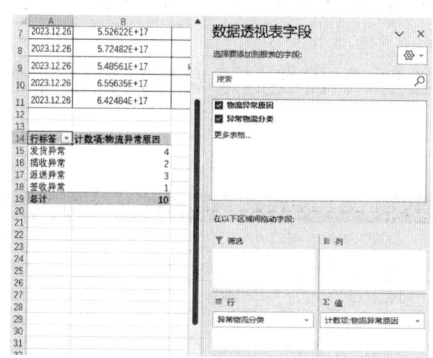

统计时间	订单编号	买家会员名称	订单创建时间	物流公司	运单号	物流异常原因	异常物流分类
2023.12.26	5.53586E+17	YOYO	2023/10/11 15:45	/		超48小时未发货	发货异常
2023.12.26	5.41224E+17	随意民	2023/10/12 10:15	中通	7.53025E+13	超72小时揽收	揽收异常
2023.12.26	6.54786E+17	名字好不好W	2023/10/21 20:12	中通	7.53065E+13	物流停滞超48小时	派送异常
2023.12.26	5.74954E+17	娜娜吉吉5478	2023/10/26 12:15	/		超48小时未发货	发货异常
2023.12.26	6.49629E+17	叫什么145	2023/10/31 13:50	/		超48小时未发货	发货异常
2023.12.26	5.52622E+17	諾无qwe	2023/11/10 21:40	中通	2.35179E+13	物流停滞超48小时	派送异常
2023.12.26	5.72482E+17	古哈哈	2023/11/10 23:30	中通	2.35679E+13	物流停滞超48小时	派送异常
2023.12.26	5.48561E+17	kj&反甲虎	2023/11/20 22:36	/		超48小时未发货	发货异常
2023.12.26	6.55635E+17	fja01201	2023/11/26 18:22	中通	7.56325E+13	超24小时揽收	揽收异常
2023.12.26	6.42484E+17	法尔FAE	2023/11/30 12:43	中通	7.35079E+13	超48小时未签收	签收异常

图 6-35　异常物流分类

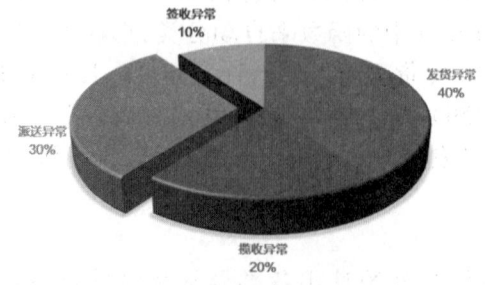

行标签	计数项:物流异常原因
发货异常	40.00%
揽收异常	20.00%
派送异常	30.00%
签收异常	10.00%
总计	100.00%

图 6-36　异常物流数据统计

3. 统计结果可视化

为了更直观地查看统计结果，可以将统计后的数据透视表转化为三维饼状图，形成异常物流分析图，如图 6-37 所示。可以看出，物流异常的主要原因是发货异常，然后是派送异常和揽收异常。发货异常属于商家原因，可以先确认是否是因为发货量大或库存不足造成的延迟发货，然后及时与用户沟通，说明延迟发货原因，并提供解决方案。

图 6-37　异常物流分析图

行业点拨

在天猫生意参谋→物流→物流分析→分析月报中，可以查看店铺在该月的物流综合数据报告（物流数据分析需要订购专业版）。这个报告为商家提供了物流全链路实时监控、异常预警、时效诊断、体验分析、网点情报等7大方面的数据分析，可以帮助商家减少物流负面评价，提升物流时效体验，如图6-38所示的是部分物流数据。

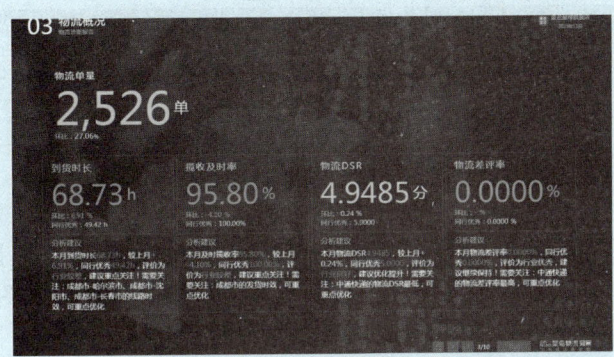

图 6-38　天猫店生意参谋物流数据

项目实训——销售数据分析

在对电子商务中的各类交易数据和销售数据有一定了解后，可以将店铺每月的销售数据进行统计分析。本实训将针对某店铺2023年12个月的销售额数据进行分析，以帮助大家对电子商务中的销售数据分析有更深刻的认识和了解。

【实训背景】

为了便于企业获取市场趋势、消费者行为以及产品表现等方面的关键洞察，制定更有效的销售策略和决策，我们需要对店铺每月的销售额进行统计分析，然后根据这些数据来获得对未来销售情况的预测。

【实训目标】

（1）掌握使用 Excel 对销售数据进行动态分析。

（2）掌握使用已有的数据对下一月的销售额进行预测。

【实训要求】

本实训要求根据相关的数据，如图6-39所示，统计2023年度销售额，并分析每月销售额的累计增长量、逐期增长量、环比发展速度和环比增长速度。

2023年店铺数据												
项目	2023.1月	2023.2月	2023.3月	2023.4月	2023.5月	2023.6月	2023.7月	2023.8月	2023.9月	2023.10月	2023.11月	2023.12月
销售额	64123.12	72456.23	63846.32	89275.77	134646.11	170450.9	166736.03	177970.89	168996.83	146051.16	157889.86	179245.44
累计增长量	/	8333.11	-276.8	25152.65	70522.99	106327.78	102612.91	113847.77	104873.71	81928.04	93766.74	115122.32
逐期增长量	/	8333.11	-8609.91	25429.45	45370.34	35804.79	-3714.87	11234.86	-8974.06	-22945.67	11838.7	21355.58
环比发展速度	/	1.13	0.88	1.40	1.51	1.27	0.98	1.07	0.95	0.86	1.08	1.14
环比增长速度	/	13.00%	-11.88%	39.83%	50.82%	26.59%	-2.18%	6.74%	-5.04%	-13.58%	8.11%	13.53%

图 6-39　销售数据分析

【实训步骤】

对店铺销售额数据动态分析的制作步骤如下。

（1）打开"销售数据.xlsx"工作表，选择 C4 单元格，输入"＝C3－$B$3"，即累计增长量＝当期数据－首期数据，按【Enter】键获取结果，如图 6-40 所示。

图 6-40　计算累计增长量

（2）将鼠标指针移到 B4 单元格右下角，当其变为"＋"形状时按住鼠标左键拖动，将函数填充到 M4 单元格（这里的 1 月没有对比的对象，因此不做计算），如图 6-41 所示。

图 6-41　填充单元格

（3）选择 C5 单元格，输入"＝C3－B3"，即逐期增长量＝当期数据－上一期数据，按【Enter】键获取结果后同样将数据填充到 M5 单元格，如图 6-42 所示。

图 6-42　计算逐期增长量

（4）选择 C6 单元格，输入"＝C3/B3"，即环比发展速度＝$\dfrac{当期数据}{上一期数据}$，按【Enter】键获取结果后同样将数据填充到 M6 单元格，如图 6-43 所示。

图 6-43　计算环比发展速度

（5）选择 C7 单元格，输入"＝(C3－B3)/B3"，即环比增长速度＝$\dfrac{\text{当期数据}-\text{上一期数据}}{\text{上一期数据}}$，按【Enter】键获取结果后同样将数据填充到 M7 单元格，如图 6-44 所示。

项目	2023.1月	2023.2月	2023.3月	2023.4月	2023.5月	2023.6月	2023.7月	2023.8月	2023.9月	2023.10月	2023.11月	2023.12月
销售额	64123.12	72456.23	63846.32	89275.77	134646.11	170450.9	166736.03	177970.89	168996.83	146051.16	157889.86	179245.44
累计增长量	/	8333.11	-276.8	25152.65	70522.99	106327.78	102612.91	113847.77	104873.71	81928.04	93766.74	115122.32
逐期增长量	/	8333.11	-8609.91	25429.45	45370.34	35804.79	-3714.87	11234.86	-8974.06	-22945.67	11838.7	21355.58
环比发展速度	/	1.1299548	0.8811709	1.3982916	1.5082044	1.2659177	0.9782056	1.0673811	0.9495757	0.8642243	1.0810586	1.1352562
环比增长速度	/	0.1299548	-0.118829	0.3982916	0.5082044	0.2659177	-0.021794	0.0673811	-0.050424	-0.135776	0.0810586	0.1352562

上方标题：2023年店铺数据

图 6-44　计算环比增长速度

（6）选中 C6：M6 单元格区域，单击鼠标右键，在弹出的快捷菜单中选择"设置单元格格式"命令，打开"设置单元格格式"对话框，在"数字"选项卡中的"分类"列表框中选择"数值"选项，然后在右侧设置小数位数为 2，如图 6-45 所示。

（7）单击"确定"按钮后的效果如图 6-46 所示。

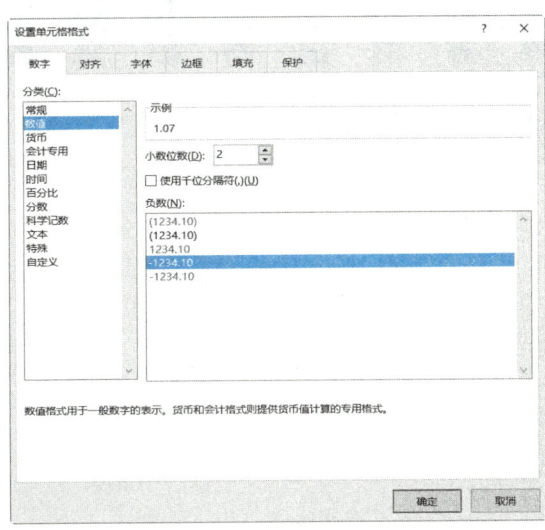

图 6-45　设置小数位数

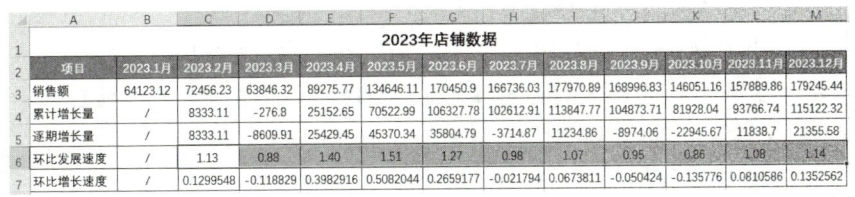

项目	2023.1月	2023.2月	2023.3月	2023.4月	2023.5月	2023.6月	2023.7月	2023.8月	2023.9月	2023.10月	2023.11月	2023.12月
销售额	64123.12	72456.23	63846.32	89275.77	134646.11	170450.9	166736.03	177970.89	168996.83	146051.16	157889.86	179245.44
累计增长量	/	8333.11	-276.8	25152.65	70522.99	106327.78	102612.91	113847.77	104873.71	81928.04	93766.74	115122.32
逐期增长量	/	8333.11	-8609.91	25429.45	45370.34	35804.79	-3714.87	11234.86	-8974.06	-22945.67	11838.7	21355.58
环比发展速度	/	1.13	0.88	1.40	151	1.27	0.98	1.07	0.95	0.86	1.08	1.14
环比增长速度	/	0.1299548	-0.118829	0.3982916	0.5082044	0.2659177	-0.021794	0.0673811	-0.050424	-0.135776	0.0810586	0.1352562

上方标题：2023年店铺数据

图 6-46　设置后的效果

（8）使用相同的方法将 C7：M7 单元格区域的数值按百分比显示，如图 6-47 所示。

（9）为了更直观地展示每月数据对比结果，可以插入柱形折线图，如图 6-48 所示。可以从图中发现，店铺 2023 年整个年度的销售额在年初的时候不太理想，到 5 月开始有所增长，并于 12 月达到最高。而环比发展速度有高有低，其中 5 月最高，3 月较低。

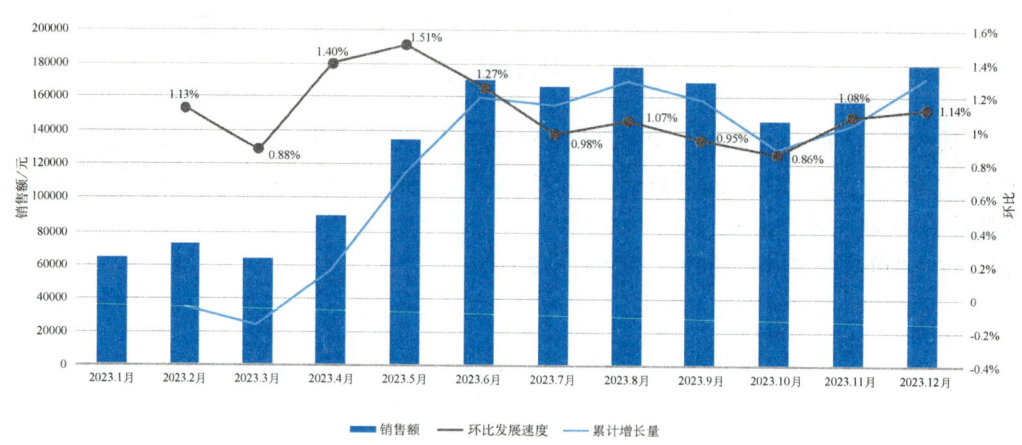

项目	2023.1月	2023.2月	2023.3月	2023.4月	2023.5月	2023.6月	2023.7月	2023.8月	2023.9月	2023.10月	2023.11月	2023.12月
销售额	64123.12	72456.23	63846.32	89275.77	134646.11	170450.9	166736.03	177970.89	168996.83	146051.16	157889.86	179245.44
累计增长量	/	8333.11	-276.8	25152.65	70522.99	106327.78	102612.91	113847.77	104873.71	81928.04	93766.74	115122.32
逐期增长量	/	8333.11	-8609.91	25429.45	45370.34	35804.79	-3714.87	11234.86	-8974.06	-22945.67	11838.7	21355.58
环比发展速度	/	1.13	0.88	1.40	1.51	1.27	0.98	1.07	0.95	0.86	1.08	1.14
环比增长速度	/	13.00%	-11.88%	39.83%	50.82%	26.59%	-2.18%	6.74%	-5.04%	-13.58%	8.11%	13.53%

图 6-47 设置百分比显示

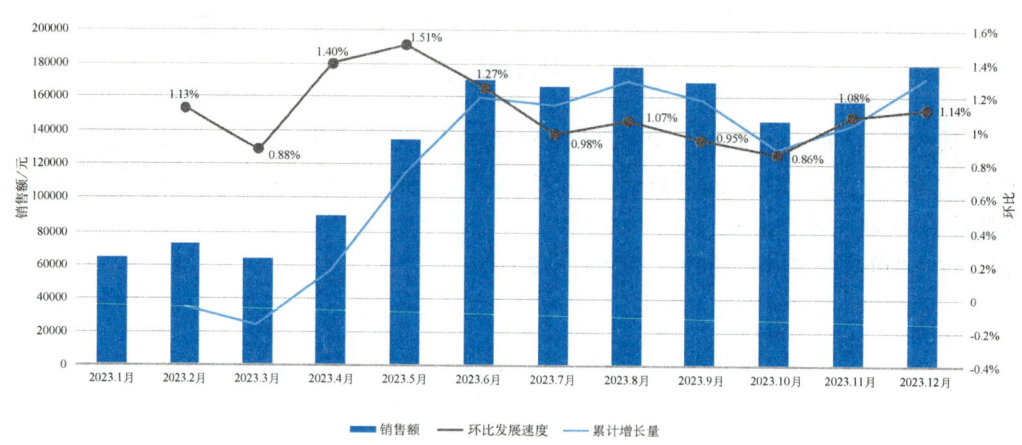

图 6-48 柱形折线图

课后习题

一、单选题

1. 毛利率是指商品毛利润占销售额的百分比,可以用来衡量产品价值指标,其计算公式正确的是( )。

A. 毛利率 = $\dfrac{销售收入-销售成本}{销售收入} \times 100\%$

B. 毛利率 = $(1-售价) \times 100\%$

C. 毛利率 = $\dfrac{售价}{不含税售价} \times 100\%$

D. 毛利率 = $\dfrac{销售成本}{销售收入} \times 100\%$

2. 下列对支付订单数说法正确的是( )。

A. 每个订单中商品种类、数量固定

B. 一个订单中一定包含多个商品

C. 在店铺下单并成功支付的订单数量

D. 一个订单中只能够买一种商品

3. 客单价的计算公式正确的是( )。

A. 客单价 = $\dfrac{单品销售额}{商品订单数}$

B. 客单价 = $\dfrac{总销售额}{成交订单总笔数}$

C. 客单价 = $\dfrac{成功支付订单数}{独立买家数}$

D. 客单价 = $\dfrac{下单人数}{总的访客数}$

4. 下列对访问量 PV 概念的说法错误的是( )。

A. PV 是指在一定周期内买家访问店铺的次数

B. 同一用户上午和下午分别进入店铺 1 次,PV 加 2

C. 每个用户平均在店铺浏览的页面

D. 用户每访问一个页面算一个浏览量

5. 在电商平台上,反映平台的交易活跃度和用户购买力的指标是( )。

A. 支付金额　　　　B. 支付订单数　　　　C. 高客单　　　　D. 支付买家数

二、多选题

1. 店铺想要增加用户,其主要来源有( )。

A. 直接降价　　　　B. 拉新　　　　C. 刷单　　　　D. 复购

2. UV 价值就是平均每个进店的访客所产生的价值,其计算公式正确的有( )。

A. $UV 价值 = \dfrac{销售额}{访客数}$　　　　B. UV 价值 = 访客数×客单价

C. UV 价值 = 转化率×客单价　　　　D. UV 价值 = 转化率×访客数

3. 电子商务销售数据的分析指标有( )。

A. 支付指标　　　　B. 流量指标　　　　C. 转化指标　　　　D. 定价指标

4. 消费体验指标中关于物流体验指标有( )。

A. 揽收及时率　　　　B. 商品质量　　　　C. 到货时长　　　　D. 物流评价

5. 下列对异常物流中的签收异常说法正确的有( )。

A. 指的是当日派件,但次日还未签收　　　　B. 客户拒签

C. 商品发货后超过 24 小时仍未揽收　　　　D. 物流揽收后停滞超 24 小时仍未派送

三、判断题

1. 与传统线下实体门店商品的销售数据相比,电子商务平台产生的销售数据会更具多样性。( )

2. 销售数据中的环比是对比首期的数据,主要是为了表现数据的变动情况。( )

3. 流量数据是电商数据中的核心数据,主要的指标包括浏览量(PV)、访客数(UV)、转化率等。( )

4. UV 价值就是平均每个进店的访客所产生的价值。( )

5. 淘宝平台是展示 SPU 维度的商品,可以便于用户在广泛的选择中浏览和比较不同品牌和型号。( )

四、实践操作题

1. 通过网络搜索电子商务某一品类的数据,根据数据对销售和物流等数据进行分析,并形成数据分析报告。

2. 客单价的计算公式是什么?影响客单价的因素有哪些?

3. 简述物流 DSR 分值的影响因素。

项目七

流量与推广数据分析

知识目标

- 了解电子商务平台流量数据的来源
- 掌握如何对店铺流量进行数据分析
- 掌握关键词推广相关数据分析
- 了解内容推广的数据分析

能力目标

- 能够对电子商务中的流量来源有所了解并为店铺引流
- 能够促进进店流量的转化
- 能够为店铺商品选择合适的内容推广方式

素养目标

- 在电商平台销售产品的过程中,培养大数据分析的能力
- 店铺运营效果与销售业绩的提升,需要运营人员具备对店铺流量和推广数据的分析能力

知识导图

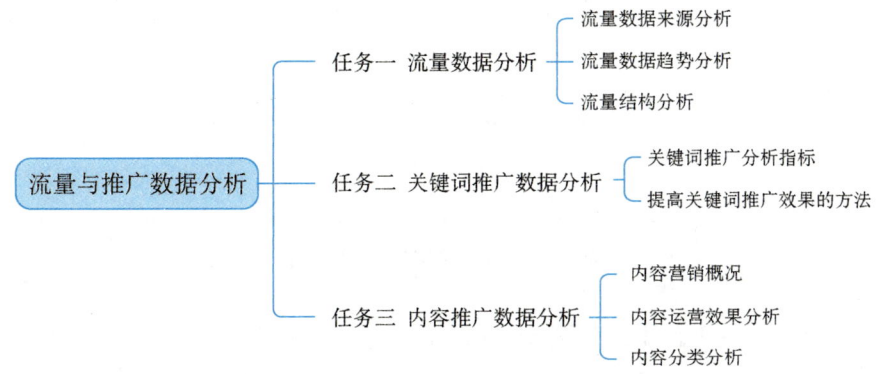

项目导读

　　随着智能技术和信息技术的快速发展,网络购物已成为我们日常生活中不可或缺的一部分,且越来越多的传统企业大规模进入电商行业,加上移动互联网的发展促使移动网购日益便捷,使得各类电商模式层出不穷,如社交电商、直播电商、社交团购和社区团购等新兴模式。基于这些模式衍生出来的电商平台越来越多样化,除了传统电商平台淘宝、天猫、京东、苏宁、唯品会等,如今的小红书、抖音等新兴电商平台也占据了一部分流量。

　　如今国内电商市场已趋于饱和状态,各个电商平台竞争激烈,店铺想要做到排名靠前,流量是必不能少的,因为有流量才有成交,而只有成交,店铺才有盈利的可能。本项目将具体针对电商平台中的流量数据进行分析。

任务一　流量数据分析

引入案例

　　小李是一家公司电商部的运营经理,店铺主营围巾、帽子等服装配饰。此时"双十一"刚过,正值店铺销售淡季,为了提升店铺销量,公司让小李写一个活动方案。小李在制定活动方案前,对店铺的每日访客量进行了数据统计,如图7-1所示。

　　从图7-1中可以看出,店铺每天的流量主要集中在12:00到14:00和21:00到23:00这两段时间。小李根据日访问量统计了年访问量和周访问量,得出结论:因为店铺主营商品带有季节性特点,因此一年中的访问量则在冬季较寒冷的时间段较高,每周中的访问量也主要集中在工作日。

　　一般来说,流量都是以每天中的时段、季节、节假日、星期这样的规律来分布的。所以将

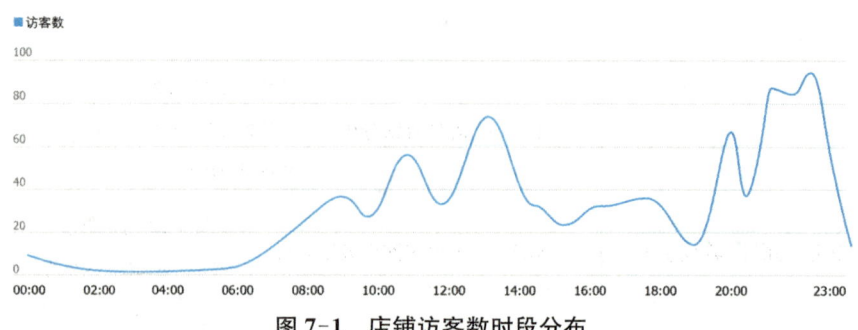

图 7-1　店铺访客数时段分布

以上数据统一放到同一页面中进行观测，可以全面地理解应用的访问规律。此外，通过对渠道、用户属性的选择，可以观测具体的渠道、用户属性的访问规律，从而分析出流量的规律，对活动效果、业务调整具有重大影响。

　　根据以上的数据分析，小李的活动方案中也提出了，若店铺要进行促销活动，那么活动开始时间最好选在周三、周四，时间在上午的 12:00 或晚上的 20:00，这样才能在一定的时间内被大部分用户知道。

 相关知识

一、流量数据来源分析

　　流量的来源主要分为站内流量和站外流量。站内流量是平台已经培育好的，本身进入平台的用户是带有购买欲望的，成交的可能性较大，因此站内流量也称为高质量流量。而站外流量的来源具有多样化的特点，用户并不一定有明确的购物需求，相对成交的概率较低，无法确认流量的优质与否。

　　（一）站内流量

　　以淘宝为例，站内流量根据付费情况分为免费流量和付费流量。淘宝站内又可称为淘内，手机淘宝可简称为"手淘"。

　　1. 免费流量

　　站内的免费流量是店铺经营的基础流量，淘内免费流量中的搜索流量和类目流量是商家在发布产品时都可以获得的。在进行免费流量分析时，需要着重分析的指标有浏览量、访客数、点击量和成交订单数等。目前淘内的免费流量主要来源为搜索、推荐和拍立淘。

　　1）手淘搜索

　　手淘搜索是指自然搜索流量，是用户通过淘宝搜索引擎自然排名带来的免费流量。因为目前手淘用户占比更大，因此这里的自然搜索流量主要是指通过手淘客户端的淘宝搜索进入店铺页面或商品详情页的流量，手淘搜索可以拆分为"手淘搜索—短视频""手淘搜索—直播""手淘搜索—商品及其他"三个细分渠道。

　　2）手淘推荐

　　手淘推荐是指平台系统通过算法推荐的免费"猜你喜欢"流量，主要以短视频为主。生意参谋手淘推荐的流量主要包括以下渠道：

（1）手淘首页及各微详情页下的"猜你喜欢"流量。

（2）手淘购物物车内的"你可能还喜欢"流量。

（3）手淘订单列表页及全部、待付款、待发货、待收货、待评价下的"你可能还喜欢"流量。

（4）手淘付款完成页内的"你可能还喜欢"流量。

（5）手淘查看物流页内的"你可能还喜欢"流量。

（6）其他部分的"猜你喜欢"流量。

图 7-2 为手淘购物车页面的"猜你喜欢"和手淘首页中"你可能喜欢"的推荐商品。

图 7-2　手淘购物车页面的"猜你喜欢"和手淘首页中"你可能喜欢"的推荐商品

知识补充

　　手淘推荐流量下滑的因素较多，与大盘流量波动、宝贝坑产值、头图质量等都有关系，商家可以多参加活动来增加店铺流量并在多方面提高店铺和商品的综合数据。除此之外，还需注意商品头图的优化，适当使用部分推荐流量类的推广产品，如超级推荐极速推。

3）手淘拍立得

　　手淘拍立得是指用户通过手淘 App 的拍立淘产品点击进入店铺或商品详情页，如从手淘首页→扫一扫→淘宝拍照或手淘首页"搜索框"—"拍照"按钮等入口进入商品详情页。使用"拍照"按钮拍摄的物品会直接跳转到相应的商品推荐页面，如图 7-3 所示。

2. 付费流量

　　付费流量的特点是流量大、效果好，相较于免费流量来说，更易获得大批的流量，但是投入成本较高。在进行付费流量分析时，需要着重分析的指标除了有浏览量、访客数、点击量和成交订单数等，还需要分析投资回报率。

图 7-3　手淘拍立得的商品推荐

1）聚划算

聚划算是阿里巴巴集团旗下的团购网站，是淘宝流量的一个重要获取来源，目前的活动团型有单品团、品牌团、主题团，绝大部分坑位活动已经取消了坑位费和参聚险，而只在实际的交易完成后按一定比例抽取佣金。

在手淘首页需要搜索聚划算进入相应的页面，点击任意商品图进入相应的商品页面，其中可以看到商品主图下方的聚划算标志，如图 7-4 所示。

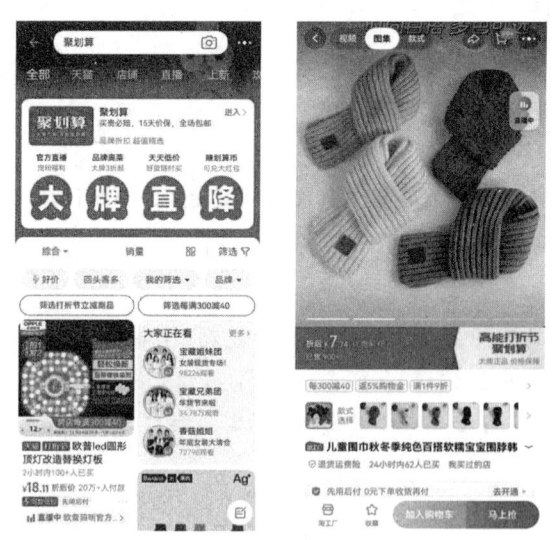

图 7-4　聚划算页面

2）淘客

淘客是一种按成交计费（CPS）的推广模式，属于效果类广告推广，商家不需要投资，而是在实际交易完成后按一定比例向淘客支付佣金，如果没有成功产生交易，则不需要支付佣金。

淘客推广的参与角色有团长、商家、淘客、买家，商家在淘宝联盟、大淘客等平台寻找团长，与团长沟通好商品价格和佣金机制，再由团长分发给淘客，淘客可以通过个人社交平台

（如微博、微信公众号）等渠道分享链接来进行商品推广，买家点击淘客分享的链接进入商品页面购买后，淘客即可得到由商家支付的一定比例佣金。

3）万相台

万相台是阿里妈妈全新发布的一站式营销投放系统，该系统整合了全淘宝优质流量资源，包括以前的直通车、引力魔方、直播短视频等，可以满足商家多元目标、精准投放、高效经营的目的。例如，商家想要实现新客规模提升及精准引流，可以使用精准人群推广场景或消费者运营场景，以快速帮助商家定位精准人群。万相台的资金投放数据可以在账户管理报表中查看，按日、周、月查看具体展现量、点击量、花费资金、点击率、平均点击花费、总成交金额等数据，如图 7-5 所示。

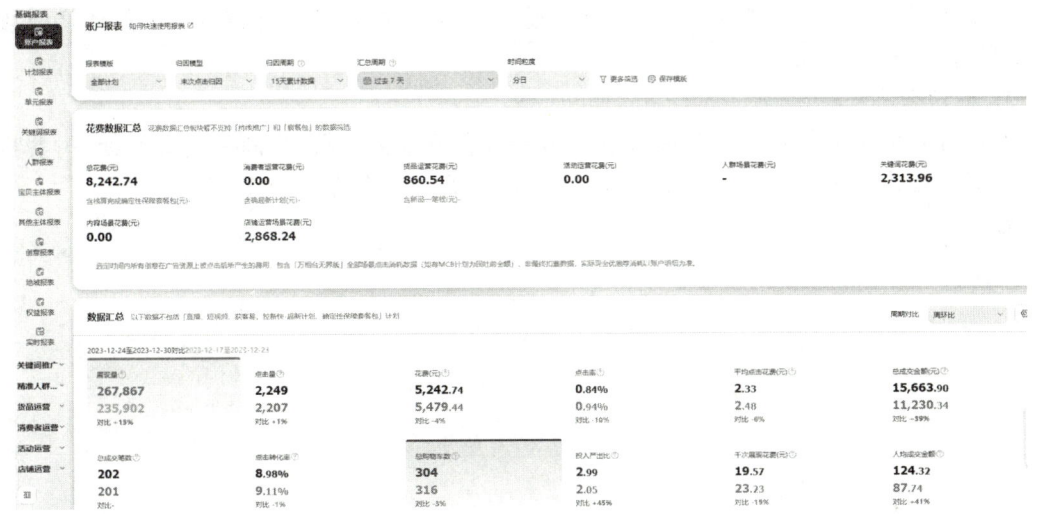

图 7-5　万相台数据汇总

知识补充

以直通车为例，直通车是通过与搜索关键词匹配，为用户推荐直通车商品，当用户在手淘页面搜索相关产品关键字时，在首页的主图上显示有"HOT"图标的便为直通车展示位置，如图 7-6 所示。

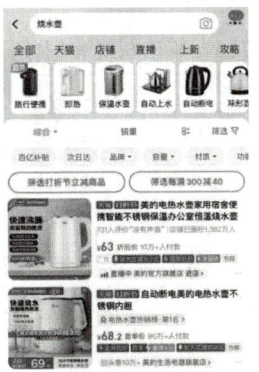

图 7-6　直通车展示位置

（二）站外流量

站外流量主要是指从第三方网站带来的流量,例如微博、抖音、小红书等。企业在引入站外流量之前,需要调整好企业的店铺形象,优化好商品详情页描述,以达到吸引用户购买的目的,否则,引入再多的站外流量,对商品转化率的提高也起不到积极的作用。

二、流量数据趋势分析

对于淘宝商家和运营人员而言,了解自己店铺的人群特征是非常关键的,如访客分布、访客对比。对店铺访客数据趋势的分析,可以帮助我们优化店铺视觉或了解店铺流量的高峰时段,从而制定更迎合店铺人群的营销策略。

（一）访客分布数据分析

以生意参谋为例,在"流量→访客分布"板块中,可以按日、周、月查看店铺的访客时段分布、地域分布、特征分布。

1. 时段分布

时段分布就是分析每一个时间段的访客数量和下单买家数,为商品的上下架、付费推广时段设置等提供依据。图7-7为某店铺12月的访客时段分布趋势图。

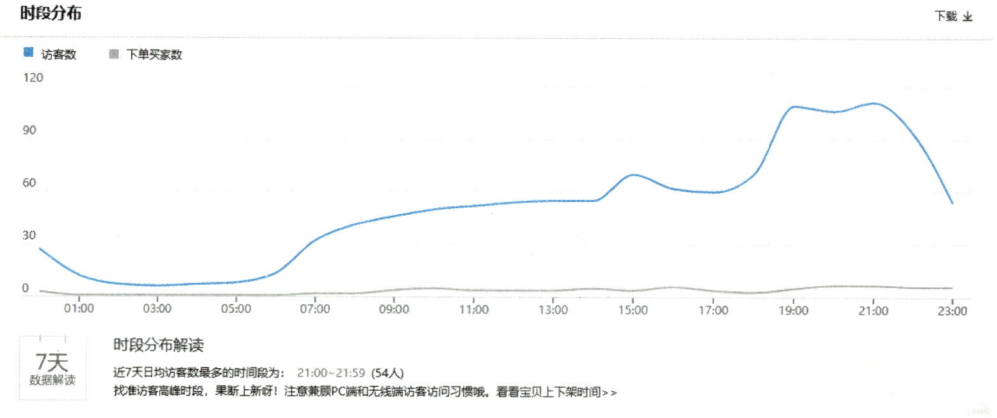

图7-7　某店铺12月访客时段分布趋势图

我们可以将图7-7中的数据下载下来转化为表格形式,并按降序对访客数重新进行排序来查看店铺12月中的哪个时段访客数最多,哪个时段下单买家数最多,如表7-1所示。

表7-1　某店铺访客时段分布　　　　　　　　　　　　　　　　单位:人

时间	访客数	下单买家数
21:00—21:59	110	7
19:00—19:59	108	5
20:00—20:59	105	7
22:00—22:59	92	6
15:00—15:59	69	4
18:00—18:59	69	3
16:00—16:59	61	6

（续表）

时间	访客数	下单买家数
17:00—17:59	59	4
13:00—13:59	54	4
14:00—14:59	54	5
12:00—12:59	53	4
23:00—23:59	53	6
11:00—11:59	51	4
10:00—10:59	49	5
09:00—09:59	45	4
08:00—08:59	40	2
07:00—07:59	31	2
00:00—00:59	26	3
06:00—06:59	12	1
01:00—01:59	11	1
05:00—05:59	7	1
02:00—02:59	6	1
04:00—04:59	6	1
03:00—03:59	5	1

　　通过上面的趋势图和表格可以看出，店铺12月的21:00—21:59时段的访客数最多，相应时间的下单买家数也相对较多；其次是19:00—19:59和20:00—20:59时段。因此，如果店铺最近需要上架新品或制定促销活动，可以选择在19:00—21:00这个时段。

　　2. 地域分布

　　通过对访客的地域分布进行分析，商家可以选择特定地区进行重点推广运营，提升流量和转化。图7-8为某店铺12月的访客区域分布。

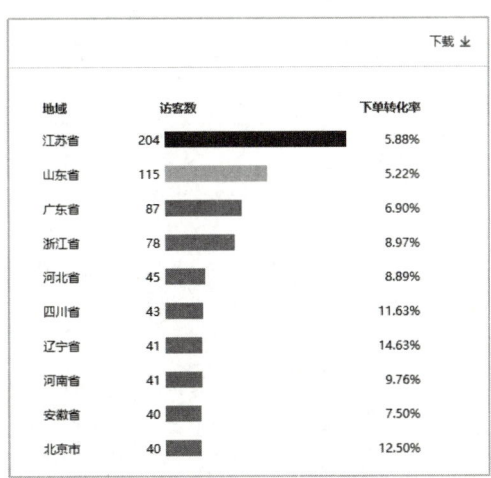

图7-8　某店铺12月的访客区域分布

157

从图 7-8 中可以看出,店铺中的访客主要来自江苏省,其次是山东省和广东省,商家可以在进行付费推广的时候,对访客量较多的地区做一些定向广告投放,或在转化率较高的地方做投放。

3. 特征分布

访客特征分布包括访客的淘气值分布、消费层级、性别、店铺新老访客对比,从这些数据中我们可以看出该商品的购买人群是男性还是女性居多,店铺新老访客分布是什么样的。图 7-9 为某店铺 12 月的访客特征分布。

图 7-9 某店铺 12 月的访客特征分布

从图 7-9 中可以看出,淘气值在 1 000＋的访客数较多,性别为女性居多,消费层级在 0～30 元的访客占比较多,但是 355 元以上、30～60 元和 175～355 元层级的下单转化率较高,而新访客占比较多,但是转化率却是老访客较高。

通过分析访客特征分布,店铺可以对产品使用人群以及偏好进行定向了解,便于在以后对商品推广时做精准推送或定向营销。

(二)访客对比数据分析

同样在生意参谋的"流量→访客对比"板块中,时间设为 30 天,可以看到店铺的三大人群基础标签:消费层级、性别、年龄,如图 7-10 所示。

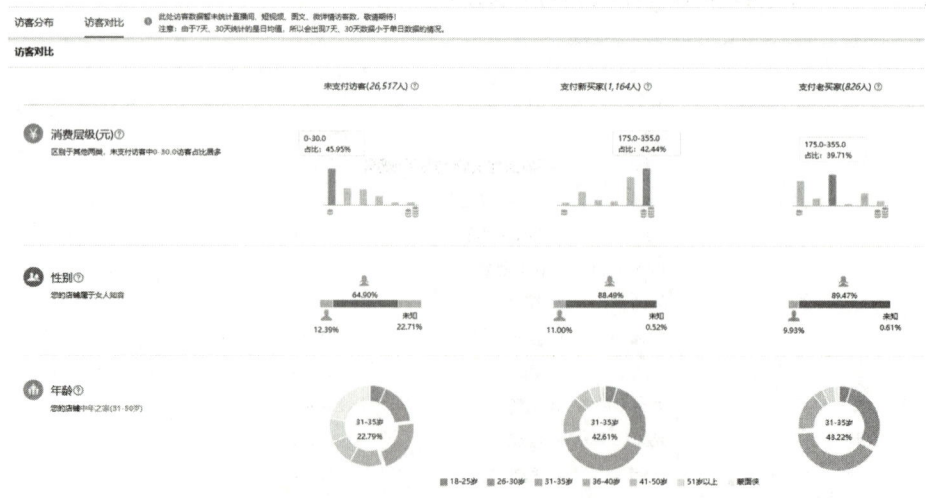

图 7-10 三大人群基础标签

从图 7-10 中可以看到,该店铺的人群定位是比较精准的,该店人群主要集中在女性,年龄在 31～50 岁,消费层级在 0～30 元。

访客对比主要是通过查看"未支付访客"和"支付新买家"与三大人群基础标签是否契合。如果不契合,则说明店铺人群定位不精准。用户群体不一样,相应的营销策略也会大相径庭。例如,针对老年人的店铺策略和针对白领的店铺策略肯定是不一样的,无论是推广渠道还是店铺视觉等,都需要做有针对性的策划。

三、流量结构分析

在对店铺的流量结构进行分析之前,需要了解店铺的整体流量情况,包括流量来源、访客数、浏览量、点击量等数据。以下从免费流量结构和付费流量结构两方面进行分析。

(一)免费流量结构分析

免费流量结构分析,需要对免费流量各来源渠道的引流情况进行分析。表 7-2 为某店铺 12 月的免费流量来源数据。

表 7-2　某店铺 12 月免费流量来源数据

流量来源	浏览量/次	点击量/次	成交订单数/笔
自主搜索	865	256	21
猜你喜欢	365	147	35
购物车	569	103	19
首页推荐	459	114	23
其他	236	96	12

为了便于查看分析数据,在 Excel 中将上面的表格转化为折线柱形图,将成交订单数设置为簇状柱形图,以便对各个流量来源的成交情况进行对比;将浏览量和点击量设置为折线图,以便我们观察这两个指标的变化趋势,如图 7-11 和图 7-12 所示。

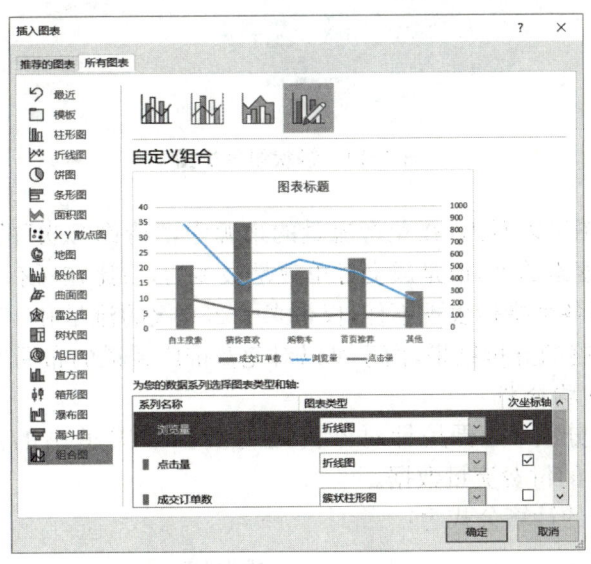

图 7-11　插入图表

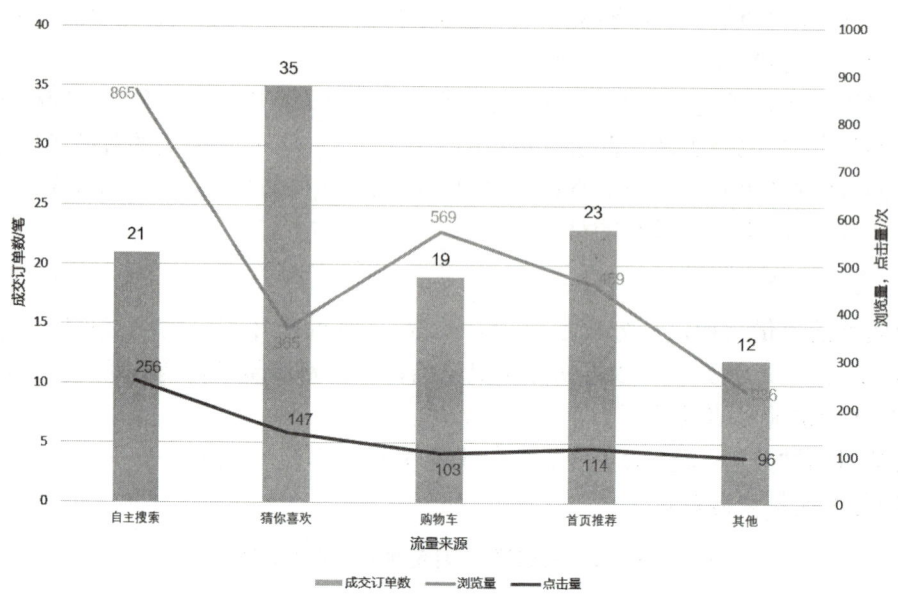

图 7-12　免费流量来源结构分析图

　　选中表格中的流量来源和成交订单数,将数据转化为饼状图,并将饼状图的数值显示方式设置为百分比,可以得到如图 7-13 所示的饼状图分析。

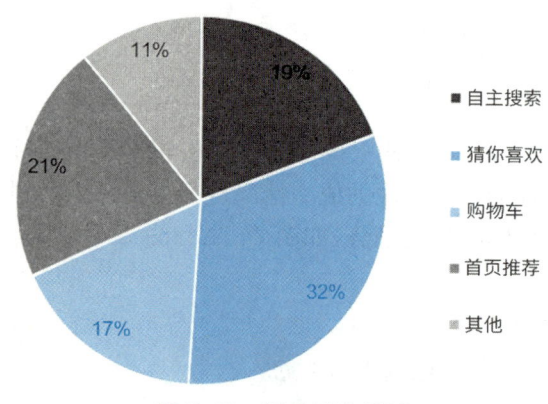

图 7-13　饼状图分析图

　　根据以上的分析图可以看出,在免费流量的来源中,"猜你喜欢"的各个指标都占优势,虽然浏览量没有自主搜索的大,但是成交订单数是最多的,占比在所有免费流量来源中达到 32%;其他来源的流量各个指标表现不佳,仅带来了 236 次的流量和 12 笔成交订单数,占比也只有 11%。通过最终的分析结果,商家可以对免费推广渠道的布局进行优化。

　　(二)付费流量结构分析

　　对付费流量结构分析,主要是针对站内的付费推广渠道中的流量来源进行分析。表 7-3 为某店铺 12 月的付费流量数据。

　　其中,投入产出比的计算公式为:

$$投入产出比 = \frac{总成交金额}{投入成本}$$

表 7-3　某店铺 12 月的付费流量数据

流量来源	成交占比	投入成本/元	成交额/元	投入产出比
关键词推广	22%	2 326	4 752	2.04
精准人群推广	32%	3 652	5 201	1.42
店铺运营	23%	2 265	3 698	1.63
消费者运营	19%	2 635	4 231	1.61
淘客	12%	1 365	2 635	1.93

在 Excel 中选择流量来源、成交占比和投入产出比对应的单元格区域,插入组合图,其中将成交占比设置为簇状柱形图,投入产出比设置为折线图,将投入产出比设置为次坐标轴,可以得到如图 7-14 和图 7-15 所示的付费流量结构分析图。

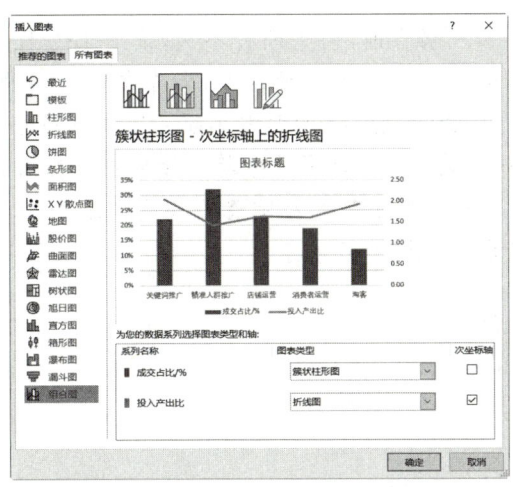

图 7-14　插入图表

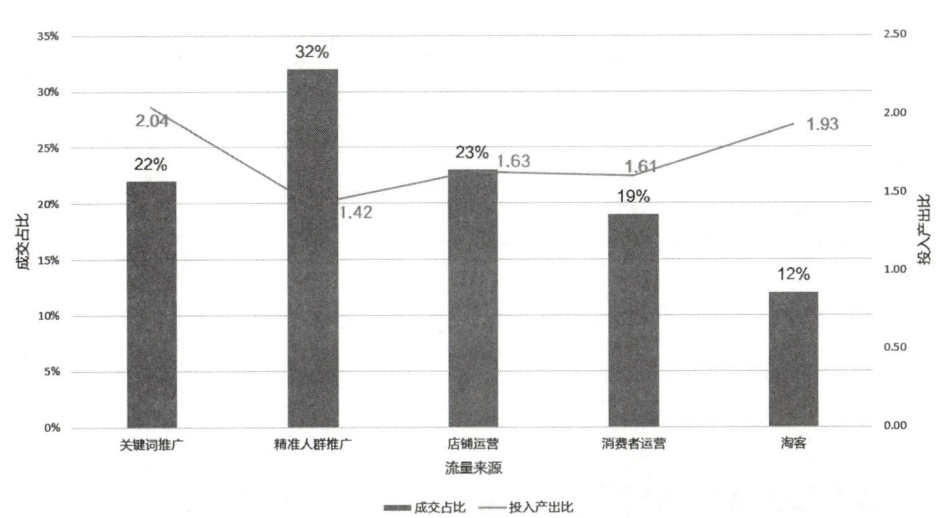

图 7-15　付费流量结构分析图

161

从图 7-15 可以看出,从成交占比的维度来分析,精准人群推广的占比最高,为 32%;淘客的占比最低,仅为 12%。从投入产出比的维度来分析,淘客的投入产出比最好,而精准人群推广的投入产出比较低。因此商家在选择付费推广渠道时,可以综合对比成交占比、投入产出比等数据,来选择最优渠道进行大力推广。

任务二　关键词推广数据分析

 引入案例

　　小陈最近在淘宝上开了一家店铺,由于新开不久,没有通过付费渠道来获取流量,但是店铺的流量和转化都还不错。可是过了一段时间,小陈发现店铺的流量和转化都大幅度下降了,为此小陈还去找了专门做电商运营的朋友了解。朋友告诉小陈,一般在淘宝新开的店铺都会有一个过渡期,也就是俗称的"新手保护期",如果想要提升店铺的流量和转化率,还是需要进行站内站外推广才行。朋友还给小陈看了自己店铺最近 30 天的流量来源构成,其中包括广告流量和平台流量,如图 7-16 所示。

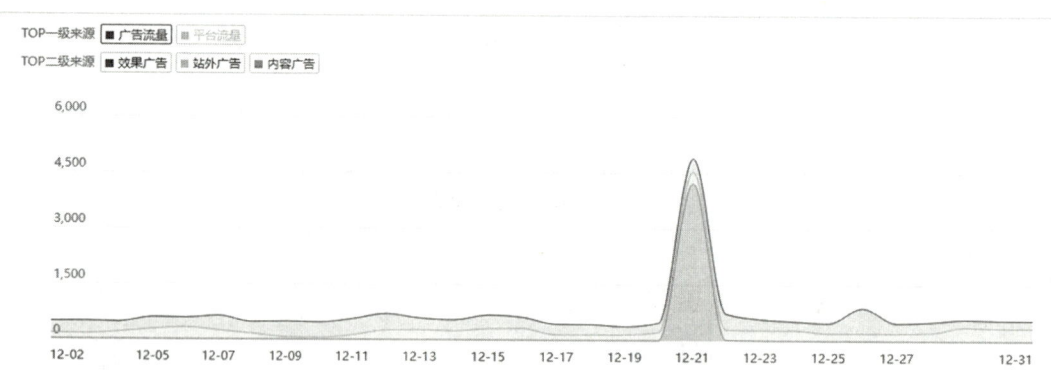

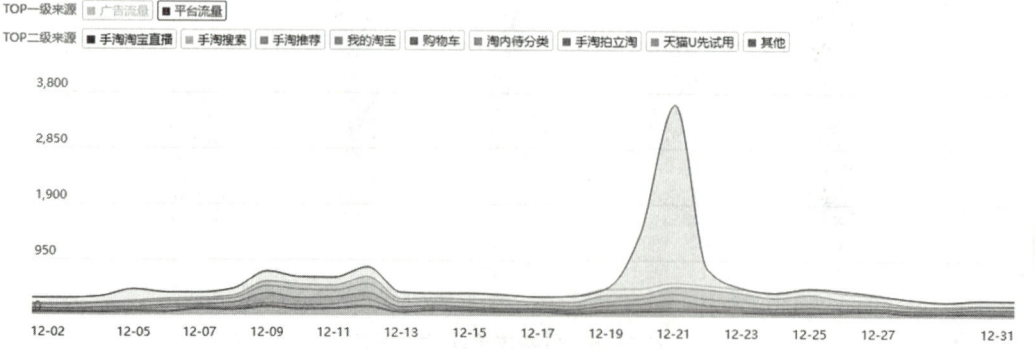

图 7-16　店铺流量来源构成

朋友告诉小陈，要学会判断店内的产品哪些能做哪些不能做。例如，有些商品点击率不行但是有转化，有些商品收藏加购量较多，有些商品点击率不错但是没什么转化。这个时候就需要留意店铺商品的转化和加购等数据。

一般来说，除了商品自身的内部因素，平台推广费用、市场整体环境或是时间季节等外部因素也会对店铺流量产生一定的影响。

 相关知识

一、关键词推广分析指标

在电子商务平台中，用户想要查看某一个商品一般会通过输入关键词来查找，而商家可以通过优化商品关键词、投放对应的关键词广告来达到提升商品的曝光机会。在推广某个单品时，商家可以通过精准的关键词搜索匹配吸引优质用户，当用户进入店铺后，可能会产生多次的流量跳转，从而促成其他商品的转化成交。

这里所说的关键词转化即关键词推广，也就是以前的直通车，关键词推广的原理是通过用户搜索将推广的商品展示在搜索页面的某个位置。

知识补充

一般情况下，商家并不能获取大量的免费流量，因此这里的流量转化数据分析基本都是针对付费推广渠道的流量来进行分析的。

在进行关键词推广数据分析前，我们需要了解其主要分析指标，包括展现量、点击量、点击率、花费、平均点击花费、总成交金额、总成交笔数、点击转化率、投入产出比等，如表 7-4 所示。

表 7-4　关键词推广分析指标

名称	含义	影响因素
展现量	推广内容被用户看到的次数	关键词数量、关键词市场情况、关键词创意匹配模式等
点击量	推广内容被用户点击的次数	创意图片视觉、关键词精准度、广告推广位、产品定价等
点击率	点击率$=\dfrac{点击量}{展现量}$，可直观表示推广主体的吸引程度，点击率越高，说明推广主体对用户的吸引力越大	
花费	推广内容被用户点击或发生其他约定计费的行为所花费的金额	关键词出价、质量得分、关键词市场情况
平均点击花费	平均点击花费$=\dfrac{花费}{点击量}$，即每一次点击产生的平均花费金额	

(续表)

名称	含义	影响因素
总成交金额	总成交金额＝直接成交金额＋间接成交金额，即推广内容引导用户产生的所有交易的总成交金额	客单价、访客数、跳失率、收藏数等
总成交笔数	总成交笔数＝直接成交笔数＋间接成交笔数，即推广内容引导用户产生的所有交易的总成交笔数	
点击转化率	点击转化率＝$\dfrac{总成交笔数}{点击量}$	流量精准度、产品承接转化能力
投入产出比	投入产出比＝$\dfrac{总成交金额}{花费}$	转化率、客单价、平均点击花费

知识补充

展现量的统计会去除用户快速划过、主图未完全展现等情况产生的无效曝光。点击量的虚假点击会被反作弊体系过滤，该数据是反作弊过滤后的数据。

表 7-5 为某店铺关键词推广效果报表，下面我们以该数据为例，来对该店铺的关键词推广进行分析。

表 7-5 某店铺关键词推广数据

关键词	展现量/次	点击量/次	点击率	花费/元	平均点击花费/元	总成交金额/元	总成交笔数/笔	点击转化率
活页本 横线	5 063	325	6.42%	507	1.56	1 126.36	24	7.38%
B5 笔记本	4 023	301	7.48%	427.42	1.42	863.23	19	6.31%
基础横线 学生	2 336	156	6.68%	160.68	1.03	524.12	12	7.69%
横线 方格 点阵	2 146	171	7.97%	174.42	1.02	423.36	13	7.60%
笔记本 加厚纸张	1 568	89	5.68%	79.21	0.89	265.37	6	6.74%

（一）关键词推广展现量、点击量（率）分析

将表 7-5 放入 Excel 中，选择关键词、展现量单元格区域，插入一个饼状图，如图 7-17 所示。

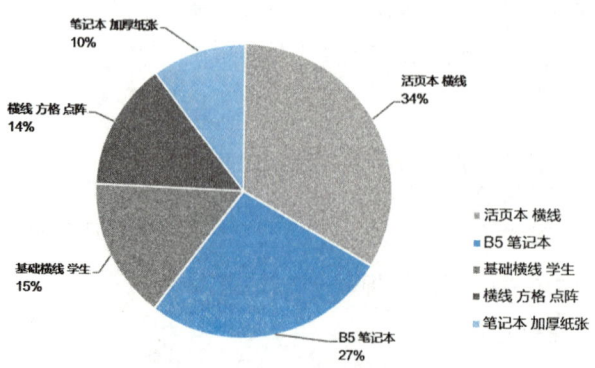

图 7-17 关键词展现量占比

在 Excel 中继续选择关键词、展现量、点击率,然后插入一个组合图,其中设置展现量为簇状柱形图,点击率为折线图,并设置为次坐标轴,如图 7-18 所示。

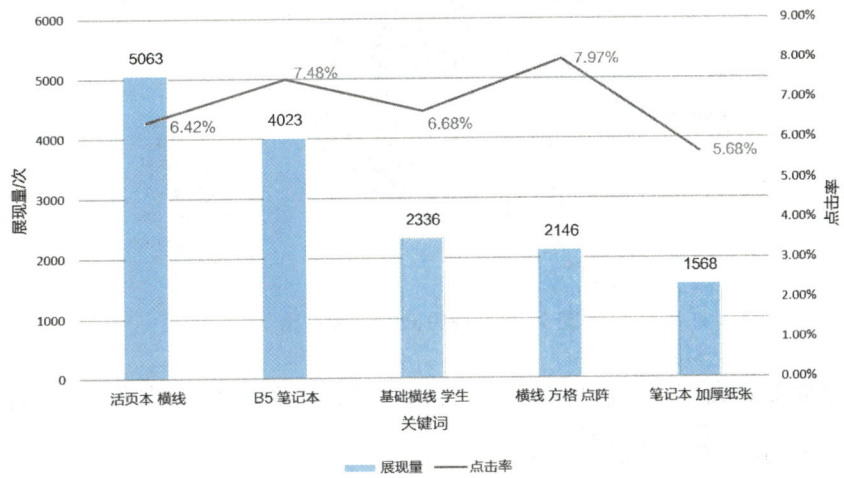

图 7-18　关键词展现量和点击率

根据以上的图表分析可以看出,关键词"笔记本　加厚纸张"的展现量和点击率最低,"活页本　横线"的展现量最高。造成关键词展现量低的原因有多方面,可能是该关键词的质量度不高,商家可以从创意及商品页面的视觉方面进行优化;还可能是该关键词的出价过低,商品本身的展现机会不多,这时商家可以通过提升关键词出价进行优化。

（二）关键词推广总成交笔数分析

在 Excel 中选择关键词、总成交笔数的单元格区域,然后插入饼状图,对关键词的成交情况进行分析,各关键词总成交笔数的占比如图 7-19 所示。

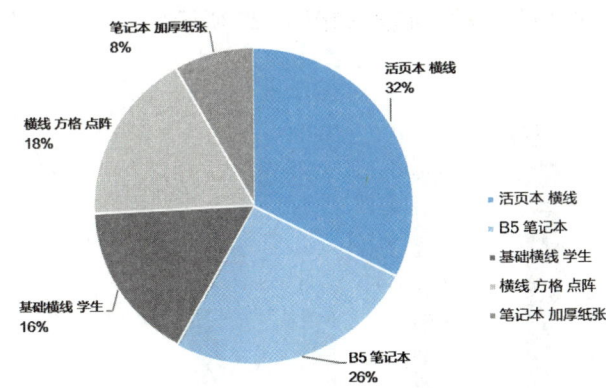

图 7-19　各关键词总成交笔数占比

从图 7-19 中可以看出,关键词"活页本　横线"和"B5　笔记本"的订单占比总和占全部订单中 58％,在该店铺的总订单中,关键词"笔记本　加厚纸张"的订单占比最小,只占据总订单的 8％。

（三）关键词推广花费分析

在 Excel 中选择关键词、花费的单元格区域,插入饼状图,如图 7-20 所示。

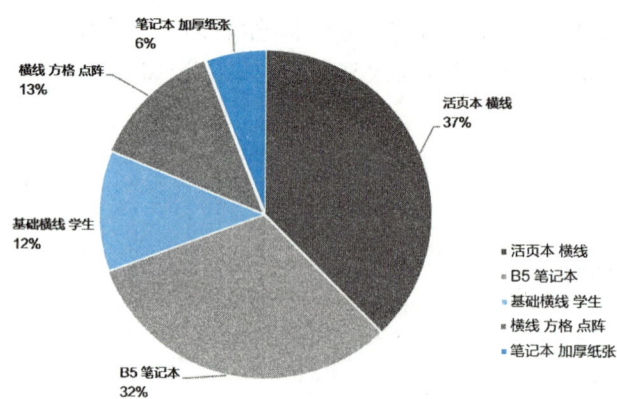

图 7-20 各关键词花费占比

为了便于观察花费和收入的比率关系,可以在表格后面插入一列"投入产出比",并计算出结果(投入产出比$=\dfrac{总成交金额}{花费}$),如图 7-21 所示。

	A	B	C	D	E	F	G	H	I	J
1	关键词	展现量/次	点击量/次	点击率	花费/元	平均点击花费/元	总成交金额/元	总成交笔数/笔	点击转化率	投入产出比
2	活页本 横线	5063	325	6.42%	507	1.56	1126.36	24	7.38%	2.22
3	B5 笔记本	4023	301	7.48%	427.42	1.42	863.23	19	6.31%	2.02
4	基础横线 学生	2336	156	6.68%	160.68	1.03	524.12	12	7.69%	3.26
5	横线 方格 点阵	2146	171	7.97%	174.42	1.02	423.36	13	7.60%	2.43
6	笔记本 加厚纸张	1568	89	5.68%	79.21	0.89	265.37	6	6.74%	3.35

图 7-21 计算投入产出比

选择关键词、花费、投入产出比单元格区域,插入组合图,其中设置花费为簇状柱形图,投入产出比为折线图,并设置为次坐标轴,如图 7-22 所示。

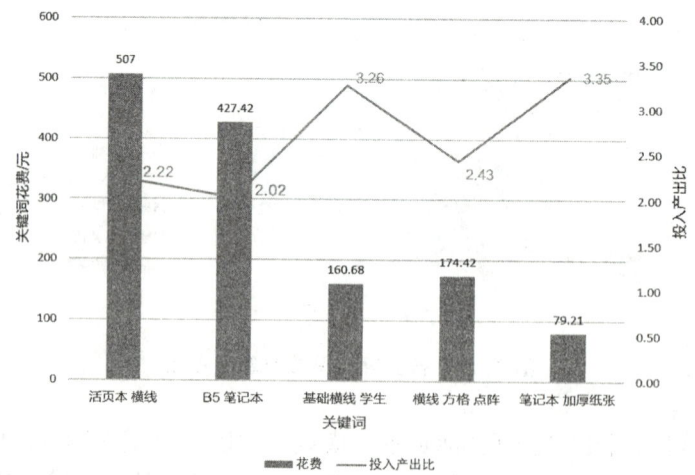

图 7-22 各关键词投入产出比

从该图中可以看出,该店铺的关键词推广花费主要集中在"活页本 横线"和"B5 笔记本"两个关键词,而"笔记本 加厚纸张"关键词的投入产出比最高。

通过一系列的分析,我们可以看出关键词"活页本　横线"和"B5　笔记本"的投入相对较大,但是投入产出比不高,可以进一步优化商品详情页来提高投入产出比;而关键词"基础横线　学生"和"笔记本　加厚纸张"投入产出比较高,可以相对提高投入资金,加大关键词的展现量和点击量。

二、提高关键词推广效果的方法

经过上面的数据分析我们可以发现,关键词推广的展现量、点击量、点击转化率越高,总订单数就越高,那么店铺的利润就越高。商家可以从以下几个方面来提高关键词推广效果。

(一)展现量优化

商家进行关键词推广的最终目的是获得流量,也就是点击量,而要想获得优质的点击量,商品的展现量是前提。

1. 展现量影响因素

商品能否获得展现,与关键词的选择和优化有很大的关系,这些会影响关键词排名、关键词搜索量等。

(1)关键词排名:关键词推广的排名是依据关键词出价、质量得分以及买家综合维度综合进行排名的,排名靠前展现的机会就越大。另外由于关键词推广可设定精选人群,展现会受人群特征、地域、竞争环境等因素的影响,推广会存在千人千面的逻辑,因此,不同的人搜索展现的商品会不一样。商家若想要获取更多的关键词推广流量,就必须优化关键词质量分,同时可以适当地进行加价或针对搜索人群进行溢价。

(2)关键词搜索量:如果关键词的平均展现排名很高,但是却没有展现量,这时商家需要考虑关键词的搜索量问题。关键词无人搜索,或搜索热度较低,商品自然无法获得展现,那说明这类关键词的意义和效果不大,可以删除。

行业点拨

在生意参谋中的关键词推广→计划→单元→关键词列表中可以查看关键词的平均排名(若同时投放移动端和PC端,只显示移动端排名平均排名和出价),图7-23为关键词过去一小时的平均排名。平均展现排名 $= \dfrac{\text{每次展现排名的加总}}{\text{展现量}}$,每次展现排名是指商品每次的展现排名。

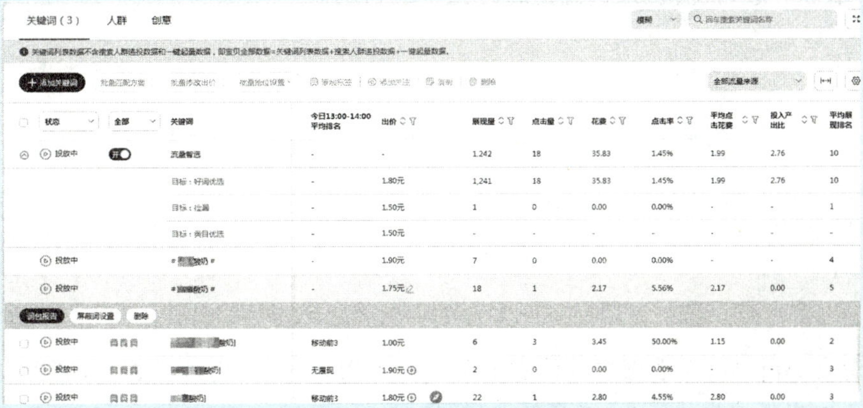

图7-23　关键词平均排名

2. 展现量优化

商家想要提升关键词的展现量,可以尽可能地扩大关键词的覆盖范围,即提升关键词的数量,关键词数量越多,商品获得的展现机会就越大。

另外如果关键词的展现量较少,就需要分析是否是关键词本身的搜索量就少,还是由于关键词的质量分和出价较低。如果是质量分较低,这时需要更换关键词;如果是出价较低,这时需要对商品的标题、主图、出价等进行调整。

(二)点击率优化

商品的点击率与点击量和展现量有关,而影响商品点击率的因素有关键词排名和商品图片视觉。排名越靠前,点击率越高,但是相应的推广费用就越高。一些热词、大词虽然流量大,但是精准度不高,中小商家更适合去竞争那些展示指数合理、精准度更高的关键词,这种关键词带来的转化率较高,且推广费用较低。

行业点拨

> 质量分是搜索推广中衡量关键词与宝贝推广信息和淘宝用户搜索意向三者之间相关性的一项综合性数据。以 10 分制的形式来呈现,分值越高,可以获得的推广效果越理想。关键词推广质量分高,代表关键词推广效果优质,可以用相对更少的推广费用把更优质的宝贝信息展现在更适当的展示位置上,使买卖双方获得双赢。对于新添加的关键词,系统会给一个初始质量分,一般接近行业均值,后续会根据关键词推广情况进行更新。

(三)图片视觉优化

商品的展现量较高,但是点击率低,这可能是由于商品排名靠前,但是关键词精准度不高的原因。也有可能是因为虽然关键词精准,但是图片视觉不够好,这时就需要对图片进行优化。图片视觉优化一般是需要对每张推广主图依次进行测试,以此来选择更优质的商品图片。在一定的数据基础上,展现量高、点击量高、点击率高的图片比较适合作为推广主图。

(四)转化率优化

不管是哪一种推广形式,其最终目的都是为店铺或商品带来流量,从而获得转化。造成转化率低的原因有多种,可能是流量较少,也可能是关键词不够精准,还可能是商品详情页、商品评价、商品销量等因素的影响。所以,针对转化率低的具体情况,可以对店铺流量、页面设计、客户培训等进行优化,以达到提高转化率的目的。

任务三　内容推广数据分析

引入案例

打开淘宝 App 后,在手淘首页的右上角有一个图标,点击进入里面后,就可以沉浸式逛淘宝。这个版本强调生活娱乐,主打好看、好玩、好逛,包括了游戏、互动玩法、各类短视频等吃喝玩乐的内容,如图 7-24 所示。

根据 App Store 的历史版本信息粗略统计，仅 2023 年，淘宝就发布了 20 多个版本。淘宝通过 App 版本快速迭代，一方面积极由图文模式走向视频化，未来手淘上推荐信息流的 70％将会给到短视频、直播切片以及直播间。另一方面淘宝的娱乐休闲场景也得到极大地丰富。除了购物主需求，用户还可以在淘宝刷视频、看直播、玩小游戏等。例如，淘宝直播逐渐搭建起了一个以唱歌、跳舞、脱口秀等为主要载体的纯才艺展示类直播内容池。除此之外，淘宝还上线了将近 30 款小游戏，涵盖了棋牌、经营、益智、养成等四大类别，常见的斗地主、麻将、消消乐等游戏都囊括在其中。

图 7-24 淘宝内容专区

由此可以看出，内容化是淘宝未来的重要发力点，在图文流量触顶后，短视频自然成为突围的主方向。

 **相关知识**

一、内容营销概况

内容营销市场规模飞速增长，越来越多的用户习惯通过内容发现新事物和优质商品，除了传统的图文形式，还包括短视频和直播这种新形式，越来越多的品牌和商家在经营过程中开始注重内容营销。与此同时，通过内容运营分析和追踪不同阶段的营销效果，分配营销资源预算，在营销前后的过程中也不容忽视。

内容推广中的数据分析，是指对相关电子商务平台内容或平台外的其他内容渠道情况进行统计并分析的过程，包括内容展示、转化、传播和推广等。通过对内容的分析，商家可以更好地对内容形式和推广方式进行评估和优化。

1. 比较不同渠道的推广效果

商家将相同的内容发布到不同的渠道中，通过相关的数据分析，可以得出各个渠道的阅读量和点赞数等,以此来判断目标人群聚集地。将不同的内容发布到相同的渠道中,可以帮助商家了解用户群体的内容偏好,以便更集中地输出和优化内容。

2. 及时发现内容并调整优化

通过内容数据对比,商家可以发现内容的问题出现在哪一方面,以便及时调整和优化,避免粉丝流失。例如,内容标题不够吸引人,短视频封面不够吸睛,内容不够优质等。

3. 获得反馈数据

内容推广过程中的数据可以直观反映出当前内容的运营效果和问题,为商家的运营决策提供可参考的数据和战略依据。

二、内容运营效果分析

以淘宝平台为例,运营人员可以在生意参谋的"内容"板块来完成内容运营数据分析。通过"内容→内容概况→全部内容",商家可以按日、周、月时间单位来查看店铺内容运营的整体概况,如图 7-25 所示。

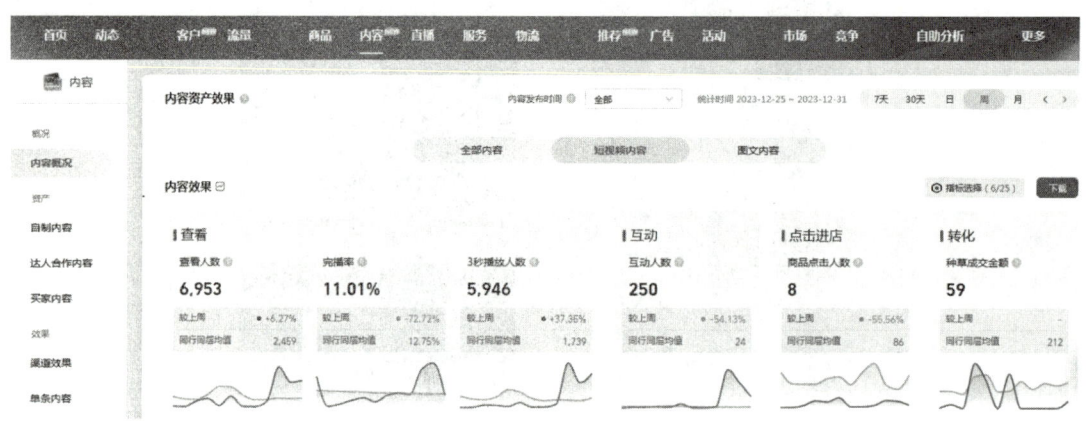

图 7-25　生意参谋的"内容"板块

> **行业点拨**
>
> 生意参谋中的"内容"板块仅包含从平台发布的短视频和图文和从其他平台发布后同步的短视频和图文,不包括直播、微详情、头图视频、店铺视频,因此,在淘宝平台中的内容数据分析主要指的是对短视频的数据进行分析。

(1)查看人数:是指在统计周期内,查看本店商品内容的人数,一个人查看多次按一人计算。"查看"是指全屏页被看到,既可以是从双列流进入全屏页查看内容,也可以是在全屏页通过上下滑动查看其他内容,且与视频是否播放无关。

(2)完播率:完播率 $=\dfrac{\text{短视频完整播放次数}}{\text{播放次数}}$,播放次数是指在统计周期内,内容全屏页形式短视频的播放总次数。

(3)3 秒播放人数:是指在统计周期内,内容全屏页形式播放短视频超过 3 秒的去重人数。进入到内容全屏页后,通过上下滑动播放的短视频内容,也会计入相应短视频内容的播放。

(4)互动人数:是指在统计周期内,与本店相关的全屏页短视频及图文内容互动的去重人数。互动包括收藏、转发、点赞、评论等。

（5）商品点击人数：是指在统计周期内，通过本店相关的全屏页短视频及图文内容，点击进入商品详情页的去重人数。

（6）种草成交金额：是指在 15 天内被商品种草过，并在统计周期内产生的种草商品的成交金额之和。种草商品是指 15 天内，播放和商品有关的短视频超过 3 秒，或查看和商品有关的图文超过 3 秒，或点击短视频/图文下挂的本店商品，或加购短视频或图文下挂的本店商品。例如，当统计周期是"7 天"，统计日期为 1 月 23 日，那么种草成交金额统计的是 1 月 17 日至 23 日这 7 天中每一天购买种草商品的成交金额之和。

知识补充

内容的指标主要分为查看、互动、点击进店和转化四个大的指标。除了以上介绍的主要内容指标外，运营人员可以在生意参谋中自定义添加其他指标，如查看次数、新增粉丝数、互动次数、种草成交金额占比全店等。

（一）渠道效果分析

通过渠道分析，商家可以挖掘不同人群偏好的内容渠道，让内容投放更有方向。目前，在生意参谋中统计的数据渠道主要包括推荐、搜索和逛逛。图 7-26 为推荐渠道的短视频引流指标数据。

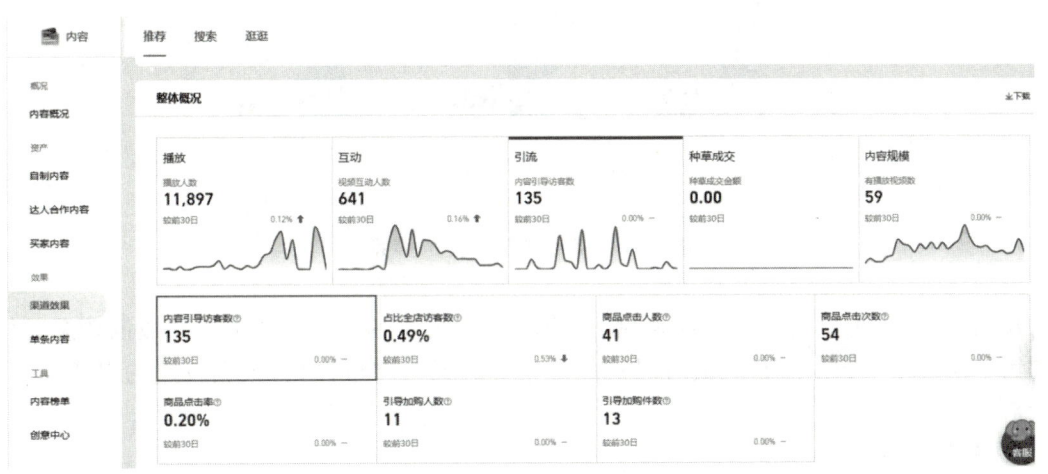

图 7-26　推荐渠道的短视频引流指标数据

1. 整体概况

运营人员可以对各个渠道进行数据统计，如播放、互动、引流、种草成交和内容规模等，根据数据的分析结果，可以判断不同渠道内容的查看情况和转化情况，也可以选择相应的数据指标整理成表格数据。然后再进行图形化分析，更加直观地比较不同渠道的内容运营效果，从而根据分析结果调整内容运营策略。

表 7-6 为统计的 7 天内推荐、搜索和逛逛各个渠道的种草金额指标数据，即各个渠道的内容转化相关数据。

表 7-6　各个渠道种草金额指标数据统计

渠道名称	内容种草人数/人	种草粉丝人数/人	种草成交金额/元	占比全店支付金额	种草成交人数/人
推荐	2 301	203	3 214	0.26	32
搜索	1 865	164	2 413	0.18	28
逛逛	1 687	103	1 237	0.07	16

其中的占比全店支付金额计算公式为：

$$占比全店支付金额 = \frac{种草成交金额}{全店支付金额}$$

为了便于观察，利用 Excel 选择表 7-7 中的"渠道名称""种草粉丝人数"和"种草成交人数"单元格区域，将其转化为柱形图，如图 7-27 所示。

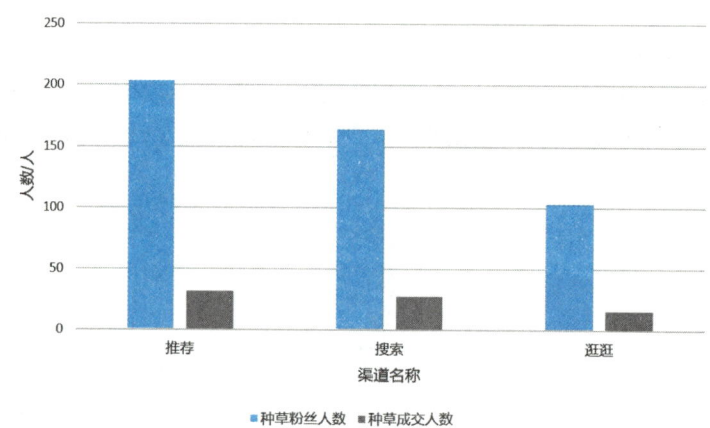

图 7-27　各渠道种草金额指标

从图 7-27 中可以看出，与本店商品相关的种草视频在手淘推荐渠道的数据效果最好，其次为手淘搜索渠道。运营人员可以对数据较好的渠道进行优化，数据较差的渠道可以减少投放。

2. 单条效果

商家通过单条效果可查看搜索单条视频的效果表现，并且可以按照发布时间、播放次数、完播率等指标排序，查看单条短视频的详细分析。图 7-28 为推荐渠道中的单条效果数据。其中，单条效果的数据展示逻辑为：

（1）在统计周期内，有内容数据效果的单条内容才会被展示（具体规则：曝光次数、播放次数、内容种草成交金额中任意指标＞0）。

（2）单条效果列表只显示前 1 000 条内容（默认按照种草成交金额倒序排列，商家也可按照需要选择其他指标进行排序）。

3. 商品分析

商品分析主要聚焦于商品在不同内容渠道的推广情况，生意参谋中的商品分析主要提供了商品点击人数、商品点击次数、引导加购人数、引导加购件数、种草成交金额和种草成交

图 7-28 单条效果数据

人数，一次只能选择 5 个指标，如图 7-29 所示。

　　商家要避免盲目推广商品，可以先了解哪个商品更适合内容营销，然后再针对性地进行推广。通过提供的数据指标，商家可以计算出不同商品的转化率，对于转化率优秀的商品可以加大推广，对于转化率较差的商品可以停止推广。

图 7-29 商品分析

（二）单条内容分析

　　通过单条内容分析，商家可以查看图文、短视频的查看、互动、点击进店和转化指标数据。生意参谋中的单条内容主要提供了近一个月内不同内容的阅读转化情况，包括查看人数、互动人数、商品点击人数、种草成交金额等多个指标。商家也可以根据自身需要来选择要查看的指标数据，如图 7-30 所示。

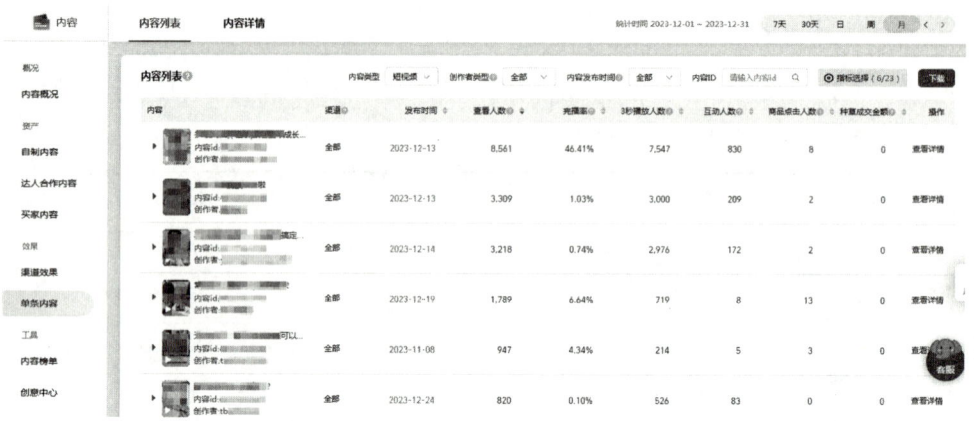

图 7-30　单条内容分析

运营人员通过单条内容分析，可以挖掘出转化率较高的内容类型，从而分析人群偏好，调整内容策略。将上图中的数据整理为表 7-7 所示的表格。

表 7-7　单条内容数据统计

内容标题	渠道	查看人数/人	完播率	3 秒播放人数/人	互动人数/人	商品点击人数/人	种草成交金额/元
标题 1	全部	8 561	46.41%	7 547	830	8	0
标题 2	全部	3 309	1.03%	3 000	209	2	0
标题 3	全部	3 218	0.74%	2 976	172	2	0
标题 4	全部	1 789	6.64%	719	8	13	0
标题 5	全部	947	4.34%	214	5	3	0
标题 6	全部	820	0.10%	526	83	0	0

选择表格中的"内容标题""互动人数""商品点击人数"单元格区域，插入柱形图进行直观的分析和展示，如图 7-31 所示。

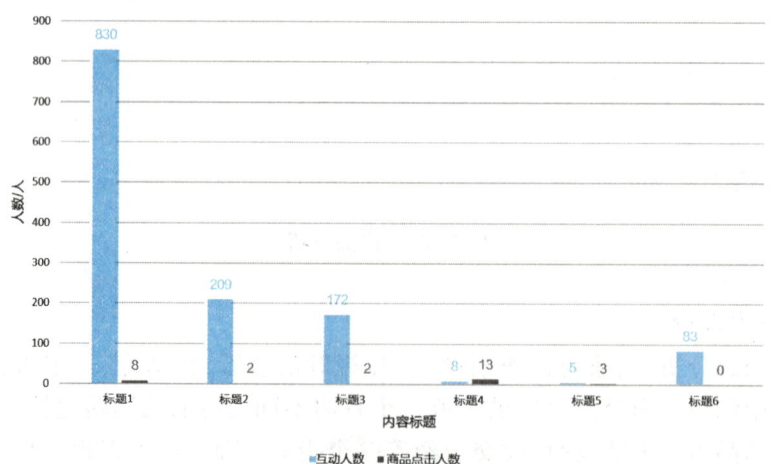

图 7-31　柱形图分析、展示

三、内容分类分析

目前淘宝平台中的内容主要分为商家自制内容、达人合作内容、买家内容三大类。

（一）商家自制内容分析

商品自制内容是指商家通过本店账号发布的内容，包括短视频内容和图文内容。在生意参谋中的"内容→自制内容"页面中，可以分别查看商家自制的全部内容、短视频内容和图文内容的各个指标数据。图 7-32 为视频内容的各个指标数据。

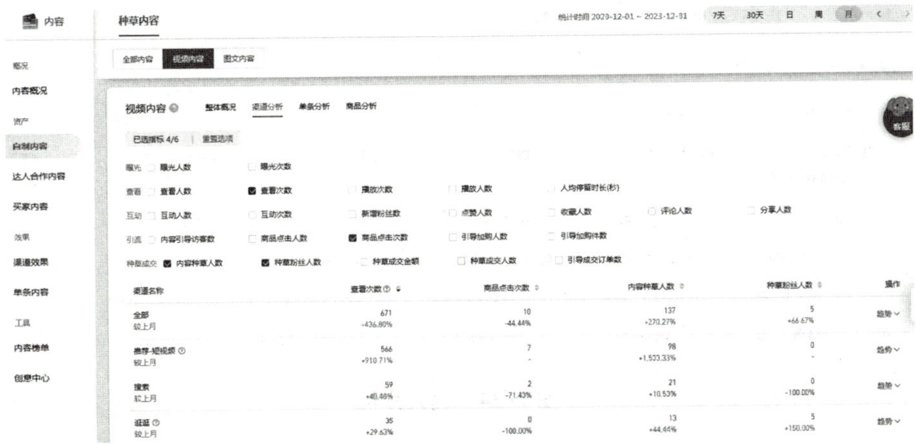

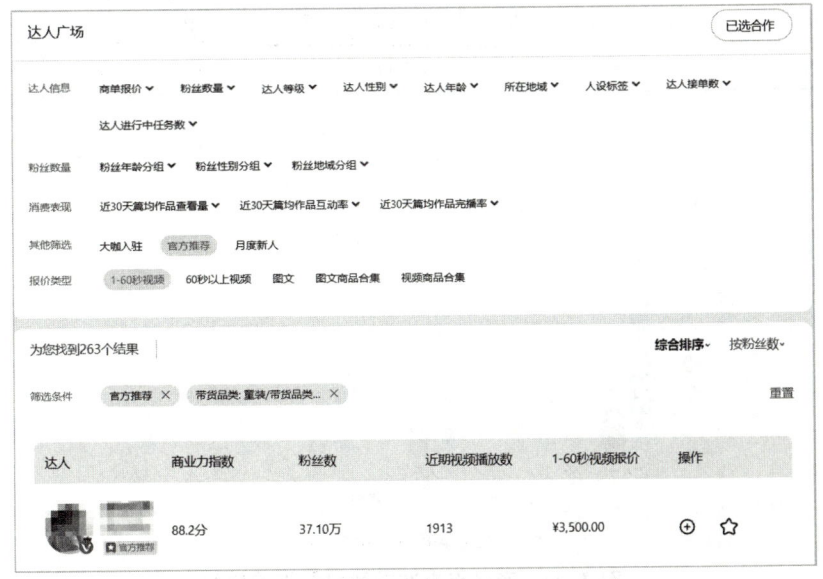

图7-32 视频内容的指标数据

（二）达人合作内容分析

达人合作内容是指商家通过平台与达人合作产生的本店相关内容，包含商单合作、种草设佣、好物体验、账号矩阵所产生的内容，其内容同样包括短视频内容和图文内容。

通过达人分析，商家可以判断合作达人的引流程度及潜力。商家可以通过"光和平台→达人广场"来根据条件筛选合作的达人，如图 7-33 所示。

图7-33 达人广场

这里通过对达人内容中的单条分析来分析达人的内容效果,如图 7-34 所示。将图 7-34 中相应的指标数据整理成数据表格,如表 7-8 所示,然后选择商品点击次数和引导加购件数来制作柱形图,如图 7-35 所示,达人一的内容运营效果是最好的,其次是达人三。

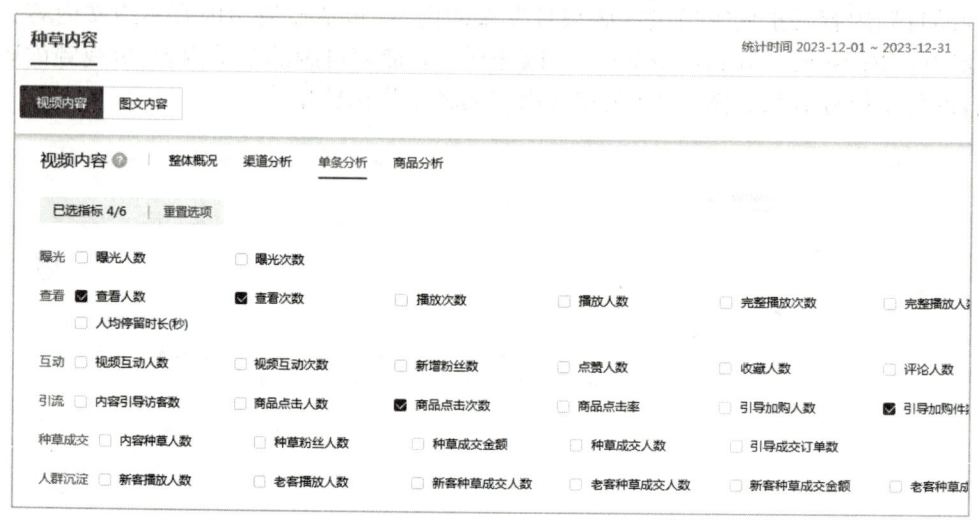

图 7-34 达人分析

表 7-8 达人内容单条分析数据统计

达人名称(作者)	查看人数/人	查看次数/次	商品点击次数/次	引导加购件数/件
达人一	8 561	26 437	211	36
达人二	3 309	4 088	85	10
达人三	7 632	12 606	102	21
达人四	4 203	5 637	69	14
达人五	5 231	8 536	29	8
达人六	5 897	7 509	23	6

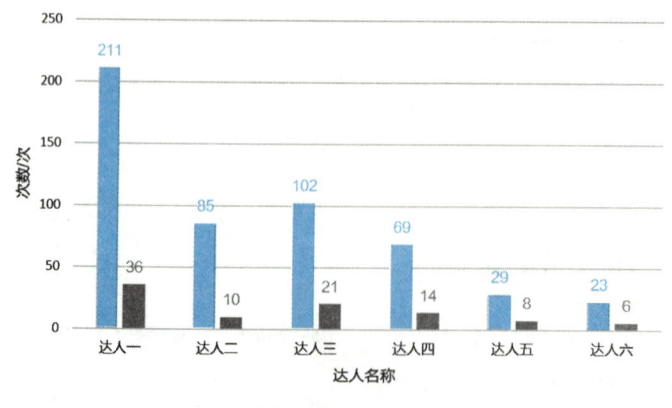

图 7-35 商品点击次数和引导加购件数

（三）买家内容分析

买家内容是指消费者发布的带本店已购商品的内容,包含征集买家秀、评价买家秀和其他买家秀内容,内部同样包括视频内容和图文内容,运营人员需要重点关注评价买家秀和征集买家秀。光和平台中买家内容指标数据如图 7-36 所示。

图 7-36　光合平台买家内容指标数据

素养点拨

　　无论是商家自制内容,还是达人合作内容,或是买家内容,在视频内容和图文内容中,都可以分别查看内容的整体概况、渠道分析、单条分析和商品分析。其中的单条分析和商品分析与渠道效果分析中的单条效果和商品分析指标大体相同,只是有细微区别,其分析方法是相似的。

项目实训——站外内容运营分析

　　相较于站内的内容运营分析,站外内容运营的渠道更多,包括微信、微博、小红书、今日头条、抖音等平台。这些平台都有相应的数据统计工具,运营人员可以借助这些新媒体平台来进行商品营销内容的推广传播。

【实训背景】

　　目前微博的推广内容主要以博文、文章、视频等形式来展现,在进行微博内容运营分析时,可分别进入数据助手来查看阅读趋势、阅读人数和转发数等。登录微博后,进入"个人主页→创作者中心"页面,即可了解微博账号的整体运营情况,包括昨日关键指标、粉丝变化、博文、视频等数据。

【实训目标】

（1）掌握站外内容运营数据分析方法。

（2）掌握使用 Excel 统计数据并制作图表的方法。

【实训要求】

这里以某电商企业在微博上的内容运营分析为例,统计了各个博主的推广转发数据,数据指标包括阅读量、转发评论数、店铺引流人数、成交人数及支付金额,如表7-9所示。

表7-9　多渠道单条微博内容运营数据统计

博主名称	阅读量/次	转发评论数/次	店铺引流人数/次	成交人数/人	支付金额/元
博主一	13 624	356	102	35	395
博主二	23 654	426	85	41	658
博主三	45 780	563	125	75	1 023
博主四	10 579	210	35	14	269
博主五	65 402	632	147	89	2 157
博主六	10 579	165	12	6	524
博主七	26 870	369	41	38	756

【实训步骤】

单条微博的各个渠道数据分析制作步骤如下。

(1)将表格内容复制进Excel中,选择"博主名称""店铺引流人数""成交人数""转发评论数"单元格区域,如图7-37所示。

	D	E	F	G	H	I
1	博主名称	阅读量/次	转发评论数/次	店铺引流人数/次	成交人数/人	支付金额/元
2	博主一	13624	356	102	35	395
3	博主二	23654	426	85	41	658
4	博主三	45780	563	125	75	1023
5	博主四	10579	210	35	14	269
6	博主五	65402	632	147	89	2157
7	博主六	10579	165	12	6	524
8	博主七	26870	369	41	38	756

图7-37　选择数据源

(2)选择"插入→图表"功能组中的"插入组合图"按钮 ，在打开的下拉菜单中选择"创建自定义组合图"选项,打开"插入图表"对话框,如图7-38所示。

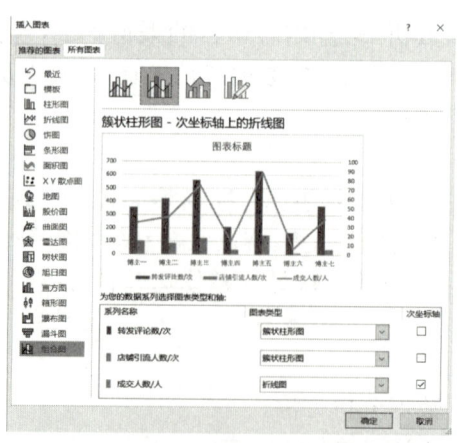

图7-38　打开"插入图表"对话框

（3）选择一种图表形式，添加"坐标轴标题"图表元素，并更改文字信息，如图7-39所示。

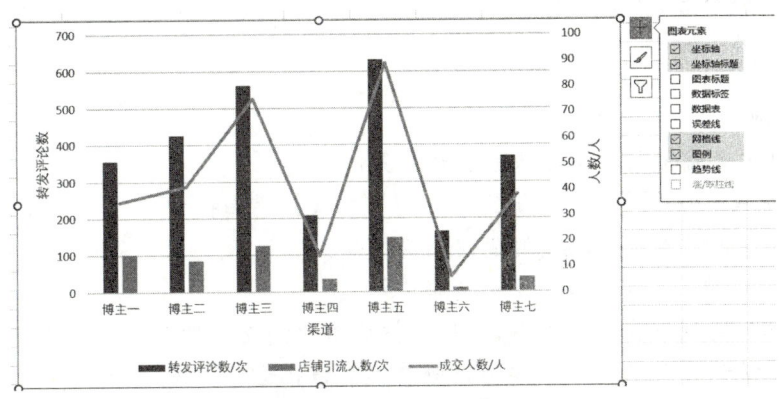

图 7-39　设置坐标轴

（4）单击选中折线，添加"数据标签"图表元素，并更改折线的形状轮廓颜色和粗细，将数字标签颜色更改为与折线颜色一致，如图7-40所示。

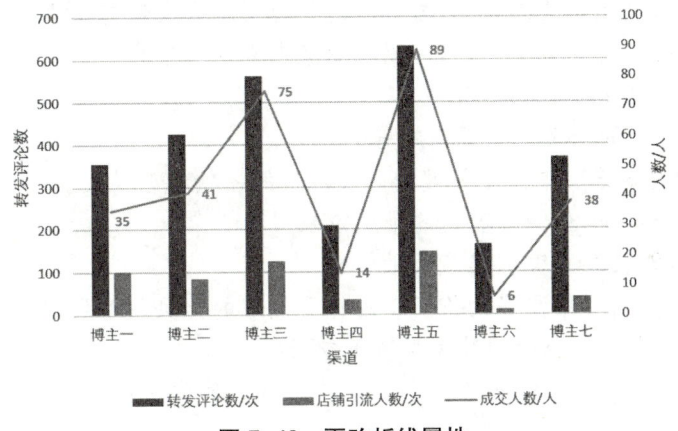

图 7-40　更改折线属性

（5）单击选中柱形图，分别更改柱形图的颜色，如图7-41所示。

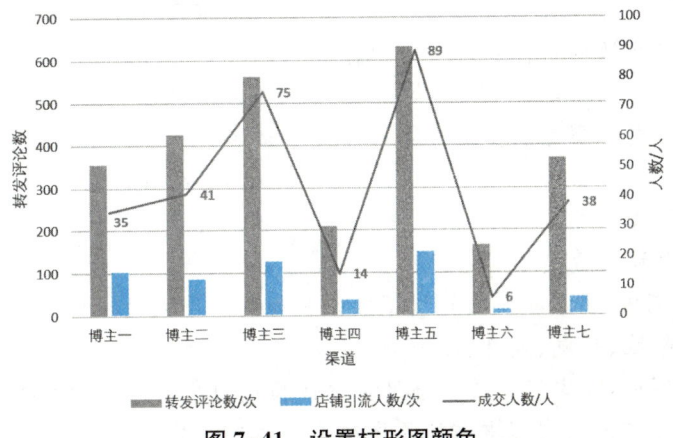

图 7-41　设置柱形图颜色

通过图表形式将各个渠道的数据展示出来,商家可以直观地分析出博主五的渠道内容营销效果最好,其次是博主三。

 **课后习题**

一、单选题

1. 淘宝站内免费流量的主要来源错误的是(　　)。

A. 手淘推荐　　　　B. 店铺运营　　　　C. 手淘搜索　　　　D. 手淘拍立得

2. 下列对站内付费推广渠道的说法正确的是(　　)。

A. 淘客是一种按成交计费(CPS)的推广模式

B. 聚划算需要商家支付坑位费,不需要按订单比例支付佣金

C. 淘客只能通过站内的一些渠道来分享商品链接进行推广

D. 万相台是阿里妈妈全新发布的一站式营销投放系统,整合了站内和站外的优质流量资源

3. 下列对关键词推广的原理说法错误的是(　　)。

A. 关键词推广是通过用户搜索将推广的商品展示在搜索页面的某个位置

B. 商家可以通过优化关键词,投放对应的关键词广告来迅速提高商品客单价

C. 通过精准的关键词搜索匹配,可以为商家带来优质用户

D. 关键词推广指的是以前的直通车

4. 下列对质量分的含义说明正确的是(　　)。

A. 质量分是搜索推广中衡量关键词与展现量的一项综合性数据。

B. 质量分越高,可以获得更理想的推广效果

C. 质量分越高,代表关键词推广效果优质

D. 质量分越低,需要用更多的推广费用把更优质的宝贝信息展现在更适当的位置上

5. 在生意参谋中内容统计的数据渠道不包括(　　)。

A. 推荐　　　　　　B. 搜索　　　　　　C. 猜你喜欢　　　　D. 逛逛

二、多选题

1. 关键词推广的排名是依据(　　)进行排名的,排名靠前展现的机会就越大。

A. 人群特征　　　　　　　　　　　　B. 买家综合维度

C. 关键词出价　　　　　　　　　　　D. 质量得分

2. 关键词的分析数据指标包括(　　)。

A. 展现量　　　　　　B. 花费　　　　　　C. 销售量　　　　　　D. 客单价

3. 关键词精准度不高可能会造成(　　)。

A. 点击率低　　　　　　　　　　　　B. 商品排名靠前

C. 图片视觉不好　　　　　　　　　　D. 展现量低

4. 内容中的互动人数是指(　　)。

A. 在统计周期内,内容全屏页形式播放短视频的去重人数

B. 互动包括收藏、转发、点赞、评论等

C. 在统计周期内,与本店相关的全屏页短视频及图文内容互动的去重人数

D. 通过短视频或图文内容进入商品详情页的去重人数

5. 下列对达人合作内容说法正确的有(　　)。

A. 通过达人分析,商家可以判断合作达人的引流程度及潜力。

B. 达人合作内容通过本店账号发布的内容

C. 达人合作内容是指商家通过平台丰富的能力与达人合作产生的本店相关内容

D. 达人合作包含商单合作、种草设佣、好物体验、账号矩阵所产生的内容

三、判断题

1. 站内流量是平台已经培育好的,成交的可能性较大。　　　　　　　　　　(　　)

2. 淘内免费流量中的搜索流量和类目流量是商家任何时候都可以获得的。(　　)

3. 平均点击花费 $=\dfrac{花费}{点击量}$,即每一次点击产生的平均花费金额。　　　(　　)

4. 关键词推广中展现量的影响因素有产品定价、图片视觉等。　　　　　(　　)

5. 如果关键词的平均展现排名很高,却没有展现量,这时商家需要考虑关键词的搜索量问题。　　　　　　　　　　　　　　　　　　　　　　　　　　　　　　(　　)

四、实践操作题

1. 表7-10为某店铺的商品详情页流量数据,将数据统计在Excel表格中,并插入相应图表分析数据。

表7-10　某店铺商品详情页流量数据

商品	访客数/次	点击人数/人	引导下单买家数/个	引导支付金额/元	引导支付买家数/个
商品一	639	70	5	603.35	4
商品二	265	59	16	1 689.96	13
商品三	89	36	11	456.20	8
商品四	86	43	6	269.90	3
商品五	236	53	8	259.62	2
商品六	123	26	5	358.64	4
商品七	327	19	7	264.39	3

2. 如何获取热搜关键词?是否选择的热搜关键词越多?投放效果越好?

项目八

客户数据分析

 知识目标

- 了解客户的类型
- 掌握电子商务中的客户特征
- 掌握客户忠诚度分析和客户行为数据分析
- 了解客户服务数据分析

能力目标

- 能够对客户的各个特征数据进行分析
- 能够为客户设计标签并分类
- 能够对客户的忠诚度进行分析
- 能够对客户的行为和服务数据进行分析

素养目标

- 客户和客服数据涉及个人隐私，要注意数据安全和尊重客户隐私
- 明确公平竞争及诚信的重要性

知识导图

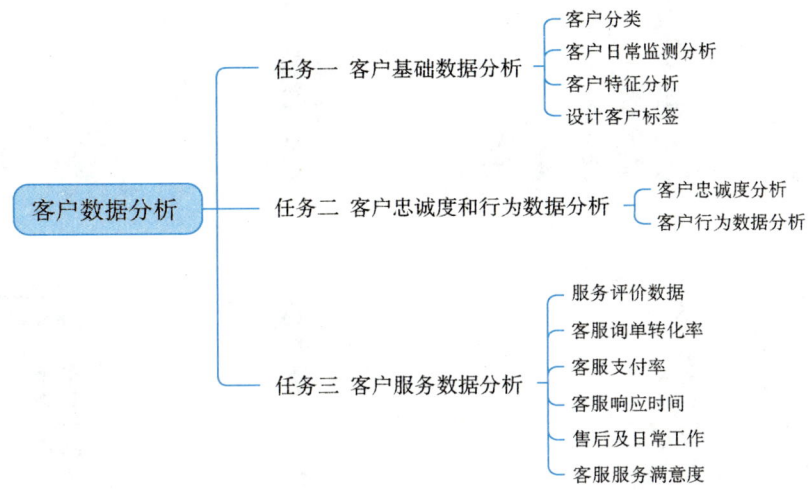

客户数据分析
- 任务一　客户基础数据分析
  - 客户分类
  - 客户日常监测分析
  - 客户特征分析
  - 设计客户标签
- 任务二　客户忠诚度和行为数据分析
  - 客户忠诚度分析
  - 客户行为数据分析
- 任务三　客户服务数据分析
  - 服务评价数据
  - 客服询单转化率
  - 客服支付率
  - 客服响应时间
  - 售后及日常工作
  - 客服服务满意度

项目导读

　　随着移动互联网的快速发展，网上购物模式已经渐渐成为人们生活中不可或缺的一项活动，它为人们的生活提供了多样化的便利。我们只需要一部手机便可以通过电子商务平台购买到来自世界各地的商品。在这些电商平台中，大量的客户数据被生成并积累，这些客户数据能间接展现出客户的网购习惯和偏好，可以为企业提供重要的经营决策依据。

　　客户数据是电商平台最重要的资产之一，它包含了客户的浏览信息、购买行为和购物偏好等信息。通过对这些数据进行分析，企业可以了解客户的需求和行为模式，从而为客户提供个性化的推荐和服务，以提高客户满意度和忠诚度。同时，客户数据还可以为企业的市场营销活动提供有效的支持，帮助企业找到目标客户群体，提高店铺转化率和销售额。此外，通过对客户数据的分析，企业还可以及时发现客户的投诉和遇到的问题，并及时解决，从而提升客户体验，增强品牌形象。

任务一　客户基础数据分析

引入案例

　　小林最近在淘宝开了一家卖袜子的店铺，一开始他并没有对店铺商品进行有计划地推广，可想而知，销售并不好。为此小林去咨询了相关人士，也自己在网上找了一些数据分析的教程学习，然后统计了一段时间内的客户数据，包括性别、年龄、地域、消费层级、类目偏好等，如图8-1所示。

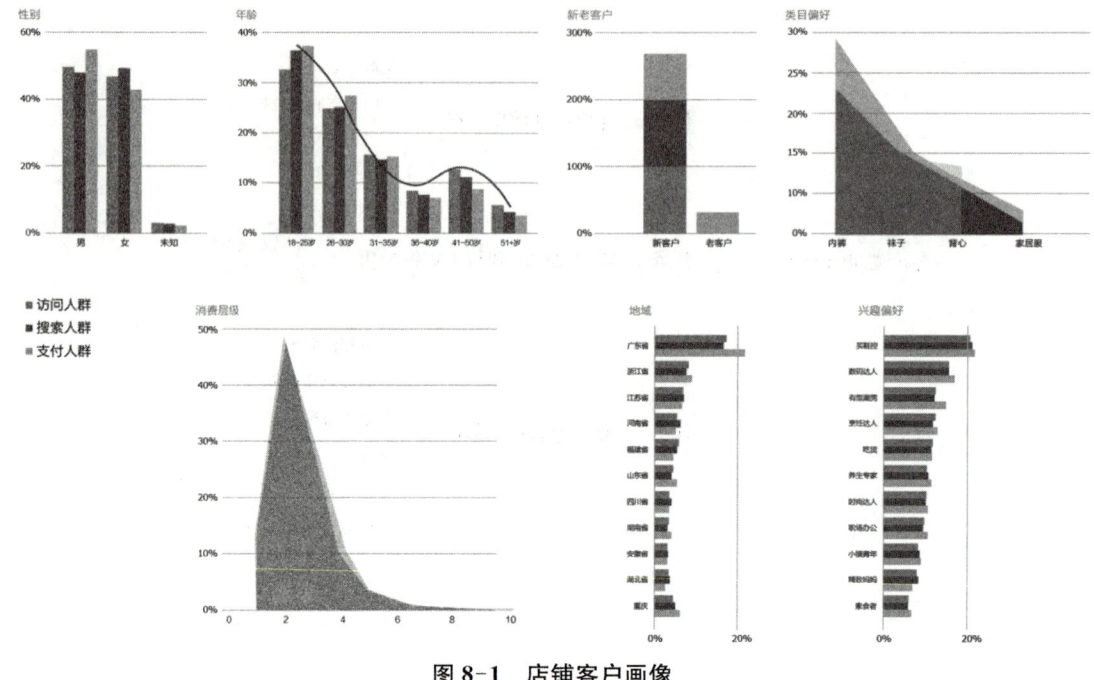

图 8-1　店铺客户画像

根据图 8-1 可以看出本店在性别比例上,男女比例差距不大,本店的客群年龄较为年轻化,新客户占比较大,可能由于店铺商品的价格本身不高,因此消费层级的客群类似。小林在后续的产品上便针对客群上架了一系列新品,同时将老款(成熟化产品)针对年龄 30 岁以上的客户营销,不断测试老款的转化率。经过一段时间的运营后,店铺女性客户人数增加了很多。

相关知识

一、客户分类

客户分类是将各种客户信息和数据进行汇总,以此来了解客户的需求,分析客户特征,评估客户价值,从而为客户提供针对性的产品和服务,提高客户满意度。同时为企业客户管理策略的制定、资源配置等提供有效的数据参考。

(一)按属性分类

每一个客户都有自己的属性,包括性别、年龄、职业、兴趣等。提取客户属性,进行客户分析,从中提炼出产品的目标客户群体需求,可以帮助企业有针对性地制定策略。在电子商务中可以按照不同的属性将客户进行分类,常见的客户属性有基础属性和偏好属性两种。

1. 客户基础属性

为了获取到更精准的目标客户特征,可以对每类属性进行细化,得到基础属性下的二级属性,常见的客户基础属性有以下内容。

(1)性别:男性、女性。

(2)年龄:18 岁以下、18~24 岁、25~29 岁、30~34 岁、35~39 岁、40~49 岁、50 岁及以上。

(3)地域:一线城市、二线城市、三线城市等。

（4）学历：高中及以下、本科及以上。

（5）职业：个体经营、服务人员、公司职员、农林牧渔从业人员、医务人员、媒体从业者、学生、工人、教职工、科研人员、金融从业者等。

（6）婚恋阶段：单身、恋爱、筹备婚礼、已婚未育、已婚已育。

（7）月均消费水平：300元以下、300～499元、500～699元等。

2. 客户偏好属性

客户偏好数据是互联网领域中使用最广泛的信息，包括了客户的社交习惯、消费习惯、特殊爱好等，能够帮助我们对客户属性进行精准分析。

（1）兴趣偏好：职场办公、阅读者、烹饪达人、速食客、数码达人等。

（2）品牌偏好：某一市场中客户对品牌的喜好程度。

（3）交易偏好：订单总数、交易额、支付时间间隔等。

（4）消费特征：最近购买时间、消费价格、消费频率等。

（二）按地域分类

根据购买地域的不同，可以将客户分为不同的地域群体，如西北客户群体、华中客户群体、西南客户群体等。不同地域的客户可能有不同的饮食文化、消费习惯和市场需求等，可以有专人来负责对应区域的客户。除此之外，将客户按照地域分类，还可以帮助企业针对不同区域的客户有针对性地制定营销策略和服务方案。

（三）按购买数量或金额分类

根据客户购买商品的数量不同或金额不同，可以将其分为普通客户、会员客户、VIP客户等。每一个会员等级对应不同的购买数量或购买金额，客户只有达到既定的购买数量或金额，才能获得相应的会员权益。图8-2为某店铺会员优惠券门槛，以及某店铺的会员权益。

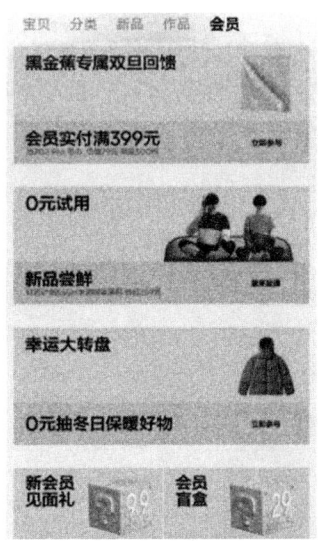

图8-2　会员权益

（四）按购买状态分类

根据客户购买状态的不同，可以将其分为收藏客户、加购客户、成交客户等。收藏客户是指在统计日期内有收藏行为但没有支付行为的客户;加购客户是指在统计日期内有加购行为但没有支付行为的客户。根据不同的购买状态将客户进行分类可以帮助企业了解客户的构成情况,以便做出相应的运营方式。例如,对有收藏和加购行为的客户,可以通过阿里旺旺等网上商务沟通软件询问客户疑虑,并进行服务,从而可能会提高店铺的成交金额。

(五)按购买行为分类

根据客户购买行为的不同,可以将客户分为新客户、活跃客户、流失客户和回流客户。

(1)新客户。新客户是指首次进入网店,或首次使用企业服务的客户。新客户是电子商务平台客户的重要组成部分,占比最大。新客户加入后,企业需要维护与新客户的关系,将其发展为活跃客户。

(2)活跃客户。活跃客户是指在一定时期内(如15天、30天)有本店访问行为、互动行为、支付行为的客户。活跃客户与进店活跃资产(未购客户、已购客户)会有重合部分。

(3)流失客户。流失客户是指在统计周期内逛了店铺没有购买却买了其他店铺同叶子类目商品的客户。客户流失率是判断客户流失的主要指标,能够反映店铺经营和管理现状,因此,企业在店铺运营中,需要确保店铺的产品和服务质量,加强与客户的黏性,以减少客户流失,避免因客户大量流失而造成的不利影响。

(4)回流客户。回流客户是指原流失客户经过一段时间后重新回归企业的客户,经过企业的合理引导,可能会发展为活跃客户。

(六)按客户生命周期分类

客户生命周期是指从客户第一次了解企业到和企业完全终止关系的全过程。在电子商务中,按照客户生命周期进行分类,可以分为潜在、新生、活跃、休眠和衰退五个阶段。客户并不一定会依次经历每一个阶段,在任何一个阶段都有可能直接跳入衰退期,因此,就需要企业根据客户的消费金额、访问店铺频次、收藏加购行为等情况,针对不同阶段的客户实施不同的营销策略。

二、客户日常监测分析

客户日常监测是指对进店客户的行为进行监测,包括客户新访、未购客户回访和已购客户回访。图8-3为生意参谋中某店铺最近30天的客户数据统计。

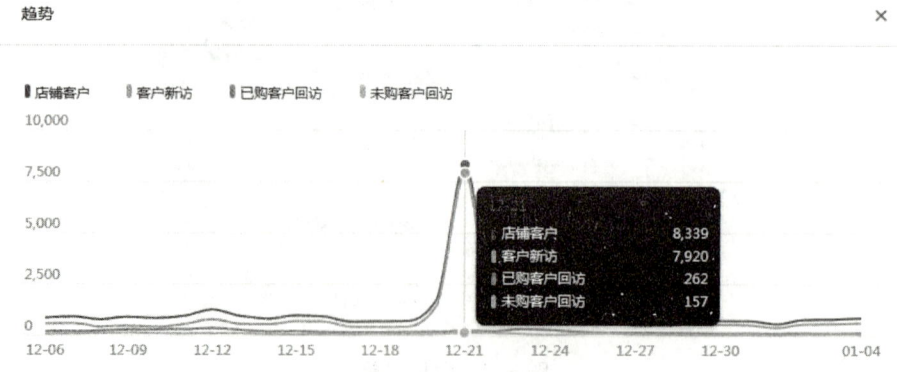

图8-3　客户数据统计

从图 8-3 中可以看出,该店铺最近 30 天的店铺客户和客户新访在 12 月 21 日左右到达高峰期,这是由于该时期处于双旦节大促期间,因此新的客户数较多;而已购客户回访和未购客户回访趋于平稳。

（一）客户新访

客户新访是指在统计时间内,首次或"超出行为有效期"之后再次与店铺产生访问、互动、支付行为,包括新访成交和新访未成交两个维度,如图 8-4 所示。

（1）新访成交:首次对店铺产生访问或互动行为,且当天产生支付行为。互动行为是指收藏、加购、入会、咨询客服、下单未支付等行为。

（2）新访未成交:首次对店铺产生访问或互动行为,但当天未产生支付行为。

图 8-4 客户新访数据

知识补充

超出行为有效期的客户是指 15 天前访问过本店、30 天前加购收藏领券过、90 天前咨询过、365 天前购买过的客户。此类客户再次回访,会被认为是客户新访。如果是近 15 天访问过本店、或 30 天加购收藏领券过、或 90 天咨询过等的客户再回访,被认为是未购客户回访;如果是 365 天内购买的客户再回访,则被认为是已购客户回访。

图 8-5 已购客户回访数据

（2）回访未成交:在统计时间内,之前产生过访问或互动行为的未购客户中再次产生访问或互动行为。

（二）未购客户回访

未购客户回访是指未购客户中,在统计时间内再次与店铺产生访问、互动、支付行为,包括回访成交和回访未成交两个维度,如图 8-5 所示。其中的未购客户回访是指过去 15 天有短视频图文互动、访问店铺行为,或过去 30 天有领券、收藏、加购行为,或过去 90 天有客服咨询、店播互动、加粉、入会、下单未支付等行为,但过去 365 天没有支付行为的客户。

（1）回访成交:在统计时间内,之前产生过访问或互动行为的未购客户中产生支付行为。

知识补充

未购客户回访涉及两个计算指标:未购客户召回率 $= \dfrac{\text{未购客户回访人数}}{\text{未购客户人数}}$;回访成交率 $=$ 未购客户召回率 $\times$ 支付转化率。

（三）已购客户回访

已购客户回访是指在统计时间内,过去 365 天内买过的客户中再次与店铺产生访问、互

图 8-6 已购客户回访数据

动、支付行为,如图 8-6 所示。已购客户回访包括已购客户召回率和老客复购率两个指标,其计算公式为:

$$已购客户召回率 = \frac{已购客户回访人数}{已购客户人数}$$

$$老客复购率 = 客户回访的召回率 \times 支付转化率$$

(四)客户对比数据分析

根据对客户在店铺的不同动作(如浏览、互动、意向、支付),可以统计出该动作里面相关数据的客户新访、未购客户回访、已购客户回访数据。表 8-1 为某店铺最近一个月客户支付动作里面的新访客户、未购客户回访、已购客户回访数据。

表 8-1　某店铺最近 30 天客户支付动作数据

客户	访客数/次	支付金额/元	支付人数/人
新访客户	25 455	68 608.58	889
未购客户回访	1 848	19 983.4	289
已购客户回访	1 991	108 619.45	844

为了更直观地查看店铺新访客户、未购客户回访、已购客户回访的数据,先计算出各行为客户的支付转化率,然后选择支付金额转化为三维饼状图,如图 8-7 所示。

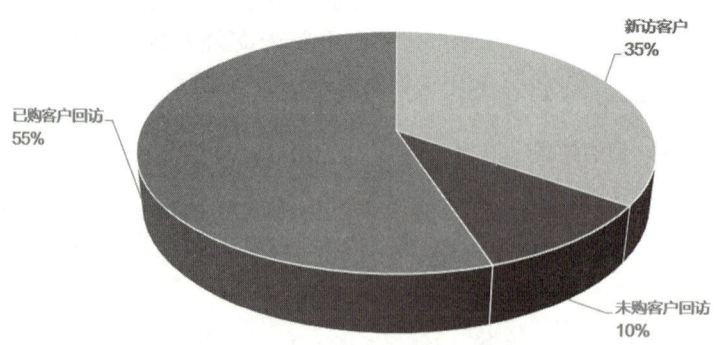

图 8-7　各行为客户的支付数据对比

根据以上分析可以得出,该店铺最近 30 天的客户中已购客户回访占比最多,为 55%,支付金额也是最多的;其次是新访客户占比第二,为 35%;而未购客户回访占比最少,只有 10%。从支付转化率的角度来看,已购客户回访的支付转化率较高,且支付金额也最高,可以看出这类客户中的订单客单价是最高的。

三、客户特征分析

互联网产品早已进入定制化阶段，"千人千面"的基础就是客户特征分析，其实现的逻辑就是对客户打标签、分类、定制方案等。我们在对可客户特征进行分析前，需要先明确客户特征分析的维度、指标和作用等，然后再通过客户特征分析的步骤得出分析结果，最后形成客户标签。

（一）客户特征分析的维度、指标和作用

客户特征分析是企业了解客户诉求点的关键，客户的大多数需求和一些比较隐蔽的需求，是无法通过问卷调查、客户访谈这种比较表面的方法挖掘的。在这之前，我们需要对客户特征分析的维度、指标和作用有所了解。

1. 客户特征分析的维度

客户特征分析可以从多个维度来进行，如性别、地域、年龄、消费水平等，通过这些数据可以帮助企业对客户特征进行归纳分类，形成完整的客户画像。例如，通过淘宝生意参谋可以查看最近一个月的店铺客户画像，在其中包含了客户偏好、消费层级、性别、年龄、地域等维度，如图 8-8 所示，但这些数据并不完全准确，只是一个大体预测。

图 8-8　生意参谋中的客户画像

知识补充

在生意参谋的"客户→旅程分析"页面中,商家可以查看店铺日、周、月的客户画像特征统计,如图8-9所示。

客户画像

画像显著特征	新访	占比	未回访	占比	已回访	占比
预测地域分布(省)	广东省	10.62%	江苏省	13.93%	江苏省	15.38%
预测性别	女	83.04%	女	85.85%	女	90.41%
预测消费层级	购买力L2	21.85%	购买力L4	25.95%	购买力L4	30.04%
预测兴趣爱好	速食客	12.84%	速食客	15.90%	速食客	24.59%
预测年龄	30-34岁	29.30%	30-34岁	34.82%	30-34岁	45.07%

图8-9 客户画像特征统计

2. 客户特征分析的指标

在进行客户特征分析时,常用的指标有浏览量(PV)、访客数(UV)、成交客户数、成交金额、转化率、客单价等。商家可以通过不同维度来采集相应的指标进行分析。

3. 客户特征分析的作用

商家将客户特征把握得越准确就越能深入了解客户心理,把客户画像标签细分得越细致,越能准确抓住客户痛点。从整体来看,客户特征分析的作用主要有以下几个方面。

(1)精准化推广营销:商家在进行营销活动推广之前,对客户特征进行分析,通过了解客户的性别、年龄、偏好等信息,有助于商家制定更精准的营销内容。

(2)助力产品销售:客户特征分析可以帮助商家了解店铺人群的购买动机、购买心理等,从而为店铺产品定价、产品页面制作提供依据,然后结合点击率、留存时间、客户购买数量等数据信息,综合分析客户的购买情况。

(3)搭建客户体系:对客户特征进行分析,可以帮助商家搭建客户体系,以便商家迅速洞察客户的消费趋势,从而优化店铺运营和推广方向。

(二)客户特征数据分析

商家在对商品进行营销推广前,可以先选择合适的维度和指标来展开分析客户特征,通过分析结果来针对性地制定营销方案,从而获取更多的目标客户人群。

1. 客户年龄、地域数据分析

客户年龄分析主要是分析客户群体的年龄分布情况,不同年龄阶段的客户在兴趣爱好、消费层级等方面都有很大的差别。客户地域分析是从空间上分析客户的来源,不同省份、不同城市的客户画像也有所差别。

表8-2为某店铺筛选出的一周内7个省份不同年龄阶段的销售数据,可以通过该数据,对该店铺的客户地域和年龄进行分析。

表 8-2　某店铺 10 个省份不同年龄阶段的客户销售数据　　　　　　金额单位:元

省份	年龄阶段	销售金额
山东省	25 岁及以下	1 301
山东省	26～35 岁	1 856
山东省	36～45 岁	1 297
山东省	45 岁及以上	697
四川省	25 岁及以下	2 187
四川省	26～35 岁	3 045
四川省	36～45 岁	1 367
四川省	45 岁及以上	1 069
安徽省	25 岁及以下	2 068
安徽省	26～35 岁	3 105
安徽省	36～45 岁	1 694
安徽省	45 岁及以上	625
广东省	25 岁及以下	2 269
广东省	26～35 岁	3 987
广东省	36～45 岁	3 697
广东省	45 岁及以上	1 475
江苏省	25 岁及以下	2 510
江苏省	26～35 岁	1 947
江苏省	36～45 岁	2 479
江苏省	45 岁及以上	1 039
上海市	25 岁及以下	3 349
上海市	26～35 岁	4 579
上海市	36～45 岁	3 468
上海市	45 岁及以上	2 176
浙江省	25 岁及以下	3 976
浙江省	26～35 岁	4 657
浙江省	36～45 岁	3 591
浙江省	45 岁及以上	2 065

　　将以上数据放进 Excel 中,为了更直观地展示各地域和各年龄阶段的销售数据,选择全部数据,插入数据透视表,并对数据透视表字段进行相应的设置,如图 8-10 所示。

　　再选中数据透视表数据区域,然后插入一个三维簇状柱形图,可以得到不同地域、不同年龄阶段的客户销售额可视化结果,如图 8-11 所示。

求和项:销售金额/元	列标签				
行标签	25岁及以下	26-35岁	36-45岁	45岁以上	总计
安徽省	2068	3105	1694	625	7492
广东省	2269	3987	3697	1475	11428
江苏省	2510	1947	2479	1039	7975
山东省	1301	1856	1297	697	5151
上海市	3349	4579	3468	2176	13572
四川省	2187	3045	1367	1069	7668
浙江省	3976	4657	3591	2065	14289
总计	17660	23176	17593	9146	67575

图 8-10　插入数据透视表

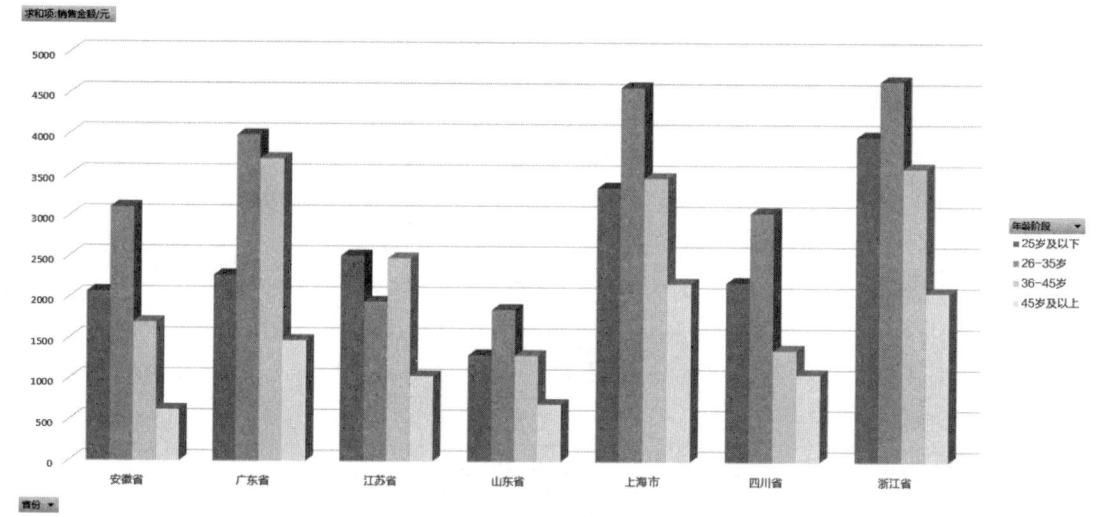

图 8-11　可视化图表

从以上信息可以得出,26～35 岁年龄阶段的消费能力较强,总销售额为 23 176 元,其次是 25 岁及以下和 36～45 岁年龄阶段,消费能力最差的年龄阶段是 45 岁及以上的客户。从地域角度来看,消费能力较强的是浙江省、上海市,消费能力较弱的是山东省。综合以上的分析结果,商家可以优化区域产品配置,优选首要消费群体。

2. 客户消费层级数据分析

客户消费层级是对一段时间内的客户消费水平进行分析,通过分析,商家可以了解在这段时间内的客户更倾向购买的商品价格区间段位,并根据分析结果调整优化产品结构。

表 8-3 为某店铺 2024 年 1 月份产品订单成交的统计数据,下面对表格中的订单数据进行统计分析。

表 8-3　某店铺 2024 年 1 月份订单数据统计

产品名称	产品价格/元	订单数/个
高腰复古原色宽松阔腿牛仔裤显瘦好版型	259	36
韩系宽松显瘦柔软舒适保暖夹克短外套	220	49
巨柔软韩系包边摇粒绒夹克开衫拉链短外套女	205	51
宝藏小单品！简约圆领暗扣宽松显瘦薄款棉服外套	382	35
复古宽松显瘦纯色羊毛开衫毛衣小外套	253	38
秋冬复古纯色全羊毛开衫针织小外套女	259	36
手感软糯细腻秋冬保暖复古纯色羊毛衣针织开衫短外套女	268	47
品质好货秋冬新款松紧腰束脚运动裤宽松显瘦休闲卫裤女	218	16
显瘦显腿长！高腰复古加绒保暖小直筒牛仔裤九分裤	215	23
经典工装风宽松连帽加厚保暖 90 白鸭绒羽绒服	789	12
翻领长款宽松棉服女冬季小众棉衣外套	458	10
高端 95 白鹅绒服轻盈保暖大鹅羽绒服女冬季长款	999	7
保暖不臃肿高端 95 白鸭绒羽绒裤女裤冬外穿裤直筒裤宽松	598	6
羊毛棉显瘦长腿直筒休闲裤子女裤小个子冬新款	409	8
超厚双股全澳毛外套绞花 100％羊毛衣保暖开衫女冬季	629	9
自发热色织双面绒加厚银狐绒内里保暖阔腿裤子女裤	236	32
5 色 100％澳毛岛精无缝高领毛衣羊毛打底衫女冬	223	46

将表 8-3 放入 Excel 中，然后对产品价格进行分组，如图 8-12 所示。

图 8-12　价格分组

选择 D2 单元格，使用 VLOOKUP 函数将 B2 单元格的价格分配到对应的消费层级中，完成计算后快速填充单元格，如图 8-13 所示。

D2		✕ ✓ fx	=VLOOKUP(B2,$F$1:$G$5,2)				
	A	B	C	D	E	F	G
1	产品名称	产品价格/元	订单数/个	消费层级		分组下限	消费层级
2	高腰复古原色宽松阔腿牛仔裤显瘦好版型	259	36	200-300		200	200-300
3	韩系宽松显瘦柔软舒适保暖夹克短外套	220	49			300	300-500
4	巨柔软韩系包边摇粒绒夹克开衫拉链短外套女	205	51			500	500-800
5	宝藏小单品！简约圆领暗扣宽松显瘦薄款棉服外套	382	35			800	800-1000
6	复古宽松显瘦纯色羊毛开衫毛衣小外套	253	38				

	A	B	C	D	E	F	G
1	产品名称	产品价格/元	订单数/个	消费层级		分组下限	消费层级
2	高腰复古原色宽松阔腿牛仔裤显瘦好版型	259	36	200-300		200	200-300
3	韩系宽松显瘦柔软舒适摇摆夹克短外套	220	49	200-300		300	300-500
4	巨柔软韩系包边摇粒绒夹克开衫拉链短外套女	205	51	200-300		500	500-800
5	宝藏小单品！简约圆领暗扣宽松显瘦薄款棉服外套	382	35	300-500		800	800-1000
6	复古宽松显瘦纯色羊毛开衫毛衣小外套	253	38	200-300			
7	秋冬复古纯色全羊毛开衫针织小外套女	259	36	200-300			
8	手感软糯细腻秋冬保暖复古纯色羊毛衣针织开衫短外套女	268	47	200-300			
9	品质好货秋冬新款松紧腰束脚运动裤宽松显瘦休闲卫裤女	218	16	200-300			
10	显瘦显腿长！高腰复古加绒保暖小直筒牛仔裤九分裤	215	23	200-300			
11	经典工装风宽松连帽加厚保暖90白鸭绒羽绒服	789	12	500-800			
12	翻领长款宽松棉服女冬季小众棉衣外套	458	10	300-500			
13	高端95白鹅绒服轻盈保暖大鹅羽绒服女冬季长款	999	7	800-1000			
14	保暖不臃肿高端95白鸭绒羽绒裤女冬外穿裤直筒裤宽松	598	6	500-800			
15	羊毛棉显瘦长腿直筒休闲裤子女裤小个子冬新款	409	8	300-500			
16	超厚双股全澳毛外套绞花100%羊毛衣保暖开衫女冬季	629	9	500-800			
17	自发热色织双面绒加厚银狐绒内里保暖阔腿裤子女裤	236	32	200-300			
18	5色100%澳毛岛精无缝高领毛衣羊毛打底衫女冬	223	46	200-300			
19							

图 8-13　填充单元格

将产品价格分组后，选择订单数和消费层级包含的单元格区域，插入数据透视表，制作出不同消费水平对应客户订单量的数据透视表，如图 8-14 所示。

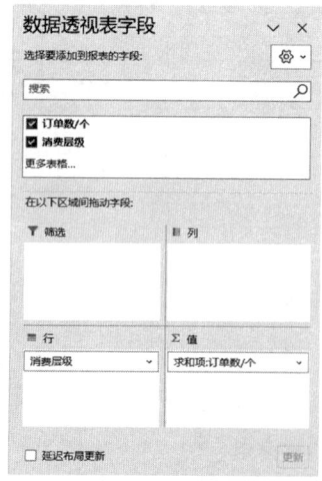

行标签 ▾	求和项:订单数/个
200-300	374
300-500	53
500-800	27
800-1000	7
总计	461

图 8-14　插入数据透视表

为了更直观地查看数据分析结果，再插入一个三维堆积柱形图，形成客户消费层级分析图,如图 8-15 所示。

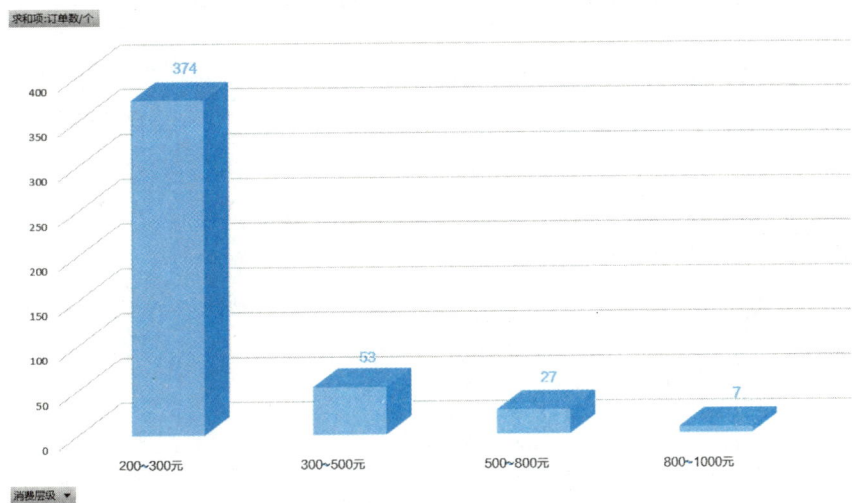

图 8-15　客户消费层级分析

根据以上一系列的分析操作,可以看出,该店铺的客户消费水平集中在 200～300 元,该月的订单量高达 374 笔;价格较高的产品对应客户量最少,仅有 7 笔订单在 800～1 000 元的价格区间。由此可见,商家可以调整产品结构,对价格较高的产品可以减少上架,多上架价格在 200～300 元的产品。

3. 客户性别数据分析

性别不同,客户的商品偏好、兴趣偏好、购买动机等都会有所差异。男性消费者的购买行为往往带有很强的目的性,相比女性他们更善于控制自己的情绪,更具有理智性,不会因为打折促销而大量购物;女性消费者的购买行为具有较大的主动性,会较多考虑价格因素、商品外观因素和商品本身的实用价值。

表 8-4 为某店铺 3 月份的客户性别统计表,根据该表格,对店铺这个月的客户性别进行分析统计。

表 8-4　某店铺 2024 年 3 月份客户性别统计

订单编号	客户性别	订单编号	客户性别	订单编号	客户性别	订单编号	客户性别
001	男	011	男	021	女	031	男
002	女	012	男	022	女	032	女
003	女	013	男	023	男	033	女
004	女	014	女	024	男	034	男
005	男	015	男	025	女	035	男
006	男	016	女	026	男	036	女
007	男	017	女	027	男	037	女
008	女	018	女	028	女	038	男
009	女	019	男	029	女	039	女
010	男	020	男	030	女	040	女

使用 COUNTIF 函数先计算出 B2：B11 单元格区域的男性总数，然后自动填充到后面的单元格区域，再进行求和即可得出男女各自的总数量，如图 8-16 所示。

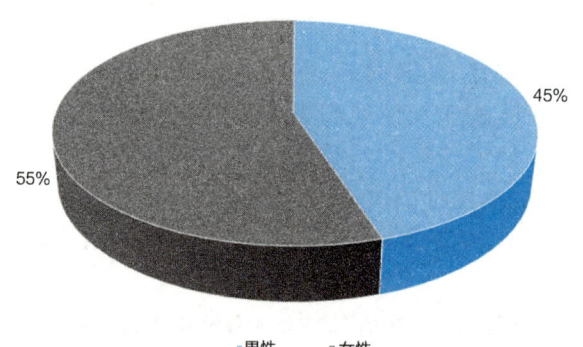

	A	B	C	D	E	F	G	H	I	J	K	L	M
1	订单编号	客户性别	订单编号	客户性别	订单编号	客户性别	订单编号	客户性别					
2	1	男	11	男	21	女	31	男					
3	2	女	12	男	22	女	32	女		男性	=COUNTIF(B2:B11,"男")		
4	3	女	13	男	23	男	33	女		女性	COUNTIF(range, criteria)		
5	4	女	14	女	24	男	34	男					
6	5	男	15	男	25	女	35	女					
7	6	男	16	女	26	男	36	女					
8	7	男	17	女	27	男	37	女					
9	8	男	18	女	28	女	38	男					
10	9	女	19	女	29	女	39	女					
11	10	男	20	男	30	女	40	女					

	A	B	C	D	E	F	G	H	I	J	K	L	M	N	O
1	订单编号	客户性别	订单编号	客户性别	订单编号	客户性别	订单编号	客户性别							
2	1	男	11	男	21	女	31	男							
3	2	女	12	男	22	女	32	女		男性	5	0	6	0	4	0	3
4	3	女	13	男	23	男	33	女		女性						
5	4	女	14	女	24	男	34	男							
6	5	男	15	男	25	女	35	女							
7	6	男	16	女	26	男	36	女							
8	7	男	17	女	27	男	37	女							
9	8	女	18	女	28	女	38	男							
10	9	女	19	男	29	女	39	女							
11	10	男	20	男	30	女	40	女							

J	K	L	M	N	O	P	Q	R
男性	5	0	6	0	4	0	3	18
女性	5	0	4	0	6	0	7	22

图 8-16　计算男女性别数量

插入客户性别分析饼状图，使数据更直观，如图 8-17 所示。

45%

55%

■男性　■女性

图 8-17　男女比例图

根据以上的分析结果，可以得出，在该店铺 3 月份的订单中女性比男性客户人数更多，其中女性占全店客户人数的 55%，男性占全店客户人数的 45%。由此可见，该店铺的客户群体女性偏多，店铺在后续的运营过程中，可以优先考虑女性客户的购物偏好、性格特点等，但同时也要兼顾男性客户特征。

四、设计客户标签

通过客户特征分析，商家可以了解客户的群体特征，但是这个特征属于不同的维度，而为了把这些不同维度的客户群进行分类，就需要为客户贴标签。

给客户贴标签是数字营销中常用的做法，合理准确的客户标签有利于企业深入理解和认知客户。通过分析客户的兴趣、社交行为等标签，商家可以更好地为多元化的营销活动开展进行有效的数据支撑。

（一）标签分类

标签分类是基于消费者的元数据（包括行为、特征等）聚类出来的一系列特征。图 8-5 为淘宝平台按照从不同的标准来进行的人群标签分类。

表 8-5　人群标签分类标准

项目		分类标准
基础属性	人口属性	性别、年龄
	消费行为	购买力、折扣敏感
	用户特征	兴趣偏好、明星偏好
	地域特征	地域、地区气温
	人生阶段	预测职业、孕产期
	资产特征	预测有车、车品牌
店铺关系	用户关系	会员、粉丝、会员等级
		粉丝亲密度、群聊用户、专属关注
	渠道特征	专属敏感、群聊活跃、短信敏感
	店铺行为	商品收藏、商品浏览、商品加购、商品购买
		商品分享
	交易行为	交易次数、最近一次时间、客单价、总消费金额、消费频次
	策略特征	潜客、新客、老客、忠诚
平台关系	品类行为	一级类目点击、购买、加购、搜索、收藏偏好
		叶子类目点击、购买、加购、搜索、收藏偏好
	平台渠道	聚划算用户、天猫超市用户
	平台关系	淘气值、88VIP、淘金币资产、芝麻信用
	广告行为	关键词推广偏好……
行业属性	区分行业分类	行业接入的特征数据生成的定向使用标签
	家居家装	装修阶段、材质偏好
	服装服饰	服饰类型偏好

知识补充

客户标签类型可以按照不同的标准分为不同的类型，商家在对店铺客户进行标签设计时，可以根据自身实际情况出发来选择合适的分类形式。例如，按照数据的时效性，还可以将客户标签分为静态属性标签和动态属性标签。静态属性标签是指长期不变或者永久不变的标签，如性别、出生日期等；动态属性标签具有有效期，需要及时更新和替换，如客户活跃度、客户购买能力等。

结合客户标签分类，商家可以提取出对应的客户画像标签。例如，商家为某位客户绘制的画像为:性别为女性,年龄在 18～24 岁,地域为沿海一级城市,城市气候温暖,职业为学生,服装偏好设计小众类服饰,属于活跃用户。

（二）客户标签应用

为客户设计标签后,可以让店铺的营销精更具精准化,商家可以根据不同标签的客户采用不同的营销方式。图 8-18 为某店铺的客户运营平台,该店铺将客户分群后,按照不同的目标人群进行定向营销。

图 8-18　客户分群

素养点拨

电商行业发展之初,对客户数据的管理还没有现在这么严格,只要客户购买了产品,客户的姓名、电话、地址等在商家这里都是可视的,于是就出现了很多给了差评的客户被商家威胁的事件。这些恶性的、违法的事件对电商行业产生了不小的影响,大家开始担忧网络购物时自身的隐私安全问题。所以我国逐步出台了相关的法律法规条例,一方面约束店铺采集客户信息,另一方面保障客户的隐私权。大家若感兴趣,可以搜索查询一下互联网用户隐私权的相关法律条款。

任务二　客户忠诚度和行为数据分析

 引入案例

小林之前对店铺的客户群体进行了统计,并根据统计结果改变了营销重点。虽然店铺女性客户的比例增加了很多,但是基本都是新客,老客的复购率并不高。虽然在短期内并没有影响到店铺销量,但小林知道这样长期下来会让客户流失。

于是,小林从产品质量出发,确保新上架的产品比之前的质量更好,也比较注意产品的材质。他将材质不太好的袜子都在活动期间处理了,或是当作赠品随单附赠。例如,满39 元送一双袜子,满 59 元送两双等。新上架的产品也拍了真实的产品主图视频,将产品主要卖点都放进了产品主图中,然后使用关键词推广去测试主图的点击率,使用点击率最高的一张图作为产品搜索主图。经过一系列的营销调整,新品上架一段时间后,果然有买家评价

比之前的袜子质量更好,穿着更加舒适了。除此之外,小林还在大促活动之前,都优先通知了老客户,并再提供了一部分的额外优惠,如咨询客服领取满减优惠券等。

3个月后小林再次对店铺客户进行统计,发现新客转化率数据更高,老客的复购率也有所增加,而买家评价里面出现的高频词基本都是好评,如舒适、比较透气、全棉等。

 相关知识

一、客户忠诚度分析

客户忠诚度是指客户对企业的产品或服务产生好感,形成"依附性"偏好,进而重复购买的一种趋向,描述了企业与客户之间持续的情感关系。忠诚客户是决定企业或品牌长期收益的关键因素之一,能获得客户忠诚的品牌不仅能获得市场竞争力,还可以在一定程度上减少客户流失,取得更高的利润和销量。

（一）客户忠诚度概述

商家在开展营销活动时,需要以客户为中心,关注客户对产品或品牌的评价,提升客户忠诚度。忠诚度营销是一种战略性营销方法,客户忠诚度是忠诚度营销活动中的中心结构,是客户对产品感情的量度,反映出客户转向另一产品或品牌的可能程度,因此,企业需要建立以忠诚度为基础的业务体系,做好客户关系维护管理工作,使企业能够对客户相关信息做出迅速反应。

1. 影响客户忠诚度的因素

对客户忠诚度进行分析,主要是为了了解客户对企业或产品的态度、满意度等情况,为客户忠诚度的提升提供依据。影响客户忠诚度的因素主要有以下几个方面。

（1）客户满意度。客户满意度是客户忠诚度的基础,客户忠诚度是由客户满意度衍生而来。一次愉快的购物经历会让客户满意度得到极大的提升,随着这种满意不断加深,客户便有可能成为企业或品牌的忠诚客户。

（2）服务质量。服务质量是影响顾客忠诚度的最重要的因素。企业遵守诚信,产品具有合理的价格,员工能够展现专业礼貌的接待以及对于顾客的需求尽力满足都是服务的体现。

（3）客户依存度。客户忠诚度较强时,会与企业形成一种依存关系。客户的依存度越深,说明与企业形成忠实关系的客户越多,企业可以重点维护与这类客户的关系。

2. 分析客户忠诚度的目的

在电子商务中,店铺粉丝是商家运营的基础,粉丝越多,代表商家的忠诚度客户就越多。而对客户忠诚度进行分析,可以有助于检验企业对客户忠诚度管理的成果,并及时优化客户忠诚度管理方法,对这类客户进行有针对性的营销和维护,让更多新的客户转化为忠实客户,从而拉动企业销售量,同时还能进一步提升品牌知名度等。

（二）客户忠诚度的分析指标

在电子商务平台中,忠诚的客户是店铺长期利润的最可靠来源。而要分析店铺的客户忠诚度如何,主要是分析客户复购率和客户购买频次。

1. 客户复购率

复购率是考察客户忠诚度的重要指标之一,是客户对企业产品或服务购买的比率,复购

率越高,客户对企业的忠诚度越高。

除了前面讲解的按客户数量来计算复购率,还可以按照交易次数来计算,其计算公式为:

$$复购率=\frac{客户重复购买交易次数}{总交易次数}\times100\%$$

例如,2024年3月份的店铺总交易次数为500次,其中有50个客户有两次购买行为,那么复购率$=\frac{50}{500}\times100\%=10\%$。如果这50个客户中其中20人有两次购买行为,30人有三次购买行为,那么复购率$=\frac{20\times1+30\times2}{500}\times100\%=16\%$。

2. 客户购买频次

除了通过计算客户复购率来分析客户忠诚度,还可以通过对客户购买频次进行分析来查看客户忠诚度如何。在一定的时期内,客户购买频次越多,则客户忠诚度就越高。

如图8-19所示为某店铺最近6个月的客户统计表,该表中筛选出了店铺半年来成功购买的客户名单。

	A	B	C	D	E	F	G
1	客户名称	客户名称	客户名称	客户名称	客户名称	客户名称	客户名称
2	客户A	客户Q	客户G	客户K	客户D	客户H	客户K
3	客户B	客户B	客户S	客户S	客户F	客户I	客户L
4	客户C	客户H	客户C	客户T	客户B	客户J	客户M
5	客户D	客户I	客户A	客户T	客户H	客户A	客户G
6	客户E	客户J	客户D	客户B	客户I	客户D	客户S
7	客户E	客户K	客户F	客户S	客户J	客户F	客户C
8	客户G	客户K	客户B	客户C	客户A	客户B	客户A
9	客户H	客户L	客户H	客户M	客户D	客户H	客户H
10	客户I	客户M	客户I	客户G	客户F	客户D	客户I
11	客户J	客户G	客户J	客户S	客户B	客户F	客户J
12	客户K	客户S	客户K	客户C	客户H	客户B	客户K
13	客户L	客户C	客户S	客户A	客户I	客户H	客户L
14	客户M	客户A	客户T	客户D	客户J	客户I	客户B
15	客户N	客户D	客户T	客户F	客户K	客户J	客户F
16	客户O	客户F	客户B	客户T	客户L	客户T	客户S
17	客户P	客户I	客户S	客户B	客户M	客户B	客户G
18	客户Q	客户F	客户C	客户S	客户G	客户S	客户D
19	客户R	客户J	客户D	客户C	客户S	客户C	客户F
20	客户S	客户R	客户R	客户D	客户C	客户M	客户B
21	客户T	客户S	客户T	客户R	客户A	客户G	客户H
22	客户T	客户D	客户R	客户T	客户D	客户S	客户I
23	客户B	客户F	客户S	客户R	客户F	客户C	客户J

图8-19 某店铺半年客户统计

在Excel中将所有客户名称都列为一列,然后使用数据透视表统计出每个客户在半年中在店铺的购买频次,统计结果如图8-20所示。

为了更直观地观察,可以选择该数据透视表,插入三维堆积柱状图,可以得到客户忠诚度分析图,如图8-21所示。

行标签	计数项:客户名称
客户A	8
客户B	14
客户C	12
客户D	13
客户E	1
客户F	13
客户G	8
客户H	10
客户I	10
客户J	10
客户K	8
客户L	5
客户M	6
客户N	1
客户O	1
客户P	1
客户Q	1
客户R	6
客户S	16
客户T	10
总计	154

图 8-20　统计结果

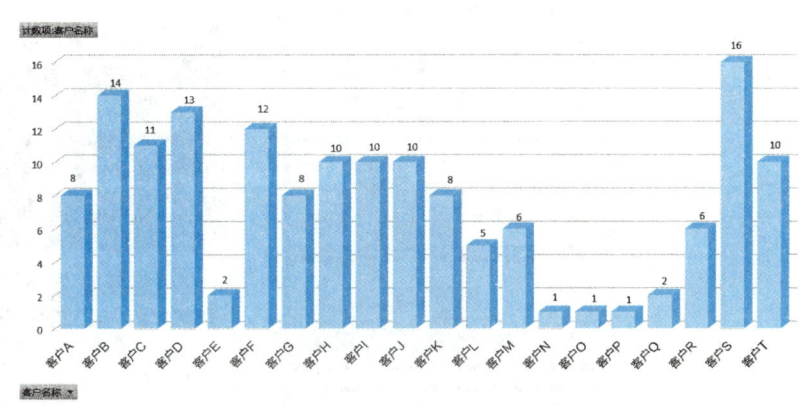

图 8-21　柱形分析图

从图 8-20 和图 8-21 中可以看出,该店铺在统计时间内,客户忠诚度的排名前五依次是:客户 S、客户 B、客户 D、客户 F、客户 C,说明这几个客户对店铺的产品或是服务很满意,对店铺的忠诚度较高;而客户 N、客户 O、客户 P 的购买频次只有 1 次,说明这几个客户对店铺的忠诚度不高。

素养点拨

　　根据国家法律法规的规定,对涉及消费者个人敏感信息采取加密、去标识化等安全技术措施方案。买家昵称作为敏感字段,淘宝平台不再完整展示,评价管理后台将对订单评价中的买家名字段脱敏展示,买家昵称脱敏为"首字＋＊＊"。

（三）提升客户忠诚度的方法

忠诚度和客户的购买体验有关,从客户开始接触产品,就已经存在满意度的问题,因此,无论是在购买前、购买中,还是在购买后,对客户的忠诚度都有很大的影响。商家为了提升客户忠诚度,可以通过以下方式来实现。

1. 划分会员等级

会员等级是会员成长路径的体现,设立的目的是激励会员持续发生某项行为,并且最终产出收益。商家可以为按以下步骤为店铺的会员设立等级和权益。

（1）商家可以根据客户忠诚度的高低来设立会员等级,如将会员划分为普通会员、高级会员、VIP 会员、至尊 VIP 会员。

（2）划分好会员等级后,可以按照客户购买金额、购买频次等来确定会员的晋升条件,如图 8-22 所示。

入会规则

高级会员: 1. 累计在本店铺消费金额达到500.0元
2. 累计在本店铺消费次数达10次

VIP会员: 1. 累计在本店铺消费金额达到5000.0元
2. 累计在本店铺消费次数达30次

至尊VIP: 1. 累计在本店铺消费金额达到10000.0元
2. 累计在本店铺消费次数达50次

满足以上会员等级条件中任意一个条件即可,解释权归本店铺所有。

图 8-22　会员规则

（3）划分好会员等级后,还需要确定每一个等级会员的权益,如会员专属优惠券、会员专属客服、会员积分优惠、会员优先发货等,不同等级的会员对应的会员权益不同,等级越高,权益就越多。图 8-23 为不同店铺的会员权益设置。

（4）对会员页面需要进行单独的视觉设计,方便会员查看店铺活动或优惠信息,同时店

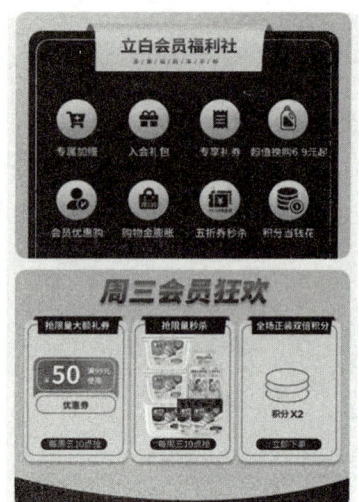

图 8-23　会员权益设置

铺要及时发布会员优惠信息,如通过短信、旺旺提醒等途径,让会员能第一时间接收到活动信息并引导购买。

2. 会员积分制度

会员积分制度是维持客户黏度的一个重要途径,也是提升客户忠诚度的重要手段之一。

(1)确定积分获取方式:一般获取积分的途径有交易获取积分(如消费 1 元=1 积分)、互动获取积分(如签到增加 5 积分)。获取积分的条件设置,既要注意激起会员玩转积分的动力,体现出积分价值,又不能出现积分泛滥的情况。

(2)确定积分变现方式:获取积分后,客户最关心的便是积分可以用来做什么。商家可以设置一些积分变现形式,例如积分兑换优惠券、兑换小礼品、积分抽奖等。同时,可以针对不同等级的会员,设置不同的积分兑换门槛,体现高等级会员的差异化特权。积分兑换类玩法可以提升会员活跃度,维系商家黏性。

3. 提升产品和服务质量

提升客户忠诚度最关键的是提升产品和相关的服务质量。产品质量是保证客户忠诚度的前提,产品质量不过关,客户忠诚度就无从谈起,因此企业在选品时要严格把控,为客户筛选高质量的产品。有了高质量的产品后,企业要做的便是提升服务质量,让客户在购物过程中对产品或品牌产生好感,以此提升客户忠诚度。

二、客户行为数据分析

客户行为数据分析是对客户在产品上产生的行为及行为背后的数据进行分析,这些行为包括选择、购买、使用、评价、参与等,主要目的是根据分析结果来预测客户需求、监测客户流向等,进而通过构建客户行为模型和用户画像,实现精细化运营,指导店铺业务增长。

(一)客户行为路径

在电子商务中,客户选购产品的过程较为复杂。例如,客户在提交订单后,可能会返回店铺查看并浏览其他产品或返回首页搜索其他产品,最终有可能取消之前的订单,转而购买其他产品。在电子商务平台中的客户购买行为路径有:浏览店铺首页、搜索产品、浏览产品详情页、加购或收藏产品、提交订单、订单支付等。

（二）客户行为分析指标

根据客户行为表现可以将客户行为分析指标大体上分为三大类，即黏性指标、活跃指标和产出指标，如图 8-24 所示。

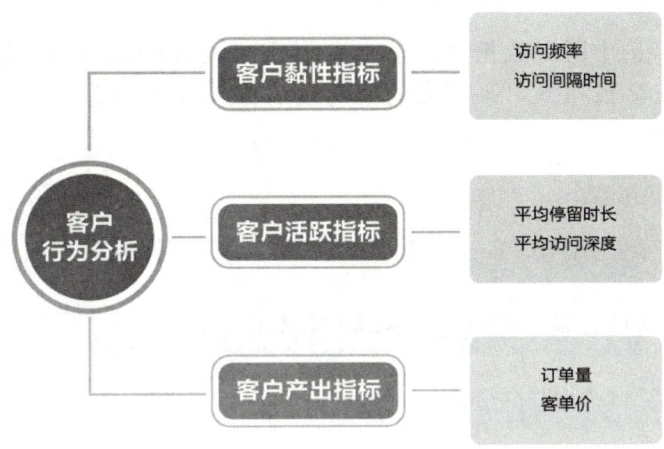

图 8-24   客户行为分析指标

（1）客户黏性指标：主要关注客户在某一段时间内持续访问店铺的情况，如客户访问频率、访问间隔时间等。

（2）客户活跃指标：客户每次访问过程中发生的行为，主要是指客户访问的参与度，如平均停留时长、平均访问深度等。

（3）客户产出指标：用来衡量客户创造的价值输出，如订单量、客单价等。

（三）客户行为轨迹分析

客户行为轨迹是指客户通过什么渠道进入店铺，以及进店后的客户又产生了哪些行为。通过对这些行为轨迹进行分析，可以有助于商家了解客户的行为去向，从而优化店铺相关页面信息。

1. 客户入口页面分析

客户进入店铺后，意味着流量的进入，而流量是通过不同的入口进入的，流量入口页面即客户通过哪些页面进入店铺，常见的入口页面有店铺导购页面、店铺内页页面、首页、商品详情页、店铺其他页、店外其他来源等。在进行流量入口页面分析时，需要采集并汇总不同流量入口的名称、单位时间内下单买家数和访客数。表 8-6 为某店铺最近 30 天内的客户入口来源。

表 8-6   客户入口来源统计   单位：人

入口页面	访客数	加购人数	下单买家数
店铺导购页面	412	103	79
店铺内容页面	123	21	16
首页	1 470	214	89
商品详情页	1 689	356	216

（续表）

入口页面	访客数	加购人数	下单买家数
店铺其他页	103	28	15
店外其他来源	856	156	68

统计好数据后,选中所有数据区域插入数据透视表,得到数据透视表后,再插入一个簇状条形图,并将访客数和下单买家数的值的显示方式设置为总计的百分比,如图8-25所示。

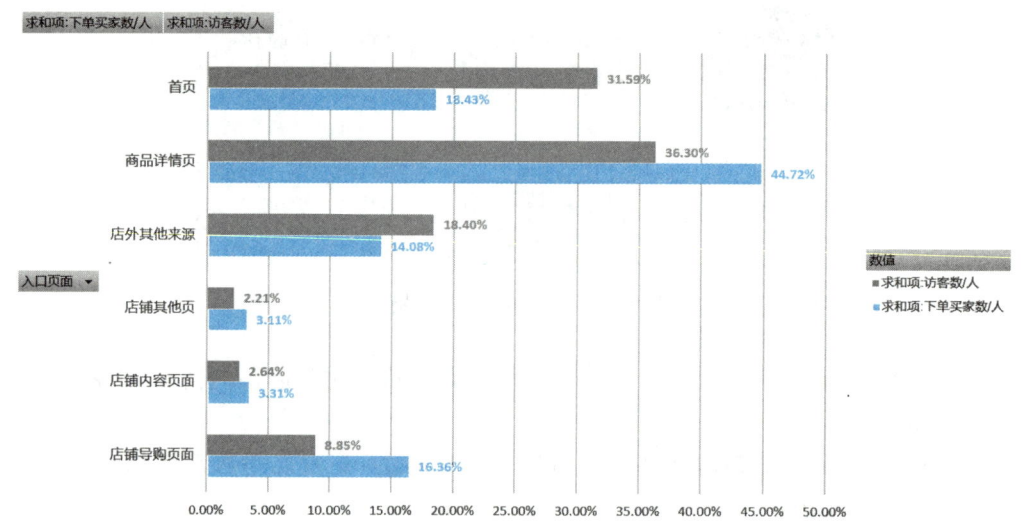

图 8-25　客户入口页面分析

从图8-25中可以看出各个入口页面的访客数和下单买家数的分布比例。该分析图中,客户从商品详情页进入的比例最大,其中访客数占总访客数的36.3%,下单买家数占总下单买家数的44.72%。也就是说该店铺的客户绝大多数都是以商品详情页为主要入口。

2. 客户店内路径分析

以淘宝为例,客户店内路径分析包括有店铺导购页面、店铺内容页面、首页、商品详情页和店铺其他页。图8-24为某店铺最近30天的客户店内路径。该店铺的访客来源于商品详情页的居多,占总访客数的85.64%。店铺导购页面有 $78.67\%\left(\dfrac{1\,305}{1\,659}\times100\%\right)$ 的客户访问了商品详情页;首页有 $27.61\%\left(\dfrac{465}{1\,684}\times100\%\right)$ 的客户访问了商品详情页,商品详情页有 $19.72\%\left(\dfrac{4\,858}{24\,634}\times100\%\right)$ 的客户访问了商品详情页,店铺其他页有 $28.19\%\left(\dfrac{201}{713}\times100\%\right)$ 的客户访问了商品详情页。由此可见,从商品详情页到商品详情页的比例最小,说明商品详情页的关联推荐不完善,商家可以优化商品详情页的关联推荐商品。

分析了访客数,再继续分析商品详情页的客户去向支付金额和支付金额占比。从图8-26中可以看出,客户在浏览完商品详情页后选择离开店铺的客户占比最多,而浏览完商品详情页后去商品详情页的客户支付金额占比最多,说明大多数客户都是从商品详情页进行下单购买的。

图 8-26　客户店内路径

（四）客户行为偏好分析

对客户行为偏好进行分析可以运用 5W2H 的方法，来分析客户产品偏好、购物时间偏好、购物金额偏好等。下面主要介绍客户产品偏好分析和客户支付金额偏好分析。

1. 客户产品偏好分析

客户产品偏好分析是通过采集最近一段时间内的客户购买的产品件数，来获取这段时间客户对店铺产品的偏好。图 8-27 为某店铺最近 30 天的商品支付件数统计。

	A	B	C	D
1	统计日期	商品ID	商品名称	支付件数
2	2024/3/1-2024/3/31	6.81399E+11	笔记本	700
3	2024/3/1-2024/3/31	7.06016E+11	活页本	706
4	2024/3/1-2024/3/31	7.50284E+11	中性笔	350
5	2024/3/1-2024/3/31	6.56459E+11	木质相框	66
6	2024/3/1-2024/3/31	6.96239E+11	可爱贴纸	498
7	2024/3/1-2024/3/31	6.9622E+11	笔芯	496
8	2024/3/1-2024/3/31	6.82728E+11	拍纸本	34
9	2024/3/1-2024/3/31	7.28014E+11	熊猫笔	125
10	2024/3/1-2024/3/31	7.53766E+11	速干中性笔	194
11	2024/3/1-2024/3/31	7.50405E+11	活页夹	53
12	2024/3/1-2024/3/31	6.74819E+11	可爱打孔机	29
13	2024/3/1-2024/3/31	6.51123E+11	软皮记事本	13
14	2024/3/1-2024/3/31	7.22797E+11	文具袋	22
15	2024/3/1-2024/3/31	6.89405E+11	便利贴纸	10
16	2024/3/1-2024/3/31	7.22087E+11	铅笔盒	18
17	2024/3/1-2024/3/31	68454534032	桌面收纳盒	5
18	2024/3/1-2024/3/31	7.45785E+11	卡套	5
19	2024/3/1-2024/3/31	6.94625E+11	大规格熊猫拼图	1

图 8-27　某店铺最近 30 天的商品支付件数统计

选中商品名称和支付件数对应单元格区域，插入柱形图，如图 8-28 所示。从图中可以看出，笔记本和活页本两个产品在这段时间内的订单数最多，这说明在统计的这段时期内，客户较偏向购买笔记本和活页本这两个商品。

2. 客户支付金额偏好分析

客户支付金额分析需要采集一定时期内的客户订单金额数据，并利用分组分析的方法将订单支付金额分为不同的组，例如 0～35 元、35～75 元、75～135 元等。需要注意的是，在对价格区间进行分组时，要注意以店铺内实际的产品价格为基础。通过统计一定时期内的订单金额，即可知晓在该时期内的客户消费偏好。

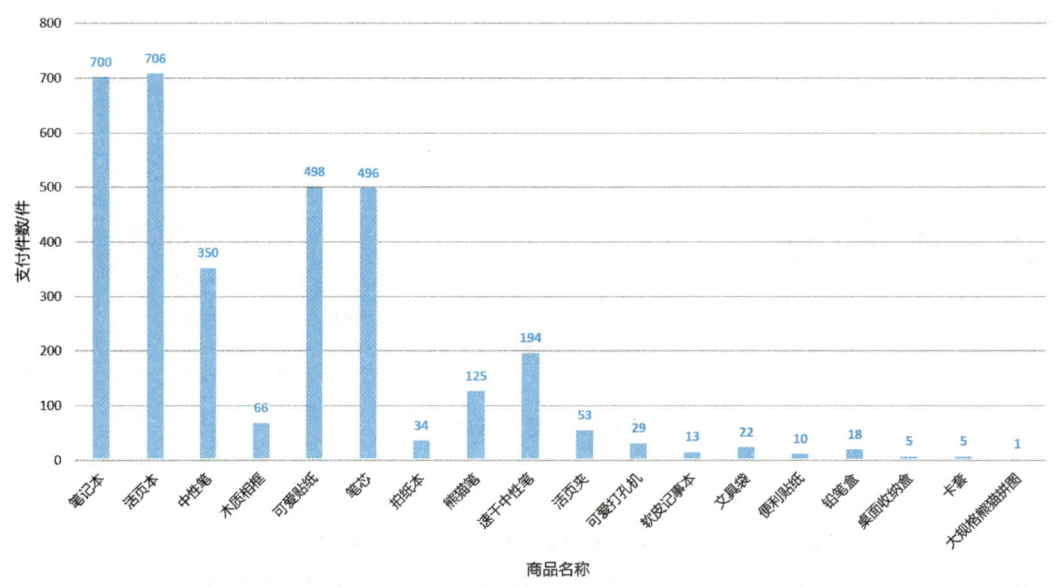

图 8-28　客户产品偏好分析图

任务三　客户服务数据分析

 引入案例

客户:在吗?

客服:亲爱的,您这边具体是什么问题呢,您可以直接问我哦。

客户:什么时候有活动?

客服:目前还没有接到通知哦。

客户:现在还能用直播间的价格买吗? 60 元 5 包。

客服:现在已经不能了哦,亲亲。

客户:现在的价格太贵了。

客服:亲,一看您就是个有眼光有品位的人,这款的价格已经是很优惠了哦,宝贝性价比
是很高的,买回去您一定喜欢的。

客户:但是太贵了,我已经买很多回了。

客服:您的心情可以理解哦,买家都希望用最少的钱淘到最好产品,首先品质您可以放
心,其次我们服务一定包您满意,您买产品时不能仅看价格,也要看其综合价值哦。

客户:我都是以直播间的价格囤货,或者在有活动的时候买。

客服:目前没有直播呢亲亲,活动现在也没有收到通知哦。

客户:好吧,那有没有优惠券之类的。

客服：亲亲，充值购物金再下单更划算哦，充 100 元得 120 元，充 200 元得 250 元，充 500 元得 600 元，购物金可叠加会员专属 10 元优惠券及平台跨店满减活动。

客户：行吧，那我充 100 元的购物金。

客服：好的，亲亲。

最后，该客户不仅充值了购物金还下单购买了该商品。以上是一次客服与客户正常对话的全过程，可以看出客服的服务质量，会直接影响客户的满意度，认真地对待每一个进店咨询的客户，为其耐心地做出解答、服务热情、周到，也会有效地提高客户满意度。

 相关知识

一、服务评价数据

当店铺订单交易成功后，客户可以从宝贝描述相符、店铺服务态度、物流服务三项给店铺进行打分，也就是卖家服务评级（detail seller rating，DSR）。DSR 的每项店铺评分均为动态指标，是最近连续 6 个月内所有评分的平均值。三项指标都有 5 个分值，1 分表示非常差，2 分表示差，3 分表示一般，4 分表示好，5 分表示非常好。图 8-29 为某天猫店铺的 DSR 评分。

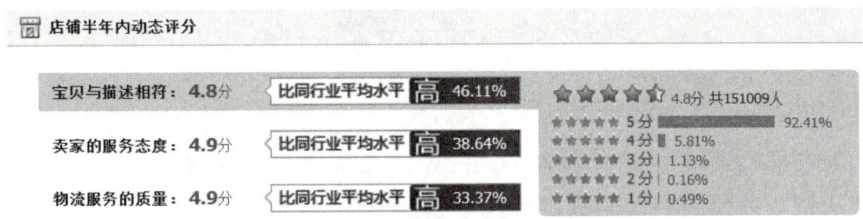

图 8-29　某天猫店铺 DSR 评分

（一）DSR 评分计算方法

$$店铺评分 = \frac{连续 6 个月买家给予该项评分的总和}{连续 6 个月买家给予该项评分的次数}。$$ 在订单交易成功后的 15 天内，买家可本着自愿的原则对卖家进行店铺评分，逾期未打分则视为放弃，系统会默认给店铺一个好评，但不会产生店铺评分，不计入店铺动态评分计算。

例如，共有 50 个买家参与评分，每个买家只参与一次，均为有效评价，其中 48 人给全 5 分，2 人给全 1 分，那么店铺动态平均分 $DSR = \frac{(48 \times 5) + (2 \times 1)}{50} = 4.8（分）$，即分子越高，最后算出的评分越高。因为评分人数是固定的，所以只能通过提高评价的分数，来提高 DSR 评分。

（二）DSR 低分原因和改善方法

店铺动态评分不仅会影响店铺权重，还会直接影响店铺的下单率和客户购买欲望。如果店铺动态评分很低，那么下单的客户会有所顾虑，为什么评分比其他的店铺低，是质量不过关？服务态度不好？还是物流速度太慢？

除此之外，DSR 低分也会直接影响店铺的活动报名。官方大促活动报名对店铺的 DSR

评分有一定的门槛要求,因此店铺的评分非常重要,也是提升店铺权重,店铺转化率的重要指标。表8-7为DSR低分的原因和改善方法。

表8-7 DSR低分的原因与改善方法

问题类型	DSR低分原因	改善方法
客户服务问题	客服回复不及时、与客户产生争执、未能解决客户问题、服务态度差等	设置快捷语应答,提高客服应答速度 改善服务态度 加强客服人员对店内产品或活动内容的培训 设置客服考核KPI
产品问题	商品与卖家描述不一致、商品质量差、商品低于买家预期等	优化商品详情页描述、不要夸大宣传 根据买家对商品的问题积极处理并提供解决方案
物流问题	少发或者漏发、发货不及时、货物破损等	积极跟进订单情况 选择较好的物流公司合作

二、客服询单转化率

客服询单转化率是指所有咨询客服并产生购买行为的人数与所有咨询客服总人数的比值,其计算公式为:

$$询单转化率 = \frac{咨询下单人数}{咨询总人数} \times 100\%$$

$$咨询率 = \frac{咨询人数}{总访客数} \times 100\%$$

客服作为直接与买家进行沟通的人员,对询单转化率的提升起着非常重要的作用。表8-8为某店铺3月份的各客服询单转化率数据统计。

表8-8 店铺咨询转化率数据统计

旺旺昵称	询单人数/人	最终付款人数/人	最终付款金额/元	询单最终付款转化率
苹果	209	92	10 286.47	44.02%
乔乔	187	84	8 072.00	44.92%
草莓	102	32	1 144.90	31.37%
青柠	134	61	1 356.23	45.52%
十二	96	46	864.65	47.92%
汇总值	728	315	21 724.25	43.27%
平均值	145	63	4 344.85	43.45%

将每个客服的询单人数、最终付款人数和询单最终付款转化率的数据选中,然后插入一个组合图,如图8-30所示。

从图8-30中可以看出,店铺中的5个客服旺旺账号的询单最终付款转化率,整体店铺的询单转化率较稳定。而账号草莓的询单最终付款转化率较低,说明该账号接待的客户中最终付款的客户较少。店铺可以对客服的询单转化率进行考核,找到问题的源头所在并在

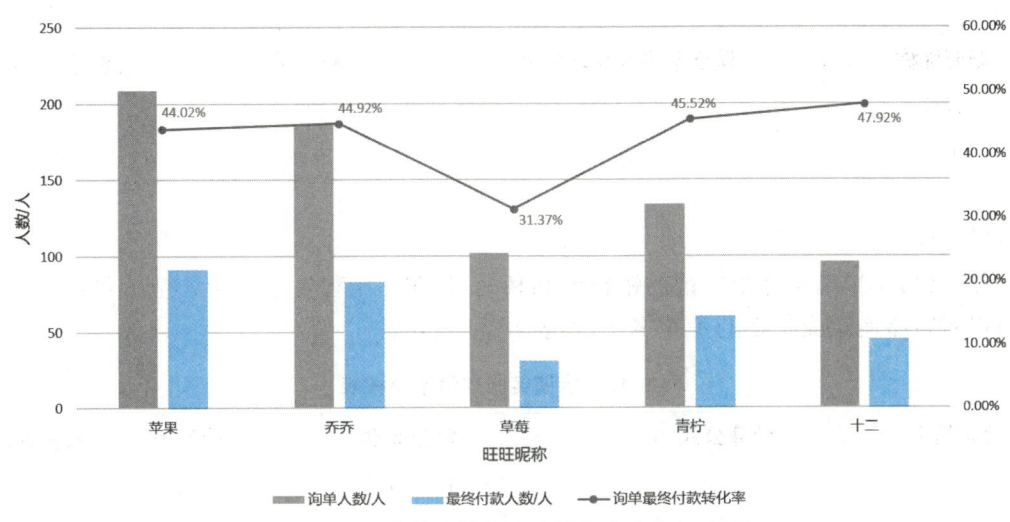

图 8-30　店铺客服的咨询转化率分析组合图

后续接待中进行优化。

　　我们还可以看出账号草莓的询单转化率不高,会拉低店铺的询单转化率,因此,对客服制定相应的 KPI 考核是非常有必要的,如表 8-9 所示。

表 8-9　店铺客服询单转化率考核表

KPI 考核指标	计算公式	评分标准	分值/分	权重占比
询单转化率(X)	询单转化率= $\dfrac{咨询下单人数}{咨询总人数} \times 100\%$	$X \geqslant 41\%$	100	20%
		$38\% \leqslant X < 41\%$	90	
		$35\% \leqslant X < 38\%$	80	
		$31\% \leqslant X < 35\%$	70	
		$28\% \leqslant X < 31\%$	60	
		$25\% \leqslant X < 28\%$	50	
		$X < 25\%$	0	

　　根据该 KPI 考核表,即可计算出店铺每个客服询单转化率占 KPI 总分的权重。例如,苹果、乔乔、青柠、十二的询单转化率都在 41% 以上,因此其得分都为 100 分,权重得分都为 20 分;而草莓的询单转化率在 31%～35%,因此其得分为 70 分,权重得分都为 14 分,如表 8-10 所示。

表 8-10　店铺客服咨询转化率权重计分

旺旺昵称	询单最终付款转化率	得分/分	权重得分/分
苹果	44.02%	100	20
乔乔	44.92%	100	20
草莓	31.37%	70	14

(续表)

旺旺昵称	询单最终付款转化率	得分/分	权重得分/分
青柠	45.52%	100	20
十二	47.92%	100	20

三、客服支付率

客服支付率影响着这个店铺的销售额和利润,且在一定程度上还会影响店铺的排名,因此,可以对客服制定支付率的考核 KPI,如表 8-11 所示。

表 8-11　店铺客服支付率考核表

KPI 考核指标	计算公式	评分标准	分值/分	权重占比
支付率(F)	$支付率 = \dfrac{成交笔数}{下单总笔数} \times 100\%$	$F \geqslant 90\%$	100	30%
		$80\% \leqslant F < 90\%$	90	
		$70\% \leqslant F < 80\%$	80	
		$60\% \leqslant F < 70\%$	70	
		$50\% \leqslant F < 60\%$	60	
		$F < 50\%$	0	

表 8-12 为店铺对 5 名客服人员最近一个月的支付率统计表。

表 8-12　店铺客服支付率数据统计

旺旺昵称	销售订单数	总订单数	支付率	得分/分	权重得分/分
苹果	58	72	80.56%	90	27
乔乔	49	63	77.78%	80	24
草莓	39	49	79.59%	80	24
青柠	114	126	90.48%	100	30
十二	136	145	93.79%	100	30

从表 8-12 中可以看出,客服青柠和十二的得分最高,然后是客服苹果,最后是客服乔乔和草莓。客服的支付率与客服 KPI 考核息息相关。客服的追单越积极,相应的支付率就会越高,少数客户拍了却没付款,只差临门一脚,这时客服可以追单促成成交。

四、客服响应时间

客服响应时间是指当买家咨询后,客服回复买家的时间间隔。响应时长包括首次响应时间和平均响应时间两个指标。

（一）首次响应时间

首次响应时间是指过滤掉系统自动回复后,买家联系客服,客服人员首次回复买家消息所用的时间。统计首次响应时间可以衡量客服人员的工作效率,因此最好以工作时间进行区分,确保不会受到假期的影响。表 8-13 为客服首次响应时间考核表。

表 8-13　店铺客服首次响应时间考核表

KPI 考核指标	评分标准	分值/分	权重占比
首次响应时间(ST)	$ST \leqslant 10$ 秒	100	20%
	10 秒$< ST \leqslant 15$ 秒	90	
	15 秒$< ST \leqslant 20$ 秒	80	
	20 秒$< ST \leqslant 25$ 秒	70	
	25 秒$< ST \leqslant 30$ 秒	60	
	$ST > 30$ 秒	0	

（二）平均响应时间

平均响应时间是指客服在回复买家的过程中,从买家咨询到客服回应的每一次的时间差的均值,平均响应时长越小越好。一般情况下 15 秒是个界限,15 秒以上买家就会不耐烦。商家可以根据这个界限以及店铺自身情况来做平均响应时间的考核标准。表 8-14 为客服平均响应时间考核表。

表 8-14　店铺客服平均响应时间考核表

KPI 考核指标	评分标准	分值/分	权重占比
平均响应时间(PT)	$PT \leqslant 15$ 秒	100	20%
	15 秒$< PT \leqslant 20$ 秒	90	
	20 秒$< PT \leqslant 25$ 秒	80	
	25 秒$< PT \leqslant 30$ 秒	70	
	30 秒$< PT \leqslant 35$ 秒	60	
	$PT > 35$ 秒	0	

行业点拨

对于一些买家常问热门问题,店铺可以提前设置好常用话术供客服快捷使用,这能大大缩短响应时长;当店铺咨询高峰期或大促期,店铺要根据客服人力分析,匹配合理的客服人力资源,以便快速响应。

（三）客服响应时间分析

下面将店铺中 5 名客服最近 30 天的响应时间统计出来,并根据表 8-13 和表 8-14,计算出每一名客服的权重得分,如表 8-15 所示。

表 8-15　店铺客服响应时间数据统计

旺旺昵称	首次响应时间/秒	得分/分	权重得分/分	平均响应时间/秒	得分/分	权重得分/分
苹果	7.31	100	20	10.18	100	20
乔乔	8.43	100	20	12.17	100	20
草莓	10.36	90	18	16.32	90	18

211

(续表)

旺旺昵称	首次响应时间/秒	得分/分	权重得分/分	平均响应时间/秒	得分/分	权重得分/分
青柠	9.21	100	20	11.23	100	20
十二	10.27	90	18	13.58	100	20

　　为了更直观地观察,可以插入一个雷达图,如图 8-31 所示,从图中可以明显地看出客服草莓的首次响应时间和平均响应时间都比其他客服要长。

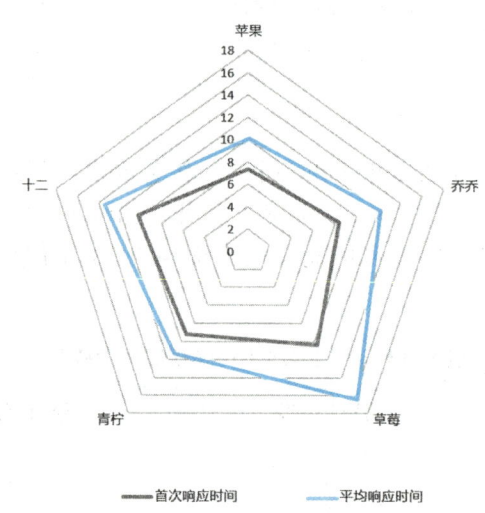

图 8-31　客户响应时间分析图

　　客服的相应时间会影响商品的询单转化率,如果客服的响应时间短、回复专业、态度热情,则可以大大提升商品的询单转化率。

五、售后及日常工作

　　除了相关数据的指标考核,还可以对客服的售后及日常工作进行考核。表 8-16 为店铺客户售后及日常工作考核表。

表 8-16　店铺客服售后及日常工作考核表

KPI 考核指标	评分标准	分值/分	权重占比
月退货量(T)	$T<3$ 件	100	10%
	3 件$\leqslant T<6$ 件	80	
	6 件$\leqslant T<10$ 件	60	
	$T\geqslant10$ 件	0	

　　退货率能直接反映客服的服务质量好坏,当客服与买家沟通时,要注意沟通方式,并结合买家喜欢来为其推荐商品。表 8-17 为店铺对 5 名客服人员最近一个月的退货率统计表。从表 8-17 中可以看出,客服十二的退货率最低,其次是客服青柠,退货率最高的是客服草莓。

表 8-17　店铺客服退货率统计

旺旺昵称	月退货量/件	月成交量/件	月均退货率	得分/分	权重得分/分
苹果	5	204	2.45%	80	8
乔乔	9	312	2.88%	60	6
草莓	3	88	3.41%	80	8
青柠	2	103	1.94%	100	10
十二	0	128	0	100	10

知识补充

　　客服 KPI 复合模型可以从多方面考察客服的工作效率和工作能力,不仅仅只是个人的业务能力,也包括团队协作能力、工作态度等多方面的指标。商家可以根据自身需要来定制符合店铺的客服考核指标,这样才能针对性地对客服进行培训或调整。

六、客服服务满意度

　　以淘宝为例,在卖家后台中心可以查看买家对店铺客服的满意度,如图 8-32 所示。客服满意度是指近 30 天内,对客服服务表示满意(很满意或满意)的客户占比,包括邀请评价和客户主动评价,其计算公式为:

$$客服服务满意度 = \frac{客户很满意数 + 客户满意数}{收到评价数} \times 100\%$$

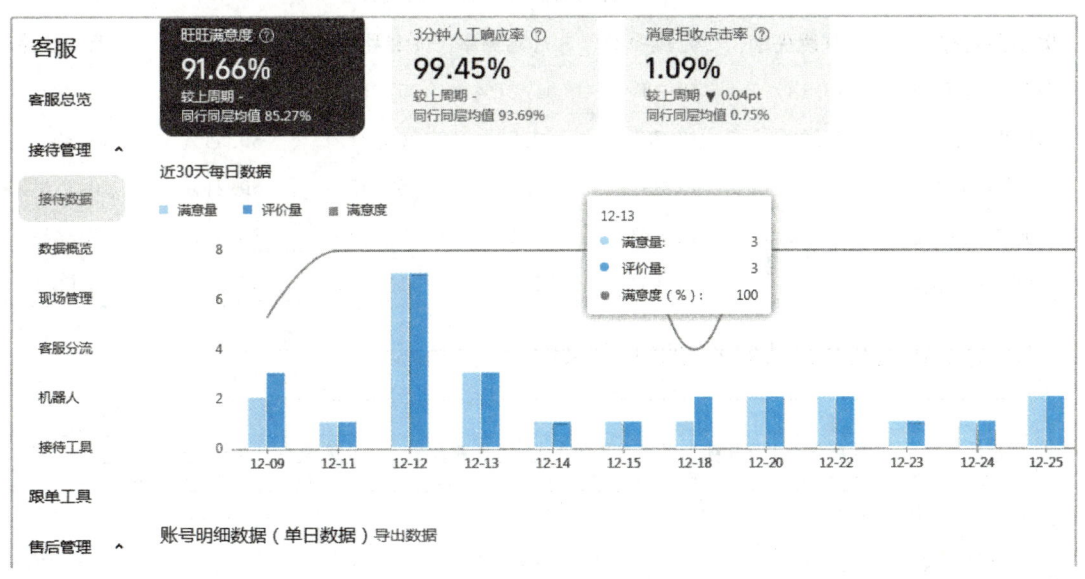

图 8-32　客服满意度

　　在“账号明细数据”列表中可以查看客服每个子账号的指标数据明细,商家针对响应率低的客服进行培训或调整。

项目实训——客户跳失率分析

客户跳失率是指在统计时间内,访客中没有发生点击行为(没有收藏、加购、购买、超链等)的人数与访客数的比值,即 $1 - \dfrac{\text{点击人数}}{\text{访客数}}$。跳失率越低表示流量的质量越好。多天的跳失率为各天跳失率的日均值。

【实训背景】

当客户通过关键词搜索或其他渠道浏览到了自己喜欢的商品,并点击进入商品详情页浏览,但是最终客户并没有购买该商品,而是去了另外一家店铺继续浏览,这便属于跳失客户,跳失率越高,说明该商品详情页的吸引力很低,从而最终影响商品的转化率。

【实训目标】

(1)了解客户跳失率的计算方法。

(2)掌握分析店铺商品详情页跳失率的方法。

【实训要求】

本实训要求分析店铺商品详情页的跳失率情况。

【实训步骤】

分析店铺内商品详情页的客户跳失情况的制作步骤如下。

(1)表 8-18 为某店铺最近 6 个月的商品详情页跳失率数据。

表 8-18　店铺商品详情页数据统计

商品名称	1月跳失率	2月跳失率	3月跳失率	4月跳失率	5月跳失率	6月跳失率
白色长袖 T 恤	46.18%	49.36%	41.21%	52.14%	62.17%	42.38%
阔腿牛仔裤	47.28%	43.78%	69.24%	68.21%	39.54%	46.89%
半高领毛衣	39.16%	40.89%	56.21%	63.97%	69.21%	70.17%
连帽卫衣	40.32%	42.68%	52.13%	35.12%	39.54%	38.54%
纯棉 A 字裙	56.32%	62.13%	51.32%	46.15%	47.89%	42.69%

(2)计算出这几个商品的平均跳失率,如图 8-33 所示。

	A	B	C	D	E	F	G	H
1	商品名称	1月跳失率	2月跳失率	3月跳失率	4月跳失率	5月跳失率	6月跳失率	平均跳失率
2	白色长袖T恤	46.18%	49.36%	41.21%	52.14%	62.17%	42.38%	=AVERAGEA(
3	阔腿牛仔裤	47.28%	43.78%	69.24%	68.21%	39.54%	46.89%	B2,C2,D2,E2,
4	半高领毛衣	39.16%	40.89%	56.21%	63.97%	69.21%	70.17%	F2,G2)
5	连帽卫衣	40.32%	42.68%	52.13%	35.12%	39.54%	38.54%	**AVERAGEA**(v
6	纯棉A字裙	56.32%	62.13%	51.32%	46.15%	47.89%	42.69%	51.08%

图 8-33　计算平均跳失率

(3)为了更直观地查看商品的跳失率,选择商品名称和平均跳失率单元格区域,插入一个簇状柱形图,如图 8-34 所示。

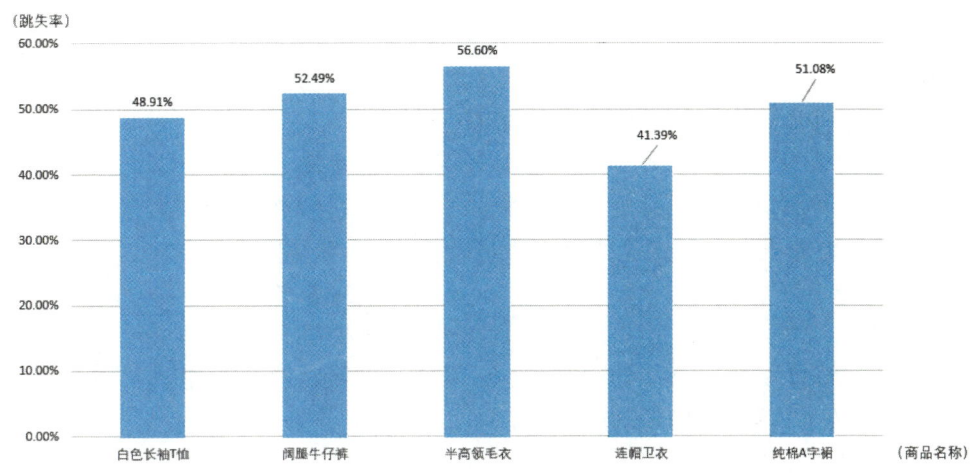

图 8-34 商品详情页跳失率

从图 8-34 中可以看出该店铺的这几个商品中跳失率最高的是半高领毛衣,其次是阔腿牛仔裤和纯棉 A 字裙,跳失率最低的是连帽卫衣。跳失率高说明店铺的转化率不高,需要提升访客的转化率。如果不降低跳失率,会影响整体的排名权重。对于跳失率高的商品商家可以优化商品标题中的关键词,除此之外,还可以对商品主图和详情页的视觉进行优化。

 课后习题

一、单选题

1. 下列客户属性中属于客户基础属性的是(　　)。

A. 客户地域数据 　　　　　　　　　　B. 客户兴趣偏好

C. 客户交易偏好 　　　　　　　　　　D. 客户品牌偏好

2. 下列对于客户特征分析的作用说法错误的是(　　)。

A. 有助于企业制定更精准的营销内容

B. 将客户特征把握得越准确就越能深入了解客户心理

C. 可以提高商品的客单价

D. 优化店铺运营和推广方向

3. 客户标签分类中,属于交易行为的是(　　)。

A. 客单价　　　　　B. 购买力　　　　　C. 分享商品　　　　　D. 关注店铺

4. 下列因素中,不属于影响客户忠诚度因素的是(　　)。

A. 客户满意度 　　　　　　　　　　B. 客户依存度

C. 服务质量 　　　　　　　　　　　D. 客户复购率

5. 下列对复购率说法正确的是(　　)。

A. 复购率是客户对企业产品或服务购买的比率

B. 复购率越高,客户对企业的忠诚度越低

C. 复购率 $= \dfrac{客户重复购买交易次数}{总访客数} \times 100\%$

D. 复购率 $=\dfrac{\text{重复购买用户数}}{\text{总访客数}} \times 100\%$

二、多选题

1. 按客户的购买行为进行分类,可以分为(   )。

A. 加购客户 　　　　　　　　　　B. 成交客户

C. 流失客户 　　　　　　　　　　D. 活跃客户

2. 客户日常监测是指对进店客户的行为进行监测,主要包括(   )。

A. 客户新访 　　　　　　　　　　B. 已购客户回访

C. 老客户 　　　　　　　　　　　D. 未购客户回访

3. 已购客户回访是指在统计时间内,过去 365 天内买过的客户中再次与店铺产生访问、互动、支付行为的人数,其中包括的指标有(   )。

A. 回访成交 　　　　　　　　　　B. 新访未成交

C. 老客复购率 　　　　　　　　　D. 已购客户召回率

4. 在进行客户特征分析时,常见的指标包括(   )。

A. 浏览量 　　　B. 消费层级 　　　C. 流失率 　　　D. 访客数

5. 根据客户行为表现可以将客户行为分析指标分为(   )。

A. 客户黏性指标 　　　　　　　　B. 客户活跃指标

C. 订单量 　　　　　　　　　　　D. 客户产出指标

三、判断题

1. DSR 的每项店铺评分是固定不变的,是最近连续 6 个月内所有评分的平均值。(   )

2. 客户询单转化率是指所有咨询客服并产生购买行为的人数与所有咨询客服总人数的比值。 (   )

3. 客服支付率影响着这个店铺的销售额和利润,不会影响店铺的排名。 (   )

4. 在一定的时期内,客户购买频次越高,则客户忠诚度就越低。 (   )

5. 对客户忠诚度进行分析的目的是检验企业用户忠诚度管理的成果。 (   )

四、实践操作题

1. 根据前面客服的 KPI 考核表分值,分析表 8-19 的某店铺客服数据。

表 8-19　某店铺客服数据

KPI 考核指标	客服 A	客服 B	客服 C
询单转化率	36.98%	46.31%	40.23%
支付率	89.32%	93.21%	90.12%
首次响应时间/秒	10.23	8.25	9.32
平均响应时间/秒	11.23	16.32	15.23
月退货量/件	4	3	5

2. 结合本项目中的内容,思考客户服务数据分析对于网店经营者的意义。

3. 思考如何利用客户画像来提升店铺转化率。

项目九

运营数据分析报告

知识目标

- 了解数据分析报告的主要类型
- 熟悉数据分析报告的结构设计
- 掌握数据分析报告的撰写

能力目标

- 能够选择合适的数据分析报告类型
- 能够完成数据分析报告的撰写

素养目标

- 在数据收集的过程中,强化数据安全的意识
- 学会数据分析报告的撰写,提高运营、产品、人力、数据等职场人士的技能

 **知识导图**

```
                                  ┌─ 任务一 数据分析报告结构 ─┬─ 数据分析报告的主要类型
                                  │                        └─ 数据分析报告的结构设计
  运营数据分析报告 ─┤
                                  └─ 任务二 数据分析报告的撰写 ─┬─ 数据分析报告的撰写流程
                                                            └─ 数据分析报告的撰写原则
```

📖 **项目导读**

　　在做数据分析的日常工作中,对数据进行收集、整理和分析后,需要将要点提炼出来,再将分析过程与结果写成一份通俗易懂的数据分析报告。撰写数据分析报告是必不可少的工作之一,也是支持企业决策的依托。

　　数据分析报告是完成数据分析的最后一步,其实质上是一种沟通与交流的形式,主要目的在于将分析结果、可行性建议以及其他价值的信息传递给管理人员。而对于一部分人员来说,可能前期分析都进行得非常顺利,但就是写不出条理清晰、逻辑缜密、易读且美观的数据报告。然而在实际的工作中,往往是需要我们能够撰写出高质量、高价值的数据分析报告的。这不仅能够充分地体现数据分析的必要性,更可以在这个过程中训练我们的数据思维能力,帮助管理人员梳理整个业务线的底层逻辑,并复盘经营活动中出现的问题。

任务一　数据分析报告结构

 **引入案例**

　　某企业计划在某电商平台售卖咖啡类的产品,为此成立了一个专门的电商部门。由于企业本来的工厂位于云南,团队的最初设想是以云南本地速溶咖啡作为主推产品。而为了验证该方案的可行性,首先团队对该电商平台的同类市场进行了分析,并截取了部分分析结果。

　　1. 市场状况

　　云南省的咖啡豆种植分布于 10 个产区,分别是普洱市、临沧市、保山市、德宏州、西双版纳州、文山州、怒江州、大理州、楚雄州、红河州。2023 年,云南省的咖啡豆产量主要分布于普洱、临沧、保山、德宏。通过对比云南省咖啡豆在国内和国外的消费量,发现云南省咖啡豆的整体销售情况从出口为主转向满足内需为主。自 2022 年开始,云南省咖啡豆产量的79.5%被用于供给国内。当前,云南省咖啡豆供应国内部分的数量和占比均有所提升,反映出我国咖啡消费市场的需求强劲,云南省咖啡豆的国内市场空间大。

2. 产品结构

云南咖啡豆产业的下游产品形态主要分为现磨咖啡、速溶咖啡、即饮咖啡,而速溶咖啡中还出现了挂耳咖啡、冻干咖啡、胶囊咖啡等新形态。

3. 主推品——速溶咖啡的市场状况

消费者在购买速溶咖啡关注因素方面,排名前三的分别是价格(61.9%)、口味(57.9%)、重量(49.8%)。超八成消费者期待速溶咖啡口味创新,56.9%消费者期待品类创新。当前大众在消费时更趋于理性,性价比仍是消费者做出购买决策的重要影响因素。随着移动互联网的发展,超58.6%的消费者会在综合电商平台购买速溶咖啡,其次是即时零售平台(51.7%),如图9-1所示。

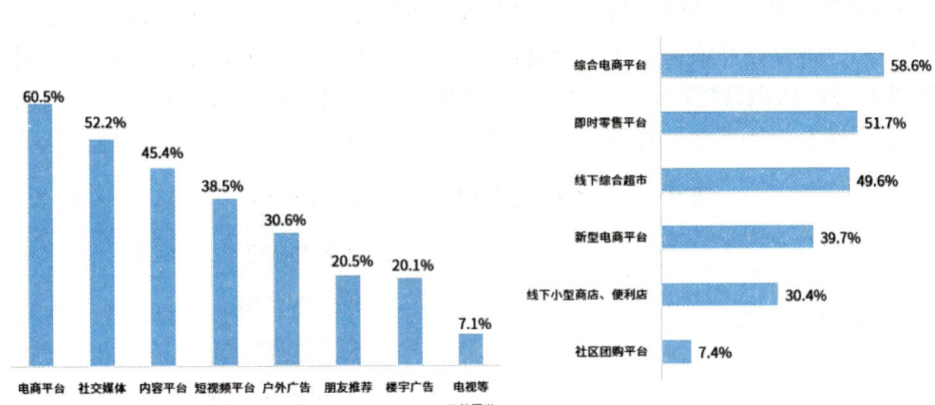

图 9-1　速溶咖啡购买渠道

 相关知识

一、数据分析报告的主要类型

数据分析报告的对象、内容、时间、方法等情况的不同,因而存在着不同数据分析报告的类型。在日常工作中,数据分析报告的常见类型有专题分析报告、综合分析报告、日常数据通报等,如图9-2所示。

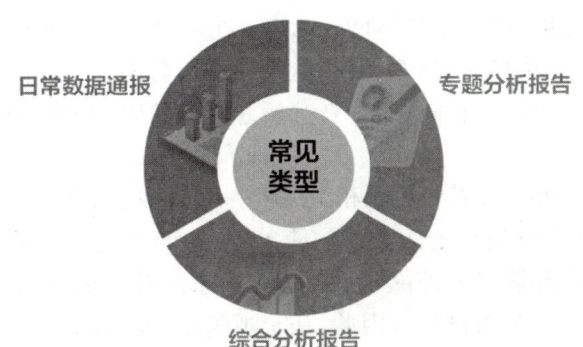

图 9-2　数据分析报告的常见类型

（一）专题分析报告

专题分析报告是对社会经济现象的某一方面进行专门研究的一种数据分析报告，主要针对某项工作、某一问题、某一事件或某一活动写成的报告，其主要作用是为决策者制定某项政策、解决某个问题提供决策参考和依据。其特点包括以下两个方面。

（1）单一性：专题分析报告不要求反映事物的全貌，主要针对某一方面或某一个问题进行分析，如用户流失情况分析、某产品利润率分析等。

（2）深入性：由于专题分析报告内容比较单一，注意是突出重点，因此便于集中精力抓住主要问题进行深入分析。它不仅要对问题进行具体描述，还要对引起问题的原因进行分析，并且提出切实可行的解决办法。

（二）综合分析报告

综合分析报告又称全面分析报告。它是指某一部门、某一单位或某地区把一定时期的经济活动作为一个整体，对各项主要经济指标的完成情况进行综合分析研究，从中找出带有普遍性和关键性的问题，认识其规律，以图改进的一种数据分析报告，如新能源企业发展报告、企业运营分析报告、网络安全产业发展报告等。表9-1为网络安全产业发展报告的目录结构。

表 9-1　网络安全产业发展报告的目录结构

大纲	具体内容
网络安全行业发展背景	网络安全概念
	行业发展历程
网络安全行业发展现状	市场规模及预测
	产业链
网络安全状况调研	网络安全素养
	信息泄露情况
	应对措施
	网络诈骗情况
	网络安全意识
网络安全行业发展趋势分析	网络安全行业发展趋势

综合分析报告的特点主要有以下两个方面。

（1）全面性：综合分析报告反映的对象，无论一个行业、一个地区、一个部门还是一个单位，都必须以这个行业、这个地区、这个部门、这个单位为分析总体，站在全局的角度，反映总体特征，并做出总体评价，得出总体认识。在分析总体现象时，必须全面、综合地反映对象各个方面的情况。

（2）关联性：综合分析报告需要把互相关联的一些现象、问题综合起来进行全面系统的分析。这种综合分析并不只是对全面资料的简单罗列，而是需要在系统地分析指标体系基础上，考察现象之间的内部联系和外部联系。这种联系的重点是比例关系和平衡关系，分析研究它们的发展是否协调、是否良好。因此，从宏观角度反映指标之间关系的数据分析报告一般属于综合分析报告。

（三）日常数据通报

日常数据通报是以定期数据分析报表为依据，反映计划执行情况，并分析其影响因素和形成原因的一种数据分析报告。这种数据分析报告一般以日报、周报、月报、季报、年报的形式定期进行，因此也称定期分析报告。

日常数据通报可以是专题性的，也可以是综合性的。这种分析报告的应用十分广泛，常用于企业内各个部门，其特点主要有以下几个方面。

（1）进度性：由于日常数据通报主要反映计划的执行情况，因此必须把计划执行的进度与时间相结合进行分析，观察对比两者的进度是否一致，从而判断计划的优劣。而在这个过程中，可能会需要进行一些必要的计算，通过绝对数和相对数据指标来突出报告的进度。

（2）规范性：日常数据通报常常被运用于企业之间各个部门的例行报告，定时向决策者提供，因此这种分析报告形成了比较规范的结构形式。它一般包括反映计划执行的基本情况、分析完成或未完成的原因、总结计划执行中的成绩和经验、找出问题所在、提出措施和建议等多个部分。这种分析报告的标题也较规范，有时为了保持连续性，标题只变动时间，如《×年×月店铺销售数据通报》。

（3）时效性：日常数据通报是时效性最强的一种分析报告，只有及时提供业务发展过程中的各种信息，才能帮助决策者掌握企业营销推广的主动权。

知识补充

不同的业务场景，其数据分析报告的类型也会略有不同，在实际工作中还有很多其他类型的报告，如竞品分析报告、行业报告、各类研究数据报告等。数据报告撰写人员要根据企业的实际需要来选择合适的数据报告类型。

对大多数企业而言，这些报告主要通过微软 Office 中的 Word、Excel 和 PowerPoint 系列软件来表现，这三种软件各有优劣势，具体内容如表 9-2 所示。

表 9-2　Office 各软件制作报表的优劣

项目	Word	Excel	PowerPoint
优势	上手简单 易于排版 可打印装订成册	可制作动态图表 结果实时更新 交互性强	可加入丰富的素材 适合演示汇报 展示效果更强
劣势	缺乏交互性 不适合演示汇报	不适合演示汇报	不适合大篇幅文字
适用范围	综合分析报告 专题分析报告 日常数据通报	日常数据通报	综合分析报告 专题分析报告

素养点拨

在实际的工作中，Office 每一个软件都有其各自所擅长的领域，如 Word 的文字处理、Excel 的数据处理、PPT 的图像处理。想要高效办公，就要选对工具或通过工具的协作，发挥各自优势，实现高效化。例如 Word 与 Excel 之间的协作、Excel 与 PowerPoint 之间的协作等，这些组件之间的资源共享可以极大地提高办公效率。

二、数据分析报告的结构设计

数据分析报告有特定的结构,但是这种结构并非一成不变的,不同的数据分析师、不同的客户、不同性质的数据分析,其最后的报告可能会有不同的结构。最经典的报告结构是"总—分—总"结构,它主要包括开篇部分、正文部分和结论部分,如图9-3所示。

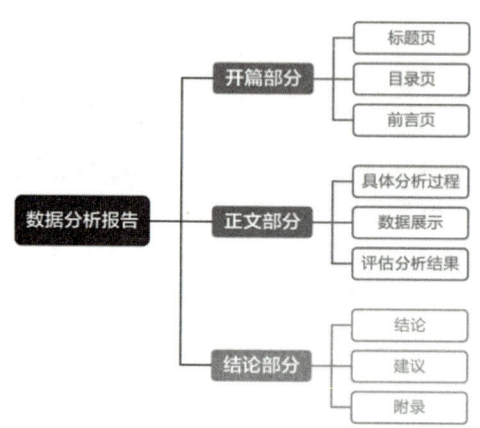

图9-3 数据分析报告的结构

（一）开篇部分

开篇部分一般包括标题页、目录页和前言页,主要包括分析背景、目的与思路。

1. 标题页

标题页包括数据分析报告的名称、数据来源、写作日期等,标题的撰写要直接、确切、简洁,根据版面的要求在一两行内完成。好的标题不仅可以激发读者的阅读兴趣,还可以体现数据分析的主题。

1）数据分析报告的标题类型

（1）概括型:重在叙述数据反映的基本事实,在标题上就概括出报告的中心内容,如"2023年公司运营业务呈高速增长"。

（2）观点型:用观点句来表示和点明数据分析报告的基本观点,如"XX产品是企业发展的重要支柱"。

（3）提问型:用提问的方式提出报告分析的问题,如"新一代消费者愿意为什么买单"。

（4）交代型:交代分析的主题,反映分析的对象、范围、时间、内容等客观情况,如"2023年中国互联网家居售后服务市场研究报告"。

2）数据分析报告标题的制作要求

（1）直接:数据分析报告是一种应用性较强的文体,它直接用来为决策者的决策和管理服务,因此标题必须使用直接的语言,直截了当、开门见山地表达基本观点,让读者一看标题就能明白数据分析报告的基本精神,加快对报告内容的理解。

（2）确切:标题的撰写要做到文题相符,宽窄适度,恰如其分地表现分析报告的内容和分析对象的特点。

（3）简洁:标题需要具有高度的概括性,直接反映出数据分析报告的主要内容和基本精神,用较少的文字集中、准确、简洁地进行表述。

除了以上介绍的一些特点,数据分析报告的标题还应尽量追求独具特色、新颖活泼的语言。要想标题能够别具一格,还应抓住报告对象的特征来展开联想,适当地运用一些修饰手法来强调和突出标题,如"2023 年电商速溶咖啡行业产品创新专题研究报告";在报告的标题下方还可以写明所在部门的名称和报告撰写人;为了将来方便参考,完成报告的日期也应当注明,这样能够体现出报告的时效性,如图 9-4 所示。

图 9-4　数据分析报告标题页

2. 目录页

目录相当于数据分析报告中的大纲,是报告中各部分内容的索引和附录的顺序提要,可以体现出报告的分析思路,帮助读者快捷方便地找到所需的内容。

如果是在 Word 中撰写报告,在章节名称后面还要加上对应的页码,对于比较重要的二级目录,也可以将其列出来。如果是在 PowerPoint 中撰写报告,目录页便可只提取重要的标题,如图 9-5 所示。另外需要注意的是,目录的内容不要太过详细,避免读者阅读起来觉得冗长、耗时。

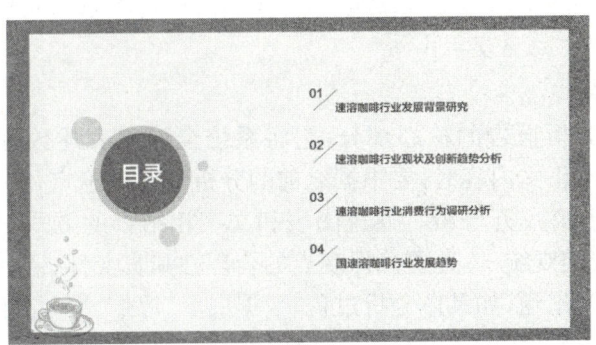

图 9-5　PowerPoint 数据分析报告目录页

素养点拨

通常公司或企业的高层管理人员没有时间阅读完整的报告,他们仅对其中一些以图表展示的分析结论更有兴趣。因此,当书面报告中有大量图表时,可以考虑将各章图表单独制作成目录,以便日后使用更加方便。

3. 前言页

前言是整个数据分析报告的开场白,旨在以简洁的话语对此研究进行整体的介绍,有趣的前言会更加容易勾起读者的阅读兴趣。

前言的写作一定要经过深思熟虑,前言内容是否正确,对最终报告是否能解决业务问题,能否给决策者提供有效依据起着决定性的作用。前言是数据分析报告的一个重要组成部分,主要包括分析背景、目的及思路三个方面,如图 9-6 所示。例如,为何要开展此次分析? 有何意义? 通过此次分析要解决什么问题? 达到何种目的? 如何开展此次分析,主要通过哪几方面开展?

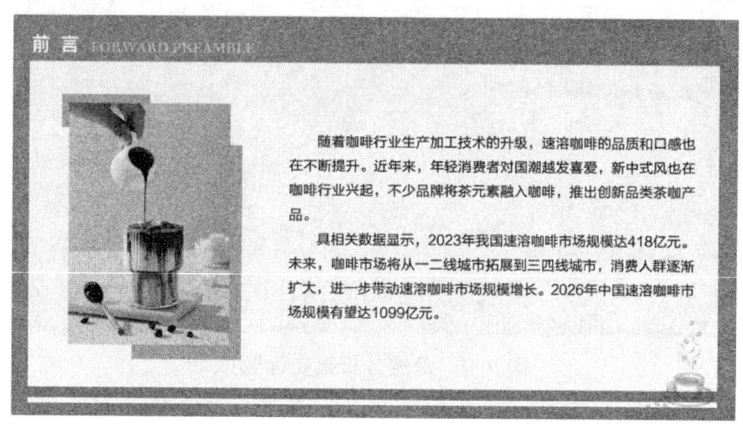

图 9-6 PowerPoint 数据分析报告前言某部分

(1)分析背景:对数据分析背景进行说明主要是为了让报告阅读者对整个分析研究的背景有所了解。分析背景时主要阐述此项分析的主要原因、分析的意义,以及其他相关信息,如行业发展现状等内容。

(2)分析目的:数据分析报告中陈述分析目的是让报告阅读者了解开展此次分析能带来何种效果,可以解决什么问题。有时也会将研究背景和目的合二为一撰写。

(3)分析思路:分析思路用来指导数据分析师如何进行完整的数据分析,也就是确定需要分析的内容或指标。

(二)正文部分

正文部分是数据分析报告的核心部分,它将系统全面地表述数据分析的过程与结果。在撰写数据分析报告的正文内容时,要根据之前的分析思路来确定每一项分析内容,利用各种数据分析方法来按步骤展开分析。通过图表和文字相结合的方式,来展示数据分析过程与分析结果,不仅需要美观统一,还要确保观点的合理性和真实性。

由于正文需要展开论题,如具体分析过程、数据展示、评估分析结果等内容,因此正文部分占报告的绝大部分篇幅,在撰写过程中需要注意以下几个方面。

(1)科学严谨:一篇报告只有想法和主张是不行的,只有经过科学严密的论证,才能确认观点的合理性和真实性,才能使人信服。

(2)逻辑清晰:分析报告的结构体现了整篇报告的分析思路和框架。报告的结构一定要显而易见,符合常识,思路不要过于跳跃,以免造成阅读障碍。我们通常通过金字塔原理来组织报告逻辑,如图 9-7 所示。例如,整个报告的中心论点是什么,又由哪些子论点组成,支持每个子论点的论据是什么。

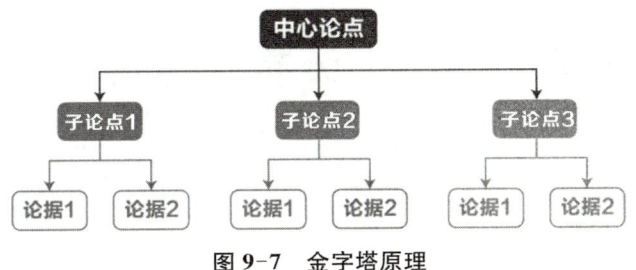

图 9-7　金字塔原理

素养点拨

　　金字塔结构,就是按照先总后分的结构进行,即先说出自己的结论,而后再一一展开论点和论据。图 9-8 呈现为一个金字塔,从金字塔顶端的一个核心观点开始,自上而下地表达;然后从左往右,沿着各个分支,将观点内容一层一层呈现给别人。这样不仅能让思路逻辑更加清晰,同时能让别人更好地理解你的内容观点。

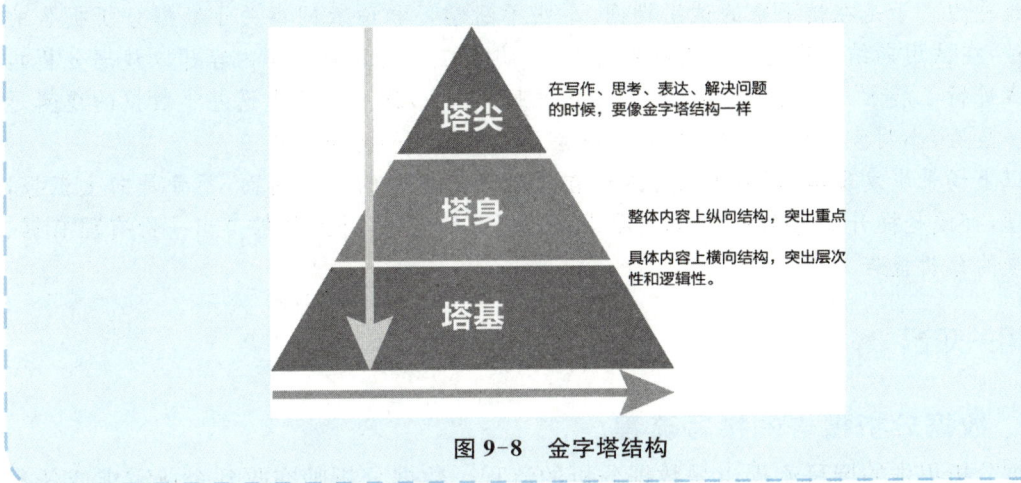

图 9-8　金字塔结构

　　(3)结构明确:数据结论一定要从数据中得出,要严谨地切合数据分析的主题,最好一个分析模块只给出一个直接和主题关联的分析结论。

　　(4)可视化:在数据分析报告中,为了更加直观地将数据和分析结果呈现在读者面前,需要大量使用各种图表来进行展示。

　　(三)结论部分

　　数据分析报告的结论部分是以数据分析结果为依据得出的综合结果和总结,是结合企业实际业务,经过综合分析、逻辑推理形成的总体论点。

　　(1)结论与建议:数据分析报告要有明确的结论、建议和解决方案,这是决策者在决策时的重要参考依据。其措辞必须严谨、准确、鲜明,它与正文紧密衔接,与前言相呼应。报告的建议部分应该建立在其分析结果上,针对企业面临的问题提出改进方案,且要与企业的业务紧密联系。

　　(2)附录:附录是数据分析报告的一个重要组成部分。一般来说,附录需要标明正文中涉及而未予阐述的有关资料,有时也含有正文中提及的资料,主要包括报告中涉及的专业名词解释、计算方法、重要原始数据、地图等内容,每个内容都需要编号,以备查询。

任务二　数据分析报告的撰写

 引入案例

　　小明是一名应届生,经过多番面试终于进入了一家心仪许久的公司实习。但是与他同期进入这家公司的应届生有多名。在面试环节面试官也提前告诉小明,经过 3 个月的试用期公司会留下工作能力更加出色的应聘者,这无疑给小明带来了一定的工作压力。

　　小明上班后经过一段时间的观察,发现直属领导比较重视下属的数据思维能力。领导认为没有逻辑和数据支撑的工作汇报都是空口无凭,因此希望下属所有的工作汇报都能够结合一定的数据进行阐述。这让小明松了一口气,因为在大学期间小明专门强化了自己的逻辑思维能力。于是在接下来的试用期间,小明不断学习和请教同事关于数据分析报告的撰写方法,在试用期结束进行工作汇报的时候,小明将自己负责的工作内容都以数据分析报告的形式进行了展示,不仅向领导证明了自身的工作能力,还展示了自己基于数据的逻辑思维能力。最后,小明经过自己的努力,顺利结束了试用期并转为正式员工。

　　从以上场景中发现,数据分析已经渗透在生活和工作中的方方面面,不管是向上汇报,向下管理,抑或是提升职场竞争力,都需要掌握数据分析能力,并且能够产出一份有理有据、逻辑清晰的分析报告。

 相关知识

一、数据分析报告的撰写流程

　　数据分析报告的撰写流程也是数据分析的流程。数据分析师在收到企业需求或任务时,需要首先对需求进行分析,运用金字塔原理拆解出若干个子问题,再进一步思考每个子问题的解决方案。每个子问题的观察视角便是数据分析报告的框架。数据分析报告的撰写流程可以分为三大步骤,如表 9-3 所示。

表 9-3　撰写数据分析报告流程

步骤	具体工作
明确报告撰写目标	确定最终的业务目标
	拆分各个问题
	确定必要输出的数据结果和分析结论
确定报告逻辑 设计报告结构	根据问题拆分结构进行结构化
	明确合理的展示逻辑
	根据逻辑细化及补充,完成报告框架的搭建
选择合适的呈现方式 完成报告撰写	选择合适的数据
	选择合适的图表展现
	整体报告的设计美化

二、数据分析报告的撰写原则

一份完整的数据分析报告,应当围绕目标确定范围,遵循一定的前提和原则,系统地反映存在的问题及原因,从而进一步找出解决问题的方法。数据分析报告在撰写过程中需要注意以下几项原则。

(1) 规范性:数据分析报告中所使用的数据单位、专业名词术语一定要规范,标准统一,前后一致,要与业内公认的术语一致。

(2) 重点性:数据分析报告一定要体现数据分析的重点,在各项数据分析中,应该根据分析目标重点选取关键指标,科学专业地进行分析。此外,针对同一类问题,其分析结果也应当按照问题重要程度来分级阐述。

(3) 谨慎性:数据分析报告的撰写过程一定要细心、谨慎,基础数据必须真实、完整,分析过程必须科学、合理,分析结果要可靠,内容要实事求是,不可主观臆测。

(4) 创新性:创新对于数据分析报告来说,一是适时引进新的分析方法和研究模型,在确保数据真实的基础上,提高数据分析的多样化。这样既可以用实际结果来验证或改进它们,又可以让更多人了解到这些新的分析方法和研究模型。二是倡导创新型思维能力,提出的优化建议要在企业实际情况的基础上,要有一定的前瞻性、操作性。

素养点拨

一份优秀的数据报告,有很多细节需要大家在实际操作中逐步完善、熟悉了解。而对于一些刚入门的新人,建议前期套用一些数据分析报告的模板,但切记不能完全照搬,要结合自己的业务场景,做出一份符合自己业务线的数据报告。

项目实训——制作婴儿用品数据分析报告

随着经济的快速发展,消费者的生活水平提高,婴儿商品也成为消费者主要购买的产品之一。同时,随着互联网的快速发展,线上购物已成为消费者主要购买方式之一。根据淘宝天猫的婴儿用品购买情况,对产品进行多维度分析,包括分析市场需求、定位产品方向等,从而在满足市场需求的同时,提高店铺销量。

【实训背景】

为了能够获取到更多的用户,提升商家的产品销量,需要从不同维度采取多种分析方法对产品的情况进行分析,从而为日后的营销指引改进的方向。本实训以婴儿用品为例,从产品和用户两个维度进行分析,得出相关结论并提出合理建议。

【实训目标】

(1) 了解数据分析报告的目标。

(2) 掌握数据分析报告的分析步骤。

【实训要求】

本实训要求对婴儿用品的数据进行分析,并制作为数据分析报告。这里的制作步骤主要是对分析步骤进行讲解,关于数据来源和图表制作这里不再详细介绍,大家可以根据实际需求去网络找到真实数据进行训练。

【实训步骤】

对婴儿用品的数据分析步骤如下。

（1）明确分析目的。满足客户需求，提高店铺销量，降低经营成本。

（2）制作思维导图。帮助理清思路，如图9-9所示。

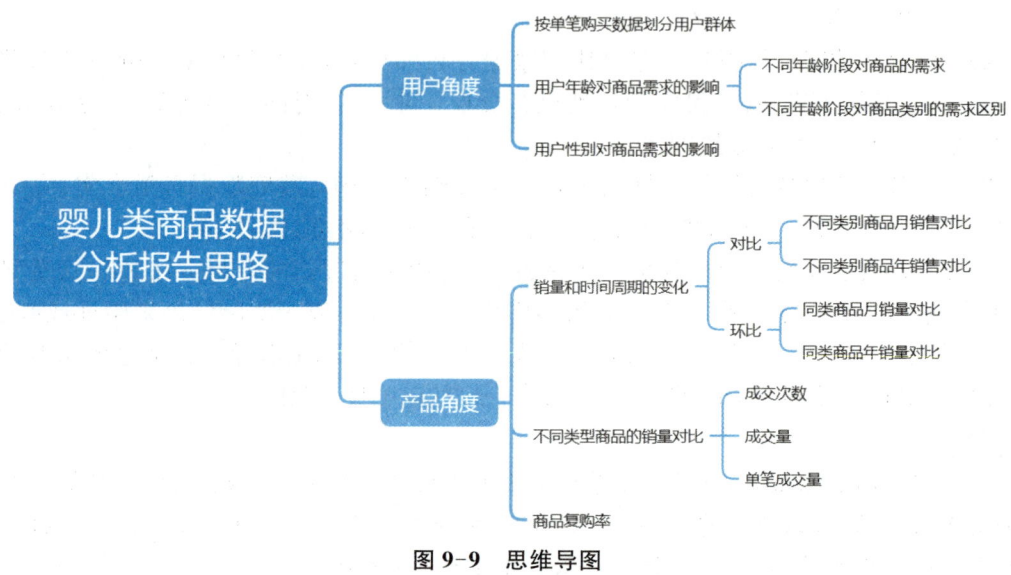

图9-9 思维导图

（3）提出问题。例如，婴儿类商品的客户群体有哪些？婴儿用品的复购率如何？婴儿年龄对商品需求类别的影响？婴儿用品整体销售前景怎么样？婴儿性别对商品购买的影响？

（4）按提出的问题进行分点陈述论点。例如，按销量进行客户分类、不同婴儿年龄与商品销量的关系、计算复购率、各年龄婴儿对商品需求类别分析、淘宝天猫婴儿商品月销量和年销量观察、客户婴儿性别和购买数量的关系等，并将这些论点按照图表形式展示出来。

（5）得出结论。①按照单笔成交量可以将客户群体分为：大客户、散户。②按照婴儿年龄划分：适龄客户（未出生及0～3岁婴儿）、其他客户（4～11岁）。商品主要用户群体为未出生及0～3岁婴儿，商品销量随着婴儿年龄增大而降低。③复购率低于行业平均正常值。④婴儿类商品销量逐年增长，复购率低，平均购买数量少，市场潜力大，具有极大的市场前景。每年的6月、10月、11月是销售黄金期，每年的1月、2月是滞销期（春节长假）。⑤女婴客户购买量较高。

（6）提出建议。对大客户挖掘客户需求，增加客户黏度；散户增加获客渠道、提高复购率；主要针对未出生及0～3岁用户增加访问量，转化率；在销售旺季提前改变营销策略，先预订后发货，通过预估提前备货；利用促销活动提高销量，同时保证售后服务的质量；查找男婴消费少于女婴的原因，并根据需求改变营销方向。

课后习题

一、单选题

1. 专题分析报告的主要作用是（　　　）。

A. 为决策者制定某项政策提供参考和依据

B. 针对某项工作写成的报告

C. 反映事物的全貌

D. 对各项主要经济指标的完成情况进行综合分析研究

2. 网络安全产业发展报告属于（　　　）。

A. 专题分析报告　　　　　　　　B. 网络数据报告

C. 综合分析报告　　　　　　　　D. 日常数据通报

3. 下列被称为定期分析报告的是（　　　）。

A. 企业运营分析报告　　　　　　B. 客户流失情况分析报告

C. 新能源企业发展报告　　　　　D. 2024 年 2 月店铺销售数据报告

4. 数据分析最常见的报告结构为（　　　）。

A. 一成不变的结构　　　　　　　B. 总—分—总结构

C. 总—分结构　　　　　　　　　D. 分—总结构

5. 下列数据分析报告标题属于交代型的是（　　　）。

A. 2023 年公司运营业务呈高速增长

B. 新一代消费者愿意为什么买单

C. ××产品是企业发展的重要支柱

D. 2023 年中国互联网家居售后服务市场研究报告

二、多选题

1. 在日常工作中比较常用的几种数据分析报告类别有（　　　）。

A. 年终述职报告　　　　　　　　B. 专题分析报告

C. 综合分析报告　　　　　　　　D. 日常数据通报

2. 综合分析报告的特点主要有（　　　）。

A. 全面性　　　　　　　　　　　B. 深入性

C. 综合分析报告　　　　　　　　D. 关联性

3. 数据分析报告的正文部分包括（　　　）。

A. 具体分析过程　　　　　　　　B. 数据展示

C. 前言页　　　　　　　　　　　D. 评估分析结构

4. 数据分析报告标题的写作要求包括（　　　）。

A. 深入　　　　　　B. 直接　　　　　　C. 简洁　　　　　　D. 详细

5. 数据分析报告的撰写流程包括（　　　）。

A. 设计报告结构　　　　　　　　B. 确定报告逻辑结构

C. 明确报告撰写目标　　　　　　D. 选择合适呈现方式

三、判断题

1. 专题分析报告是对社会经济现象的某一方面进行专门研究的一种数据分析报告。

（　　　）

2. 一份完整的数据分析报告,不一定要遵循一定的前提和原则,只需要反映存在的问题及原因就可以了。　　　　　　　　　　　　　　　　　　　　　　　　(　　)

3. 数据分析报告中的数据不要求真实、完整,有代表性即可。　　　　　　　(　　)

4. 标题页一般不要求写明报告的名称、数据来源、呈现时期等内容。　　　(　　)

5. 数据分析报告要有明确的结论、建议和解决方案,是决策者在决策时的重要参考依据。　　　　　　　　　　　　　　　　　　　　　　　　　　　　　　　　　　　　(　　)

四、实践操作题

1. 对本项目实训中的婴儿用品数据分析报告进行优化。

2. 以饮料类目中的咖啡子类目为例,利用生意参谋中的交易指数分析该商品类目的市场行情,搭建《咖啡市场行情分析报告》的报告框架,并对分析思路进行简单阐述。